V. 1653.
10.

9699

TRAITÉ
ÉLÉMENTAIRE
DE
LA MÂTURE
DES VAISSEAUX.

TRAITÉ

ÉLÉMENTAIRE

DE

LA MÂTURE

DES VAISSEAUX,

À L'USAGE

DES ÉLÈVES DE LA MARINE,

Composé & publié, d'après les ordres de Monseigneur le Maréchal DE CASTRIES, Miniftre & Secrétaire d'État au Département de la Marine,

Par M. FORFAIT, Ingénieur-Conftructeur ordinaire de la Marine, de plufieurs Académies.

Cet Ouvrage fe vend 13 liv., relié en veau. Aux Élèves de la Marine, 6 liv. broché.

A PARIS,

Chez CLOUSIER, Imprimeur du ROI, rue de Sorbonne.

M. DCC. LXXXVIII.

PRÉFACE.

Le Roi voulant faire compofer, pour l'inf-
truction des Elèves de la Marine, des Traités
Elémentaires & Pratiques fur les différentes
parties du fervice de la mer, Monfeigneur le
Maréchal de Caftries m'ordonna de faire le
Traité de la Mâture. Il me fut enjoint particulièrement d'adopter une divifion fimple, &
qui permît de développer tous les objets féparément, de manière que les defcriptions fuffent,
autant qu'il feroit poffible, indépendantes les
unes des autres. D'après cela, fans furcharger
la mémoire de méthodes analytiques qui me
font abfolument interdites, il falloit expofer
avec ordre & clarté tout ce qu'il y a de connu
fur la Mâture des Vaiffeaux de toute efpèce,
& indiquer ce qui refte à découvrir. Il falloit

fur-tout donner à cet Ouvrage une forme telle qu'on pût, après une première lecture, y retrouver, fans des recherches pénibles, les divers articles qu'il renferme. Ces données ont fixé le plan que j'ai fuivi.

J'AVOIS expofé dans deux Chapitres la manière dont les mouvemens de toute efpèce font imprimés au Navire par l'action du vent fur les voiles ; mais comme cette differtation eft réellement du reffort de l'Art du Manœuvrier, il a fallu la fupprimer. J'y fupplée, en ce qui m'a paru effentiel pour l'intelligence de mon fujet, dans une introduction : on trouvera d'ailleurs dans le premier Chapitre, la defcription des diverfes formes de voiles & de leur ufage, pour faire avancer, tourner ou arrêter le vaiffeau.

LES quatre Chapitres fuivans contiennent la définition & la comparaifon, fous leurs rapports généraux, des divers fyftêmes de voilure claffés dans l'ordre naturel qu'indique le nombre des mâts verticaux ; ainfi le Chapitre deuxième traite des Bâtimens à un mât vertical ; le Chapitre troisième, des Bâtimens à deux mâts ; le Chapitre quatrième, des Bâtimens à trois mâts ; & l'on réunit dans le Chapitre cinquième tout ce qui concerne la voilure latine & les Bâtimens de la Méditerranée les plus connus.

JUSQU'ALORS on n'aura vu que les loix suivant lesquelles on proportionne les mâts & les vergues dans les divers systêmes, & la relation des voilures qui en résultent ; il reste à connoître comment on fixe ces mâts & ces vergues sur les vaisseaux : cet objet est traité dans le Chapitre sixième.

DELA je passe à la main - d'œuvre ou au métier de la Mâture ; le Chapitre septième contient des détails concernant la connoissance des bois propres à cet emploi ; leur traitement dans l'exploitation & dans les dépôts ; leurs qualités, leurs vices, leur valeur.

J'EXPOSE, dans le Chapitre huitième, les

méthodes que l'on fuit pour donner aux mâts &
aux vergues, la forme apparente ou extérieure
qui leur eft propre.

COMME la nature ne fournit pas d'arbres
capables de faire feuls les mâts des gros vaiffeaux de guerre, il faut en réunir plufieurs, &
les procédés par lefquels fe fait cet affemblage
font expofés dans le Chapitre neuvième.

ENFIN, on rapporte dans le Chapitre dixième
quelques pratiques des ouvriers, au moyen
defquelles ils fuppléent par leur induftrie, au
défaut de précifion, inévitable dans tous les
ouvrages qui fortent de la main des hommes.
Ces moyens, toujours fimples, n'ont pas l'élé-
gance des opérations géométriques; mais ils
font ordinairement moins compliqués, & ne
mènent pas moins fûrement à une exactitude
fuffifante fi elle n'eft pas rigoureufe.

J'AI réduit, autant qu'il m'a été poffible,
fous la forme de Table tout ce qui m'en a

paru

paru fufceptible , afin d'abréger le difcours , qui ne peut cependant manquer d'être diffus & d'une lecture peu agréable , attendu qu'il eft fans ceffe coupé par des définitions & des expreffions de rapports & de dimenfions. Ces Tables font confignées à la fin des Chapitres dont elles dépendent ; & auffi-tôt que la marche de ce Traité fera bien conçue , il fuffira de recourir aux Tables pour réfoudre toutes les queftions qui ont rapport à la Mâture des vaiffeaux.

LA définition des expreffions techniques , dont cet Ouvrage & tous ceux du même genre font néceffairement remplis , fe trouve à l'endroit où chacune de ces expreffions eft employée pour la première fois. Mais le Lecteur qui auroit oublié la valeur de quelque terme perdroit fouvent bien du temps pour fe rappeler ou pour chercher fon explication. Pour prévenir le défagrément qui feroit la fuite néceffaire d'une pareille recherche , on a dreffé

un Vocabulaire où fe trouve la définition fuc-
cincte de chaque mot & le renvoi aux folios
où il en eft traité.

Les proportions des mâts font exprimées en
millièmes parties (a) de la largeur des vaiffeaux,
& celles des vergues en millièmes parties de

(a) Ces millièmes font exprimés dans le texte par l'Auteur,
& dans la Table de la valeur des lignes & pouces du pied de
roi, qui eft immédiatement à la fin de l'Ouvrage, en fractions
décimales : c'eft-à-dire, qu'on n'y trouve que le numérateur de la
fraction ; la quantité de caractère à droite de la virgule, ou du
point, y compris des zéros, s'il eft néceffaire, eft la même que
celle des zéros qui doivent fuivre l'unité pour former le dénomina-
teur : ainfi 0,007 valeur d'une ligne dans la Table, formé de
trois caractères à droite de la virgule, fignifie que le dénomina-
teur eft 1000, & que cette fraction eft $\frac{7}{1000}$, les zéros qui précèdent le 7 n'ayant d'autre but que de faire voir que le déno-
minateur eft compofé de l'unité fuivi de trois zéros. Le zéro à
gauche de la virgule s'emploie lorfqu'il n'y a pas d'unité, pour
en tenir lieu. Le rapport 0,355 de la largeur du Bâtiment, à la
longueur, Table première, page 39, fignifie que cette largeur
eft les $\frac{355}{1000}$ de la longueur : c'eft-à-dire, qu'il faut multiplier la
longueur, par exemple, 56 pieds, (en tête de cette Table) par
355, & divifer le produit par 1000, pour avoir la largeur en
queftion. Le rapport de la longueur du mât, dans la même
Table, à la largeur du Navire, exprimé par 3.434, fignifie que
cette longueur fe procure en multipliant la largeur par $3\frac{434}{1000}$.

leur longueur. J'ai cru que pour faciliter le calcul de ces fractions aux personnes qui n'en ont pas l'habitude, il feroit bon d'ajouter à ce Traité une Table qui exprimât la valeur des pouces & lignes du pied de roi en millièmes parties du même pied. Quoique cette Table se trouve par-tout & soit facile à dresser, je n'ai pas craint d'en charger cet Ouvrage, parce qu'elle est courte & qu'il est agréable de la trouver, au besoin, sous sa main.

JE ne puis manquer de rendre ici un hommage public de ma reconnoissance aux amis qui ont bien voulu m'aider de leur soin & de leurs lumières. M. Vial du Clairbois, connu par un grand nombre d'Ouvrages intéressans sur la Marine, s'est chargé de l'Edition pendant que j'étois employé dans différens ports pour le service du Roi : il a enrichi mon Ouvrage de quelques Notes. C'est à la facilité avec laquelle M. Barbet, Constructeur-Mâteur distingué, communique ses connoissances, que je dois tous les détails de main-d'œuvre : on ne pouvoit pas prendre un guide plus fûr. J'ai l'obligation à M. Ozanne le jeune des deffins fur lefquels ont été faites, les planches deuxième, troifième, quatrième & vingt-troifième.

INTRODUCTION.

*Idée générale de la Manœuvre des Vaisseaux,
de leurs Évolutions & de leurs divers mouvemens.*

U n Vaisseau est une machine extrêmement composée, ou plutôt c'est une combinaison de la plupart
des machines connues. Pour apprécier les effets qu'on
doit attendre de cette combinaison, il ne suffiroit
pas de déterminer séparément ceux dont chacun de
ses élémens est capable, il faudroit encore avoir
égard aux divers rapports que les résultats particuliers ont avec l'ensemble : or ce calcul est peut-être
au-dessus des forces humaines, si l'on se propose
de l'asseoir sur les principes de la Physique & des
Sciences physicomathématiques; mais si l'on se borne
à des comparaisons, il rentre dans la classe des choses
faciles, parce que cette marche permet de faire des
abstractions fréquentes, au moyen desquelles on
lève ou on élude les plus grandes difficultés : ceci
deviendra plus clair par un exemple.

Si je cherche la relation de l'effort du vent fur deux voiles de même forme, tenues & orientées de la même manière, & que je fuppofe frappées dans la même direction, je puis me difpenfer d'avoir égard à la vîteffe du vent, puifqu'étant la même pour l'une & l'autre voile, ce n'eft pas en vertu de cette vîteffe que l'impulfion fur chacune peut différer. Par la même raifon encore, je puis faire abftraction de la denfité de l'air. La fimilitude fuppofée dans la configuration des deux voiles & dans leur manière d'être fixées, autorife à ne point tenir compte de leur courbure ; car elle doit être femblable, puifqu'elle procède des mêmes caufes. Enfin, l'incidence fur les divers points des voiles peut auffi être négligée, puifque l'angle fous lequel cette incidence a lieu, dépend de la direction du vent, de la manière dont la voile eft préfentée à fon impulfion, de la courbure qu'elle affecte, & que toutes ces données ont l'analogie la plus parfaite ; il ne refte plus qu'un élément à faire entrer dans le calcul: c'eft la furface foumife au choc du vent ; les autres confidérations, qui toutes exigeroient des recherches longues & pénibles, font indifpenfables pour déterminer l'effort réel qu'éprouve chaque voile, ou la réfiftance qu'il faudroit lui oppofer pour annuller fon effet : elles font fuperflues quand il s'agit de favoir feulement fi une ou plufieurs voiles reçoivent une fomme d'efforts plus ou moins grande que d'autres, & dans quel rapport ; mais fans avoir égard à la valeur ab-folue de cette différence.

D'après cela, pour comparer des voiles ou des affemblages de voiles, ce qu'on appelle, en termes de Marine, *des voilures*, on les traitera comme des furfaces planes, inflexibles, & fans pefanteur. Dans cette hypothèfe, quelle que foit la vîteffe du vent & fa direction, l'effort qu'il produira fur chaque partie de la voile fera proportionnel à l'étendue de cette partie, c'eft-à-dire que la voile fera fuppofée chargée uniformément dans toute fa furface. Or, on conçoit qu'il exifte un point dans cette furface où l'on pourroit appliquer une force unique, égale, & directement oppofée à l'effet du vent, & qui dé-truiroit entièrement fon effet : ce point eft appelé *centre d'effort* par les Géomètres.

Au moyen d'un calcul numérique affez facile, on parvient à déterminer le centre d'effort, non-feule-ment fur chaque voile en particulier, mais encore fur toute la voilure appliquée à un Vaiffeau : ce point alors s'appelle *centre de voilure*. On trouvera (page 63, Chap. 3.) la marche qu'il faut suivre pour le déterminer, avec des applications de cette méthode. Voyons maintenant quelles conséquences on peut tirer de son résultat.

La somme de toutes les actions que le vent exerce sur chacune des voiles d'un Vaisseau, se trouve réduite à une simple & unique force appliquée au centre commun c (*fig.* 185 & 186): ce Vaisseau sera donc dans le même cas que s'il étoit poussé par une puissance agissant sur le point c, avec une force égale à celle que le vent produit sur tout le système de la voilure. Rien ne peut donner une idée plus claire de cette substitution que ce qu'on voit tous les jours dans la navigation des rivières. Des chevaux en tirant une corde fixée au mât d'un Bateau, produisent précisément le même effet que feroient une ou plusieurs voiles gonflées par le vent & disposées d'une manière convenable. Le point où la corde est attachée sur le mât, est le centre d'effort, puisque c'est par lui que l'action des chevaux est transmise à la masse : il seroit aussi le centre où se réuniroit l'action du vent sur les voiles, si l'on vouloit obtenir le

même

même réfultat, avec un vent qui fouffleroit dans le fens fuivant lequel la corde tire.

Tant que la direction du vent, l'étendue des voiles & leurs pofitions refpectives, demeureront les mêmes, la pofition du centre de voilure fera conftante; elle changera auffi-tôt qu'une ou plufieurs des conditions qu'on vient de prefcrire, ceffera d'avoir lieu.

Les variations dans la direction du vent font que des voiles qui recevoient fon impulfion, ne la reçoivent plus, ou la reçoivent moins favorablement : le centre de voilure doit s'éloigner de ces voiles, & fe rapprocher de celles qui, conféquemment à ces variations, deviennent plus directement oppofées à l'action du vent.

Si l'on fupprime des voiles vers une extrémité du Vaiffeau, le centre de voilure fe rapprochera de l'autre; il fe portera de même vers la partie où l'on aura déployé des voiles qui ne l'étoient pas auparavant : il s'élevera fi l'on fait fervir des voiles plus élevées que lui, ou fi l'on cargue des voiles plus baffes; il s'abaiffera fi l'on cargue des voiles hautes, ou fi l'on déploie des voiles inférieures. L'art de combiner à propos, fuivant les circonftances & les

beſoins de la navigation, ce tranſport du centre
de voilure, conſtitue l'art de la manœuvre : ſes
premiers élémens ont un rapport trop immédiat
avec l'objet que je traite, pour ne pas en donner
ici quelques notions.

Dans un Vaiſſeau bien fait, ſi la voile ou les
voiles ſont orientées de manière qu'elles faſſent
un angle droit avec la quille, & ſi le vent, venant
du côte de la pouppe, frappe les voiles perpendiculairement, il y aura mouvement de progreſſion ſuivant la direction même du vent : c'eſt ce que les
Marins appellent *courir vent-arrière* ; alors voilà ce
qui arrive : l'effort du vent ſe réduit à une force
unique en c (*fig.* 186), agiſſant ſuivant bc : l'eau
qui enveloppe toute la partie ſubmergée du navire,
s'oppoſe à ce mouvement ; mais ſa réſiſtance eſt
égale dans tous les points qui ſe correſpondent ſur
l'un & l'autre côté de la carène ; il n'y a donc pas
de raiſon pour que le Vaiſſeau tourne ou change de
route, & cela ne doit arriver & n'arrive en effet
que par quelque cauſe accidentelle, comme le choc
des lames, les inclinaiſons des bâtimens ou des variations dans la direction du vent.

Il faut obſerver que l'action de l'eau qui réſiſte

au mouvement de progreſſion du navire, ſe réduit à une force unique, comme celle du vent ſur les voiles : ces deux forces doivent être égales & directement oppoſées, pour que la vîteſſe du Vaiſſeau ſoit uniforme ; l'impulſion réſultante du choc de l'eau contre toute la carène ſeroit dans la fig. 186 repréſentée par cb, par exemple, tandis que celle du vent le ſeroit par bc : on conçoit que ſi la réſiſtance de l'eau augmentoit ſans que l'action du vent augmentât dans le même rapport, la vîteſſe du navire devroit diminuer réciproquement.

Si l'action du vent, au lieu de s'exercer perpendiculairement ſur la voile, la frappoit dans une certaine obliquité, le Vaiſſeau pour cela ne changeroit pas de route ; il continueroit encore de s'avancer ſuivant le prolongement de ſa quille : par exemple, ſi le vent, au lieu de ſouffler ſuivant bc, ſouffloit ſuivant dc, la voile étant toujours orientée perpendiculairement à la quille, le Vaiſſeau continueroit de s'avancer ſuivant bc ; mais il faudroit plus de vent ou plus de voilure pour lui conſerver la même vîteſſe. Voici comment cela ſe fait.

Quand une molécule vient frapper la voile en c, ſa force & ſa direction étant repréſentées par dc, on voit en méchanique qu'elle produit le même effet que les forces & directions repréfentées par *b c*, *e c*; or la force *e c* étant parallèle à la voile, ne peut agir fur elle : celle *b c* feule opère le mouvement du Vaiffeau, qui fe fera fuivant le prolongement de fa quille (1) : ceci aura lieu, quel que foit l'angle *dce*; mais plus il fera fermé, plus la ligne *b c*, qui repréfente l'effort du vent employé à mouvoir le Vaiffeau, fera petite ; plus auffi la ligne *d b*, qui repréfente la force du vent perdue par la décompofition, fera grande, &, par conféquent, plus il faudra de vent ou d'étendue de voilure pour obtenir une vîteffe de progreffion déterminée (2).

On fe croiroit maintenant en droit de conclure que, fans varier la pofition des voiles, dont le plan refteroit conftamment perpendiculaire à la quille,

---

(*a*) On n'a égard ici qu'à la vîteffe & la direction apparente du vent.

(*b*) Les bornes prefcrites à cet Ouvrage ne nous permettent pas de donner plus d'extenfion aux principes & aux conféquences de la décompofition des forces qui exercent obliquement leur action. On peut confulter fur cet objet tous les Traités de Méchanique & ceux de Phyfique, particulièrement la Méchanique de feu M. Bezout, quatrième volume de fon Cours, n°. 220 & fuivans. La Phyfique de Muffembrock, les Elémens de Phyfique de l'Abbé Nollet.

un Vaiſſeau pourroit ſuivre toutes les routes compriſes entre celle que nous avons déſignée ſous le
nom de *vent-arrière*, & les deux qui ſont le plus
près de faire un angle droit avec la direction du
vent ; ou, pour me ſervir de l'expreſſion des Marins,
en admettant la diviſion de la Bouſſole en trente-
deux rumbs ou quarts de vent, il ſembleroit qu'un
Vaiſſeau, ſans changer ſes voiles, pourroit pointer
preſque à huit quarts ſur chaque bord, & par conſéquent parcourir preſque la moitié de la roſe ; mais
pluſieurs cauſes phyſiques font perdre la plus grande
partie de cet avantage, & l'on ne répare cette perte
qu'en orientant les voiles, c'eſt-à-dire, en les tournant de manière qu'elles reçoivent le choc du vent
ſous le moindre angle poſſible : il réſulte de cette
nouvelle poſition des effets qu'il eſt important de
connoître.

Si dans la fig. 187 la vîteſſe & la direction du
vent ſont repréſentées par eb, & la poſition de la
voile par cd, on aura la force réelle avec laquelle
le vent atteint la voile en faiſant le parallèlogramme
$abce$, dans lequel ab eſt perpendiculaire à cd :
cette force eſt ab, dont il doit réſulter un mouvement de progreſſion, ou une tendance à ce mouve-

ment fuivant *b i*, prolongement de *a b*; mais au premier inftant du mouvement, la réfiftance de l'eau s'exercera dans un fens contraire à cette direction *b i*. Je fuppofe que la ligne *i b* repréfente cette réfiftance : en la foumettant à une nouvelle décompofition, relativement à la route directe du Vaiffeau & à une autre qui lui foit perpendiculaire, c'eft-à-dire, en faifant le parallèlogramme *b l i m*, je trouve qu'une partie de fon intenfité *i m* où fon égale *l b* s'exerçant perpendiculairement à la quille, s'oppofe au mouvement que le Vaiffeau pourroit prendre dans ce fens, tandis qu'une autre partie *m b*, s'exerçant dans le fens même de la quille, met obftacle au mouvement en ligne directe, le feul qu'on veuille imprimer au Vaiffeau. Il faut donc trouver dans l'action réelle du vent *a b* deux forces diftinctes qui militent contre celles que repréfentent les lignes *l b* & *m b*. Or cette force *a b* fe décompofe en deux autres, l'une *a o* ou *p b* perpendiculaire à la quille, & oppofée à *l b*, l'autre *o b* dans la direction même de la quille, & oppofée à *m b*.

Si la réfiftance *l b* croiffoit par les mêmes degrés que celle *m b*, c'eft-à-dire, fi ces deux quantités fuivoient un rapport conftant avec la vîteffe du Vaiffeau, la route auroit lieu fuivant *b i;* mais fi la réfiftance *l b* eft relativement beaucoup plus grande que celle *m b*, le Vaiffeau s'écartera moins de la route directe. Un Vaiffeau a donc des qualités d'autant meilleures, que fa forme offre une moindre réfiftance au mouvement de progreffion fuivant le prolongement de fa quille, & une plus grande réfiftance à un autre mouvement de progreffion perpendiculaire au premier : c'eft auffi le but principal qu'on fe propofe d'atteindre dans l'art de la conftruction.

Le Vaiffeau s'éloigne de fa route d'une certaine quantité, par exemple *t q*, pendant qu'il parcourt *t s* dans la direction defirée ; alors en faifant le parallèlogramme *t q r s*, la diagonale *t r* fera la route réelle du navire, tandis que l'angle *r t s* exprimera fa déviation, ou ce que les Marins appellent *la dérive*.

Cet apperçu doit fuffire pour faire connoître comment avec un même vent on peut faire courir un Bâtiment fur plufieurs directions très-différentes. Il ne paroîtroit pas même impoffible dans la fpéculation de le faire aller prefque dans l'origine du vent, c'eft-à-dire, de faire courir à-peu-près vers le nord, par exemple, un Vaiffeau qui feroit pouffé par un vent de nord ; car si la voile *a b* (*fig.* 188) est presque dans le plan de la quille , & le vent *c d* presque parallèle à la voile , on trouvera toujours, dans la première décomposition , une force perpendiculaire à la voile *a b*; celle-ci donnera , dans la seconde décomposition , une force qui poussera le Navire dans sa route, & une autre qui le poussera en dérive : or cette dernière pourroit être presque anéantie par la résistance latérale , & il resteroit une force réelle qui feroit avancer le Vaisseau vers le nord. Aussi-tôt qu'on a égard aux considérations physiques , on reconnoît qu'on doit peu compter sur de pareils résultats : dès que l'obliquité du vent par rapport à la voile passe de certaines bornes , & quoiqu'il fasse encore avec elle un angle de 8 à 10 degrés, la toile , à cause de sa fléxibilité , s'agite de mille manières, & ne reçoit plus d'impulsion décidée ; la courbure de la voile toujours bien moins concave du côté par où vient le vent que de l'autre , fait que l'impulsion est plus directe sur ce dernier côté, & que le Navire est poussé en dérive avec plus d'énergie ; le vent qui frappe les mâts , les cordages & toutes les parties exposées à son action , employe toute sa puissance dans le sens

le

le plus défavorable ; ces obftacles font trop grands pour qu'on ofe tenter de les furmonter , mais l'induf-trie humaine a fu trouver des moyens pour les éluder.

On voit, dans la fig. 189, les différentes routes auxquelles un vaiffeau peut préfenter par un vent donné ; la direction du vent eft indiquée par une fleur-de-lis : fuppofons que ce foit le nord. Le vaiffeau *a* qui va dans le fud *court vent arrière.* Les vaiffeaux *b* , *c* qui vont, l'un au fud quart fud-oueft , & l'autre au fud quart fud-eft, ont *le vent largue.* Il en eft de même de ceux qui fuivent des routes plus obliques , jufqu'aux vaiffeaux *d*, *e* , dont l'un court à l'O. N. O., & l'autre à l'E. N. E. On dit que les Navires *f* & *g* dont l'un court à l'oueft & l'autre à l'eft fuivent *la perpendiculaire du vent.* Enfin les vaiffeaux *m* , *n*, qui s'approchent le plus qu'ils peuvent de l'origine du vent , font dits *tenir le plus près* , ou aller *à la bouline.*

Certaines formes de vaiffeaux & certains genres de gréement ont la qualité de fe rapprocher plus que d'autres de l'origine du vent, ou d'être meilleurs bouliniers ; on en voit peu cependant qui naviguent à cinq pointes , & , dans la Tactique , la ligne du plus près eſt déterminée à ſix pointes ou aires de vent : on a quelquefois la prétention de porter beaucoup plus près , dans des Navires où tout eſt diſpoſé pour que les voiles orientent de la manière la plus favorable : mais alors on perd tant de la force du vent par la double décompoſition qu'elle éprouve , & l'angle de dérive eſt ſi ouvert, qu'à vraiement dire , quoiqu'on ait le cap , ou l'avant, préſenté très-avantageuſement , on n'avance point du tout dans cette direction.

Cela ſuffit pour qu'on puiſſe effectivement remonter vers l'origine du vent , c'eſt-à-dire , en partant du ſud , gagner dans le nord par un vent de nord. Soit $b\,a$ (*fig.* 190) la direction du vent : ſi un vaiſſeau part de a pour ſe rendre en b , il ne peut pas y aller en ligne directe , mais il courra ſur la ligne $a\,c$, en faiſant l'angle $b\,a\,c$ de ſix quarts ou de 67° 30′; arrivé au point c , il changera de route & courra ſur la ligne $c\,d$, de manière que l'angle $b\,l\,d$ ſoit également ouvert; il ſuivra de même les lignes $e\,f$, $f\,g$, $g\,h$, $h\,i$, $i\,m$, & parviendra au point m , duquel la ligne $m\,b$ formant avec la direction du vent l'angle preſcrit , rencontre le point b où l'on ſe propoſe d'arriver.

Chacune des lignes *a c*, *c d*, *d e*, &c. s'appelle *une bordée*. L'on dit que le Vaiſſeau qui emploie pour s'élever vers l'origine du vent la manœuvre qu'on vient de décrire, court *des bordées* ou *des bords*.

Il faut, pour courir ces bordées, que le Vaiſſeau préſente au vent, à chaque fois qu'il change de route, le côté qui, précédemment, lui étoit oppoſé : cette évolution s'appelle *virer de bord* ; on vire de bord *vent devant* quand le Vaiſſeau tourne autour de ſa pouppe de manière qu'il ait vent devant quand l'évolution eſt à moitié faite ; on vire *vent arrière* quand le Vaiſſeau tourne autour de ſa proue, de ſorte qu'il ait vent arrière lorſque l'évolution eſt à moitié faite. Au reſte, de quelque manière qu'on vire de bord, la loi dont cette manœuvre dépend tient toujours aux mêmes principes : il faut ſe rappeller ce que nous avons dit précédemment ſur le tranſport du centre de voilure, & ſur la réſultante de l'impulſion de l'eau contre la carène.

Quand un Vaiſſeau ſuit une route oblique avec une certaine quantité de voiles déployées, s'il ne ſurvient aucune cauſe qui dérange l'harmonie établie entre les forces diverſes qui concourent à ſon mouvement, il ſuivra conſtamment la même route ; mais ſi l'on vient à ſupprimer ou ajouter des voiles vers une des extrémités, cette harmonie ſera détruite & la route changera. En effet la force du vent pouſ-ſant le Navire de p vers b' (*fig.* 191) tandis que la réſiſtance de l'eau la pouſſe de l vers b, il eſt évident qu'il faut qu'il tourne ; & le défaut de coincidence de ces deux puiſſances a lieu toutes les fois qu'on change la voilure dans des extré-mités du Vaiſſeau, tout demeurant égal d'ailleurs.

On doit juger encore par l'inſpection ſeule de la fig. 191 que les deux forces lb, pb' étant les mêmes quant à leur intenſité, le mouvement de rotation ſera d'autant plus rapide, que la force lb ſera plus diſtante de la force pb' : ainſi plus la quantité bb' eſt grande, c'eſt-à-dire, plus eſt grande la ſomme de voiles ſerrées ou déployées, ou bien encore plus ces voiles ſont priſes loin du point où étoit le centre de voilure avant l'é-volution, plus le mouvement giratoire ſerà prompt. Concluons en paſſant que l'on obtiendra de la vîteſſe dans les rotations en augmentant l'étendue des voiles ſuivant la longueur des Vaiſſeaux, parce que cette répartition permet de déplacer le centre de voilure d'une plus grande quantité.

La navigation des rivières offre encore un exemple de ce qu'on vient de lire. Le mât des Bateaux & le cordage qui fert au hallage, font ordinairement dif-pofés de manière que le tirage des chevaux tende à faire éloigner le Bateau de la rive ; parce que l'im-pulfion latérale de l'eau lb ($fig.$ 192) a fa réfultante en avant du mât ; mais on met fur la corde une bride qui fert à rapprocher de la proue la direction du tirage : alors l'action des chevaux, au lieu de fe tranfmettre au Bateau fuivant la ligne mc, lui eft tranfmife fuivant la ligne md, moyennant quoi la proue ne peut manquer de s'approcher de la rive. C'eft en modifiant, relativement à leurs vues, l'angle mdc, c'eft-à-dire, en roidiffant plus ou moins la bride, que les Mariniers parviennent à diriger leurs Bateaux dans des courants très-rapides. Il eft évident que cette manœuvre répond parfaite-ment à celle par laquelle on rapproche, dans les Vaiffeaux, le centre de voilure vers une des extré-mités, pour les faire tourner.

En augmentant la voilure de l'avant, ou dimi-nuant celle de l'arrière, on fait que le Vaiffeau tourne autour de fa pouppe, & fa partie antérieure s'éloigne de l'origine du vent: c'eft ce qu'on appelle *arriver*; fi l'on augmente la voilure de l'arrière, ou fi on la diminue vers l'avant, le Vaiffeau tourne autour de fa proue, & la partie antérieure fe rapproche de l'origine du vent: c'eft ce qu'on appelle *venir au vent* ou *au lof*. Une fois l'évolution commencée, fi le manœuvrier fait fucceffivement fupprimer les voiles qui tendent à lui nuire & fervir celles qui tendent à l'accélérer, on virera de bord. C'eft de la précifion avec laquelle on fait ces opérations, que dépendent la promptitude & le fuccès de l'évolution.

Dans ce qui concerne les mouvemens de rotation & ceux de progreffion, fous diverfes obliquités, nous n'avons fait aucune mention du gouvernail, parce qu'il eft poffible, non-feulement d'expliquer, mais même d'exécuter toutes les évolutions fans fon fecours: à la vérité, elles fe feront avec plus de lenteur: le Bâtiment parcourra de plus grands efpaces pour virer de bord: il fera fouvent dérangé dans fa route par l'action des lames & d'autres caufes accidentelles: les mouvemens néceffaires pour l'y ramener, demanderont plus de tems & plus de bras; mais il n'en eft pas moins conſtant qu'à la rigueur, les manœuvres de toutes eſpèces pourroient s'exécuter par la ſeule action des voiles.

Juſqu'à préſent, nous n'avons obſervé d'autre réſultat de l'effort du vent ſur la voilure, que celui en vertu duquel un Vaiſſeau ſuit une route déterminée, ou bien change à la volonté de l'Officier qui le dirige; mais cet effort produit encore d'autres effets, dont il faut avoir une idée pour concevoir l'Art de la Mâture.

L'effort du vent ſur la totalité des voiles étant équivalent à une force unique appliquée au point c (*fig.* 185), outre le mouvement de progreſſion qui doit s'enſuivre, il eſt évident, par la ſimple inſpection de la figure, & tout le monde le ſait par expérience, qu'il en réſultera encore une inclinaiſon plus ou moins grande, ou ſimplement une tendance à l'inclinaiſon; ſi le Vaiſſeau cingle vent-arrière, la proue s'enfoncera ou tendra à s'enfoncer, tandis que la pouppe ſera émergée; ſi le Vaiſſeau reçoit le vent par le côté, alors ce côté, que l'on appelle *bord du vent*, s'élève, & l'autre, qu'on appelle *bord ſous le vent*, ſéra plongé dans l'eau juſqu'à un certain point.

La réfiftance qu'un Navire oppofe aux forces qui tendent à l'incliner, s'appelle *Stabilité* : elle dépend de la forme du Navire & de la diftribution des poids qui compofent fa charge. Les Géomètres ont reconnu que l'élément qui contribue le plus efficacement à l'augmenter, eft la grandeur de la coupe du Navire faite à fleur d'eau : c'eft ce qui a donné lieu à la règle qu'on fuit à-peu-près dans la Marine, de proportionner l'étendue des voiles à celle du plan de flottaifon. Cette règle n'eft pas exacte, parce que dans l'effort de la voilure, il entre une conftante (la force du vent) : en s'y conformant on fera les voilures des gros Vaiffeaux trop petites & celles des petits Bâtimens trop grandes ; mais les gros Vaiffeaux étant ordinairement plus chargés en bricolle par leur artillerie, il s'établit une efpèce de compenfation.

Le manœuvrier ne peut pas augmenter la ftabilité du Navire ; mais il eft le maître de diminuer la force inclinante : il fuffit, pour cela, de baiffer le centre de voilure ou de diminuer l'étendue des voiles déployées ; par ces procédés on raccourcit le bras du levier, auquel eft appliquée la force qui

tend

tend à faire pancher le Vaiffeau, ou bien on diminue l'intenfité de cette force.

L'élévation du centre de voilure doit donc, dans tous les Vaiffeaux, être proportionnée à leur ftabilité; or cette ftabilité dépend de la hauteur des mâts, d'où réfulte la chûte des voiles: delà vient la règle de proportionner la hauteur des mâts à la plus grande largeur du Navire; & pour que l'étendue des voiles foit relative à celle du plan de flottaifon, fuivant la règle imparfaite, mais admife par l'ufage, il ne refte plus qu'à proportionner la largeur des voiles ou la longueur des vergues à la longueur du Vaiffeau. Il exifte encore un autre motif pour adopter cette loi, c'eft que, plus un Bâtiment eft long, plus il offre de facilité pour manœuvrer des voiles larges.

Le Navire eft fujet à une autre efpèce d'inclinaifon qui eft abfolument indépendante de l'action du vent fur les voiles. Quand il court vent arrière, par exemple, l'effort de la voilure ne peut que faire plonger fa proue; mais fi la mer eft agitée, les lames qui frappent fes flancs n'étant pas toujours d'égale hauteur, il faut qu'il s'abaiffe fur le bord où la mer eft plus creufe; à peine cette inclinaifon eſt-elle parvenue à ſon terme, qu'une lame nouvelle relève le bord incliné, tandis que l'autre tombe dans le vuide formé entre les flots. Les mêmes cauſes ſe préſentant ſans ceſſe, & toujours avec la même énergie, le Navire prend ſpontanément un mouvement oſcillatoire, que l'on appelle *Roulis*. Si l'on court largue ou au plus près, le roulis ne peut avoir lieu très-ſenſiblement, parce que le Navire eſt contenu dans ſon inclinaiſon par l'action du vent ſur les voiles; mais ſes extrémités, alternativement ſoulevées & abaiſſées avec les flots qui les portent, s'élèvent & s'abaiſſent auſſi par un mouvement oſcillatoire, que l'on appelle *Tangage*.

Dans les balancemens du roulis comme dans ceux du tangage, le Vaiſſeau eſt toujours rappelé dans ſa ſituation verticale, par la force que nous avons déſignée ſous le nom de ſtabilité : plus il a cette qualité dans un degré éminent, plus il ſe redreſſe avec vivacité ; mais ce mouvement, quand il eſt rapide, peut avoir des ſuites fâcheuſes, & cauſe quelquefois la rupture des mâts par les ſecouſſes violentes qu'il donne à la maſſe. La ſtabilité trop grande peut donc être contraire à la ſûreté de la navigation; & pour ralentir les mouvemens du roulis, il faut ſacrifier une partie de cette qualité, en élevant les poids qui forment la charge, ou en alongeant la Mâture.

Les ofcillations du tangage ont toujours moins d'étendue que celles du roulis ; elles font auffi plus lentes ; entr'autres raifons, parce que les Vaiffeaux recouvrent toujours plufieurs lames dans le fens de leur longueur, tandis que, par leur largeur, ils n'en recouvrent fouvent qu'une : prefque toujours auffi le tangage eft plus vif dans le moment où la proue s'enfonce dans l'eau, que dans celui où elle s'émerge. D'après ces confidérations, il faudroit, pour ralentir ces ofcillations, donner à la proue la figure la plus propre à retarder fon mouvement d'immerfion, & à la pouppe la figure la plus propre à l'accélérer : il faut en même-tems décharger l'avant du Vaiffeau le plus qu'il eft poffible. Tous les Conftructeurs dirigent leurs efforts vers ce but intéreffant : l'Art de la Mâture y concourt auffi en rapprochant les mâts vers le milieu du Vaiffeau, & ne donnant à ceux de l'avant, que les dimenfions indifpenfablement néceffaires pour la folidité. Les Anglois & quelques autres Nations maritimes paroiffent, à cet égard, fe rapprocher plus que nous des vrais principes.

Tels font les mouvemens divers auxquels un Navire armé de fes mâts & de fes voiles eft fujet. Quand la voile eft perpendiculaire à la quille, il prend un mouvement de progreffion fuivant le prolongement de cette quille, foit qu'il ait vent-arrière, foit que ce moteur agiffe fous une obliquité peu confidérable ; dès que l'obliquité paffe certaines bornes, comme un quart ou un quart & demi, on oriente la voile obliquement, & le Vaiffeau prend un mouvement de progreffion combiné de celui qui auroit lieu fuivant le prolongement de la quille, & d'un autre par le travers, d'où réfulte la dérive : moyennant cette propriété, le Vaiffeau peut préfenter, avec un vent donné, à toutes les routes poffibles, excepté à celles qui font avec la direction de ce vent, un angle moindre que 56 degrés de chaque côté ; mais on en voit peu qui boulinent auffi parfaitement, & la limite ordinaire eft de 67 degrés ; cela fuffit pour qu'en courant des bordeés, on puiffe remonter vers l'origine du vent. Si l'on fupprime des voiles de l'avant, ou fi l'on en ajoute à l'arrière, le Vaiffeau tourne en venant au vent ; il tourne en arrivant, fi l'on ajoute des voilures à l'avant, ou fi l'on en retranche à l'arrière : en continuant de

foumettre à l'impulfion du vent les voiles qui favorifent la rotation, & d'y fouftraire celles qui leur
nuifent, le Vaiffeau vire de bord. Il s'incline fous
l'effort de la voilure ; & quand cette inclinaifon devient inquiétante, on peut la diminuer en fupprimant des voiles ou abaiffant le centre de voilure.
Enfin, le Vaiffeau battu par les lames ou incliné par
une autre caufe, prend, en vertu de la force accélé-
ratrice qui le redreffe, un mouvement d'ofcillation
qu'on peut accélérer ou ralentir par quelques changemens dans les dimenfions & la difpofition de la
Mâture.

Si l'on compare entr'eux divers fyftêmes de voilure, ou fi, dans le même fyftême, on compare
des proportions ou des diftributions différentes, il
faudra, pour affeoir fon jugement, fe propofer les
queftions fuivantes :

1°. Le centre de voilure eft-il bien placé ? Si le
Bâtiment auquel fe rapporte la comparaifon, eft
difficile à faire arriver, ou s'il eft trop *ardent*, il
faut rapprocher le centre de voilure de la proue ;
il doit être porté vers la poupe, fi le premier Navire
eft *lâche*, ou s'il ne vient au vent qu'avec peine :
il faut élever le centre de voilure, fi l'on compte

fur une ſtabilité trop grande ; il faut l'abaiſſer ſi l'on craint de ne pas bien porter la voile.

2°. Les voiles pourront - elles bien orienter ? Outre la connoiſſance de la poſition, & des dimenſions de la Mâture & des voiles, il faut, pour réſoudre cette queſtion, avoir des notions exactes de toutes les manœuvres qui leur appartiennent.

3°. Quand les voiles feront orientées comme elles doivent l'être dans les différentes allures, quelques-unes n'en abriteront-elles pas d'autres ? Dans la route directe, quelques voiles ſont néceſſairement recouvertes ; mais la Mâture doit être diſtribuée de manière que toutes puiſſent être déployées dès que le vent vient un peu par le travers du Navire, c'eſt-à-dire, quand on court grand largue.

4°. La combinaiſon & la tenue des voiles permet-elle de ſupprimer à volonté celles qui chargent le Vaiſſeau dans une bouraſque imprévue, ou bien dont l'action nuit à ſes évolutions ? Permet-elle auſſi de déployer, avec la célérité convenable, les voiles dont l'effet eſt avantageux ? Cette conſidération eſt tout-à-fait importante, puiſque de ces qualités dépend le ſalut du Vaiſſeau, dans une infinité de circonſtances.

5°. L'étendue des voiles, la groſſeur des vergues, la peſanteur des manœuvres qu'elles exigent, font-elles proportionnées au nombre d'hommes qui les doivent ſervir ? Cette relation fait un point capital dans la Navigation commerçante, & elle ne peut pas toujours être négligée dans une Marine militaire ; c'eſt peut-être une des cauſes les plus réelles de la variabilité qu'on obſervera dans les ſyſtêmes de voilure.

6°. La multiplicité des cordages, ou les établiſſemens qu'exige une diſpoſition de Mâture particulière, qui préſenteroit d'ailleurs quelques avantages, ne nuiront-ils point, ſoit par le volume excédent qui ſera ſoumis à l'action du vent, ſoit par les changemens mêmes qu'il faudra faire à la répartition admiſe par l'uſage ?

7°. La ſolidité des mâts & de leur tenue ſera-t-elle ſuffiſante pour les efforts conſtans & les ſecouſſes momentanées qu'ils auront à ſupporter ? La ſolution de cette queſtion dépend uniquement de l'expérience.

8°. Les accidens, qui toujours ſeront fréquens, malgré toutes les précautions priſes dans la conſtruction, l'armement & la navigation, ſe pourront-ils réparer à la mer ? Il faut, fur-tout dans une Marine militaire, qui eft expofée à plus de dangers , fe ménager des reffources pour les circonftances les plus embarraffantes.

9°. Enfin , l'économie dans la conftruction & l'entretien doit être la dernière confidération ; mais les autres conditions remplies , il faut s'occuper de celle-ci, qui doit faire pancher la balance quand il ne fe trouve rien d'ailleurs qui puiffe lui fervir de contre-poids.

Ces neuf queftions principales , relativement aux divers fyftêmes de voilure , feront difcutés dans ce Traité.

TRAITÉ

TRAITÉ
DE LA MÂTURE,
A L'USAGE
DES ÉLÈVES DE LA MARINE.

CHAPITRE PREMIER.

Description de différentes formes de Voiles. Explication de leur jeu & de leur disposition dans les différentes manœuvres des Vaisseaux.

LE but de cet Ouvrage est de décrire les moyens que la Mâture & ses dépendances fournissent au manœuvrier pour mouvoir le Vaisseau ; nous renvoyons aux Traités de Manœuvre pour la théorie & la pratique de son mouvement.

La Mâture est un assemblage de mâts, vergues &

A

voiles. Le mât porte la vergue, la vergue porte la voile. Les proportions des mâts & vergues dépendent de la grandeur & de la figure des voiles. Malgré la diverſité dans leur forme, il ſemble cependant n'en exiſter que de deux eſpèces diſtinctes qui admettent des ſous-diviſions. La première eſpèce contient les voiles triangulaires, & l'autre les voiles quadrangulaires.

Les voiles triangulaires ont un de leurs côtés attaché ſur une corde, ſur une vergue, ou ſur un mât. Le troiſième angle, qu'on appelle *point*, ſert à les orienter.

Quand le côté ED (*fig.* 1) eſt lacé ſur une corde tendue d'un mât vertical, à un autre mât incliné à l'horizon & qui termine l'avant des Vaiſſeaux, cette voile s'appelle *foc*.

Si la corde qui porte la voile eſt tendue d'un mât vertical à un autre mât vertical auſſi, la voile eſt nommée *voile d'étai*, parce que la corde qui la porte eſt parallèle aux étais de ces mâts ; voyez la fig. 2. La plupart des voiles d'étai ſont maintenant quadrangulaires.

Si le côté de la voile triangulaire eſt lacé ſur une vergue A B, (*fig.* 3) elle porte le nom de voile à antenne ou de voile latine, parce qu'elle nous vient des Romains, qui la tenoient eux-mêmes des Grecs.

Enfin quand la voile triangulaire a l'un de ſes côtés lacé contre un mât, A B, (*fig.* 4) elle prend le nom de *houari*.

Les focs, les voiles d'étai, les voiles de houari tournent autour de leur côté AB, comme autour d'une charnière, & tout l'effort du vent ſe fait d'un ſeul côté de la corde ou du mât qui leur ſert d'axe de rotation. Toutes les voiles qui ont cette difpofition, forment une claffe particulière, défignée fous le nom de voiles *auriques.*

La manœuvre des voiles confifte principalement à les déployer, à les ferrer, à les orienter.

Une corde fixée à la partie fupérieure de la voile en D, qui paffe par une poulie à la tête du mât & fait retour fur le pont, fert à l'élever ou la déferler : cette corde s'appelle *driffe.*

Une autre corde fixée au même point D, qui paffe le long du côté A B de la voile, & enfuite dans une poulie de retour au point E, fert à faire tomber la voile quand fon propre poids ne fuffit pas : cette corde eft nommée *cargue* ou *hale-bas.*

Une corde ou deux cordes attachées à l'angle F, fervent à tranfporter cet angle fur l'un ou l'autre côté du Vaiffeau, ou à le ramener fur fon axe, enfin à contenir la voile dans le plan où la route que l'on veut faire demande qu'elle foit placée : cette corde eft nommée *écoute.*

Les voiles à antennes ont quelques manœuvres particulières : le bout fupérieur de la vergue, qui s'appelle *la penne*, porte deux cordages G, appelés *oftes*, qui fervent à diriger & maintenir la vergue dans la fituation defirée. Les *ourfes* H, fixés à l'autre extrémité de la vergue, ou au *carnal*, fervent à faire baiffer ou élever la penne à volonté, ou, fuivant l'expreffion des Marins, à *abattre* ou *apiquer la penne.* Enfin la vergue eft contrainte de refter contre le mât par un collier de fer qui l'embraffe & que l'on nomme *racambeau*, ou bien par un collier de corde garni de pommes de bois, pour qu'il

gliſſe plus facilement : ce collier s'appelle alors *racage.*
Paſſons aux voiles quadrangulaires.

La première eſpèce contient celles qu'on appelle voiles
au trait carré, ou ſimplement *voiles carrées* : c'eſt un
trapèſe régulier dans lequel le plus petit des deux côtés
eſt lacé ſur une vergue, & dont les angles inférieurs s'at-
tachent ſur le côté du Vaiſſeau, ou ſur les bouts de la
vergue d'une autre voile.

La figure 5, repréſente quatre voiles de ce genre,
placées l'une au-deſſus de l'autre : la plus baſſe eſt appelée
baſſe voile, la ſeconde *hunier*, la troiſième *perroquet* ;
la quatrième, qui ne ſert que dans le beau tems & ſur
les Vaiſſeaux dont le gréement eſt recherché avec ſoin,
eſt nommée *catacouas.*

On déploie ces voiles au moyen des driſſes qui paſſent
par des poulies ſimples ou multiples fixées à la tête des
mâts, & ſervent à élever ou abaiſſer les vergues en les
faiſant gliſſer le long des mâts : elles y ſont contenues
par des racages, ou quelque choſe d'équivalent.

On place les vergues dans une ſituation horizontale,
ou inclinée à l'horizon ſelon les circonſtances, au moyen
des balancines A.B, B.D. Les vergues hautes & baſſes
ont toutes, deux manœuvres ſemblables.

On tire les bouts des vergues, ſoit vers l'avant, ſoit
vers l'arrière du Vaiſſeau, ſuivant la poſition qu'on veut
donner aux voiles, au moyen des cordages EF, qui ſont
retour dans des poulies fixées ſur le côté du Vaiſſeau
pour les voiles baſſes, & ſur les autres mâts pour les voiles
hautes : ce ſont les *bras.*

Deux autres cordages fixés aux *points*, c'eſt-à-dire aux

angles inférieurs des voiles en G, H, fervent à tendre leurs trois côtés ou *ralingues*, & par conféquent à déployer leur furface, & diminuer la courbure que l'action du vent leur fait prendre. Ces cordages font auffi retour dans des poulies fixées fur le côté du Vaiffeau pour les voiles baffes, & dans des poulies attachées aux bouts des vergues inférieures pour les autres. Pour les voiles hautes, la corde qui tient à l'angle de la voile du côté du vent, s'appelle l'*amure*; celle qui tient à l'angle de la voile fous le vent, s'appelle l'*écoute* : ainfi quand le Vaiffeau vire de bord, le cordage qui précédemment étoit l'amure, devient l'écoute, & celui qui étoit l'écoute devient l'amure. Les voiles baffes ont leurs amures particulières.

Je ne parlerai point des autres cordages qui fervent à faciliter les mouvemens des voiles, & dont le nombre eft très-confidérable dans les grands Vaiffeaux ; cela regarde l'art du Gréement : il fuffit pour celui que je traite, de favoir que chaque voile carrée (*fig.* 5) s'élève au moyen de fa driffe, s'abaiffe par fon propre poids & celui de fa vergue, s'étend au moyen des amures & des écoutes, & s'oriente au moyen des bras.

Les voiles de chaffe-marée, ou bateau de pêche, connues encore fous les noms de voiles au tiers & de voiles à bourcet, forment une feconde claffe dans l'efpèce des voiles carrées. Si l'on partage la longueur de la vergue AB, fig. 6, en trois parties égales, le point C, où eft frappée la driffe, doit répondre à l'une de ces divifions ; de forte qu'il y a toujours deux tiers de la voile d'un côté du mât & fous le vent, & un tiers feulement de l'autre côté. Il ne faut, pour ce genre de voilure, ni bras, ni balancines ; on n'y emploie d'autres manœuvres que la driſſe C, l'écoute D, & l'amure E : cependant quand on porte des huniers ſur les voiles à bourcet, on ne peut ſe diſpenſer de compliquer davantage le gréement.

Dans les voiles au tiers, l'écoute & l'amure ne ſe peuvent ſuppléer réciproquement, comme dans les voiles carrées ; il faut, quand on vire de bord, amener tout-à-fait la vergue, démarrer la driſſe, changer la voile de côté pour la hiſſer enſuite : cet inconvénient ne permet pas de gréer de grands Navires de cette manière, qui néanmoins offre des avantages précieux.

La figure 7 repréſente une autre forme de voile carrée, déſignée ſous le nom de voile à livarde ou à baleſton. Un de ſes côtés A B eſt lacé contre le mât : un bâton, nommé livarde, ſoutient l'angle C par un de ſes bouts, tandis que l'autre eſt appuyé dans une herſe de corde D ; on oriente avec l'écoute E ; on cargue avec une corde fixée au bout C de la livarde, & qui, paſſant par la tête du mât, deſcend en F ſur le pont ; ainſi la voile ſe trouve pliée contre le mât. Quand les voiles de ce genre paſſent une certaine grandeur, on y ajoute des bras C G, pour contenir l'angle ſupérieur de la voile, ou la pointe du baleſton.

La baume ou brigantine (*fig.* 8) eſt attachée contre le mât par le côté A B ; des cercles de bois ou même de corde forment cette liaiſon : ils doivent courir librement pour que la voile puiſſe être hiſſée ou amenée avec facilité. Le côté ſupérieur de la baume eſt lacé ſur une vergue A C, nommée *pic* ou *corne*, dont le bout eſt terminé en croiſſant pour embraſſer le mât & pouvoir tourner

autour de lui : le côté inférieur de la baume ne tient à
la vergue baſſe BD que par les extrémités B & D, où
il eſt amarré ſolidement : cette vergue eſt le *gui*.

Pour déployer cette voile, on hiſſe le pic au moyen
d'une driſſe E ; on l'apique enſuite avec la balancine F ;
on oriente la baume avec l'écoute H, qui eſt fixée au
gui & ſur l'arrière du Vaiſſeau ; le gui tourne comme
le pic autour du mât, & par conséquent il eſt terminé
comme lui par un croiſſant : quand la voile porte une certaine étendue, on y met des bras I pour contenir le pic.

Si l'on ſupprime la vergue inférieure ou le gui, & ſi
au lieu de lacer la voile ſur le mât lui-même, on la lace
ſur un matereau AB (*fig. 9*), la baume deviendra voile
de ſenau : elle borde auſſi avec l'écoute C ; du reſte elle
ne diffère en rien de la voile qu'on vient de décrire.

En mettant à la place de la corne une vergue longue
AB, (*fig.* 10) la voile de ſenau deviendra *voile d'artimon*. C'eſt à proprement dire une voile de ſenau qui
eſt portée par une vergue à antenne. Les balancines EE
apiquent la penne ; les bras F tiennent lieu des oſtes,
& fixent le bout ſupérieur de la vergue ; les ourſes D
contiennent le carnal ; en même-tems elles ſervent à
orienter la voile ; les écoutes G ſervent à border la voile
& la tendre.

Pour ſerrer la brigantine, il faut amener le pic ſur
lequel on plie la voile : celle de ſenau, d'artimon, & les
autres du genre de la brigantine, mais qui n'ont point
de gui, ſe ſerrent au moyen des cargues H, (*figures* 9 &
10) qui les rapprochent contre le mât ſur lequel on les
enveloppe.

Toutes les voiles qu'on vient de décrire, & quelques autres qui n'en diffèrent que par des acceſſoires peu importans, forment les divers ſyſtêmes de Mâture & de Voilure, qui ne ſont différenciés entr'eux que par la diverſe combinaiſon de ces voiles. Mais cela ne ſuffit pas encore pour toutes les circonſtances de la Navigation. La diſtribution la plus commode & la plus ſûre des voiles partielles ne peut convenir à tous les cas ; & il eſt eſſentiel de ſe préparer des moyens pour augmenter, ou diminuer à volonté leurs ſurfaces, relativement aux degrés par leſquels le vent perd ou acquiert de la force.

Des voiles ſupplémentaires, nommées *bonnettes*, rempliſſent le premier de ces objets. Au bout de la vergue baſſe A D, (*fig.* 5) on ajoute une alonge I L, que l'on nomme bout-dehors de bonnette ; elle eſt tenue avec la vergue par deux cercles de fer : on ſaiſit ſur ce bout-dehors la voile de bonnette M, qui ſert d'élaiſe à la voile baſſe. Deux driſſes N & O ſervent à enlever la voile & l'attacher ſur le bout - dehors : ces driſſes tiennent à une petite vergue ſur laquelle la bonnette eſt lacée, ou aux angles ſupérieurs de la voile. L'angle P de la bonnette eſt bordé ſur un ſecond bout-dehors P Q, nommé arcboutant ferré ; il eſt pris par un crochet de fer qui termine ſon extrémité Q, & paſſe dans un œuillet fixé ſur le bord des porte - haubans (1). C'eſt avec le

---

(1) On ſe ſert peu aujourd'hui des arcboutans ferrés ; on y a ſubſtitué une manœuvre particulière qui en tient lieu : cet objet qui regarde l'art du Gréement, ne peut trouver place ici ; d'ailleurs comme les arcboutans ferrés ſont toujours placés ſur les Vaiſſeaux, quoiqu'ils n'y ſervent pas, il faut en faire mention pour connoître leur deſtination.

bras

bras R que l'on oriente l'arcboutant ferré, par conféquent la bonnette baffe, dont la partie fupérieure eft
orientée par la grande vergue, & foutenue auffi par des
bras attachés à l'extrémité du bout-dehors.

Les bonnettes du hunier & celles du perroquet font
difpofées comme la bonnette baffe, & chacune borde
fur le bout-dehors de la vergue inférieure, comme on le
voit en L, (*fig.* 5).

Les baumes ou brigantines portent également des
bonnettes. On ajufte au gui une alonge, ou bout-dehors
H M, (*fig.* 8) fur lequel porte cette voile additionnelle
dont la tête eft lacée fur une vergue N O, qui fe hiffe,
& s'attache fur le pic, au moyen des deux driffes N & Q.

De même qu'on augmente l'étendue des voiles par le
moyen des bonnettes ; on la diminue par celui des *ris*.
Quand la force du vent oblige à porter une moindre
voilure, on ne cède à cette contrainte que par degrés,
afin de conferver toujours dans la force motrice autant
d'intenfité qu'on le peut fans danger. Il fe préfente fréquemment des occafions où l'on feroit une perte trop
confidérable fur le fillage, en fupprimant totalement une
voile dont la furface eft réellement trop grande, mais qui
feroit en jufte proportion avec la ftabilité, fi elle étoit
diminuée feulement d'une partie. C'eft pour entretenir
cette proportion & la rétablir dans bien des cas que l'on
a imaginé les ris.

Les petites cordes qui pendent fur les voiles s'appellent garcettes de ris ; elles font paffées dans des œillets
pratiqués dans la voile, & terminées par des nœuds pour
qu'elles n'en puiffent pas fortir. Quand on veut diminuer

la voile ou prendre un ris, on plie la portion de la voile comprise entre la vergue & la première bande de ris, & l'on noue fur la vergue les garcettes qui empêchent ce pli de fe développer. Si le vent augmente encore, on prend un fecond ris, puis un troifième quand la voile a trois bandes de ris Outre que la furface de la voile fe trouve diminuée par cette opération, il faut encore que fa partie fupérieure s'abaiffe, & le centre de voilure baiffe en même-tems.

Le nombre, la grandeur & la difpofition des voiles pouvant être variés à l'infini, & cette variété multipliée encore par celle de leurs formes, il en a dû réfulter une férie fans bornes de compofitions réellement diftinctes, parmi lefquelles vraifemblablement chaque pays a préféré celle où la maffe des avantages l'emporte fur celle des inconvéniens : car on ne peut pas croire que l'attachement aux anciens ufages ou l'efprit d'imitation aient pu feuls déterminer la profcription d'une méthode plus avantageufe. L'empire des préjugés s'affoiblit à la longue & tombe. Il faut donc qu'il exifte réellement des motifs puiffans pour faire varier conftamment les gréemens fuivant les divers parages ; & ces motifs ne peuvent être pris que dans la confidération des qualités & des défauts attachés à chaque forme de voiles, & de l'influence de ces défauts & de ces qualités fur le fervice, & la deftination particulière de chaque Bâtiment.

Malgré cette obfervation, je me donnerai bien de garde d'avancer que chaque pays foit parvenu maintenant à donner à fes Navires le genre & les proportions de voilure les plus convenables : au contraire, je fuis très-convaincu que c'eſt la partie de l'Architecture navale la plus ſuſceptible de recherches utiles & d'amélioration; & je penſe qu'il faut éviter autant l'excès de ceux qu'un reſpect immodéré pour les anciens uſages rend ennemis irréconciliables des nouveautés, que celui de ſe déchaîner contre l'habitude, & de la condamner à la proſcription, ſans avoir auparavant bien connu le plan de l'édifice qu'on veut élever ſur ſes ruines.

Puiſque le choix des formes & la combinaiſon des divers genres de voilures varient dans les Marines des différens peuples, & même des différentes provinces d'une même Nation; puiſque chaque pays peut & doit même employer dans un même ſyſtême, des proportions différentes, on ne doit pas s'attendre à trouver ici des règles préciſes qui déterminent invariablement la poſi- tion, la grandeur & la forme des voiles, ainſi que celle des mâts & vergues pour les divers gréemens : on n'y trouvera que les limites dans leſquelles ſont contenues les variations dont ces quantités ſont ſuſceptibles, & ne ceſſeroient pas de l'être, quand même l'art ſeroit par- venu au plus haut point de perfection. Ceux qui ont donné ſur cette matière des Tables générales, qu'ils regardent comme des loix fixes, ne connoiſſoient point l'art dont ils parloient : ils connoiſſoient encore moins ceux qui l'exercent, quand ils ont avancé qu'ils ſe con- formoient aveuglément à ces tarifs. Si des vues d'économie ont porté le Miniſtère à fixer la proportion de Mâture pour les Vaiſſeaux du Roi, cette déciſion ne détruit point la vérité de ce que je viens de dire; en effet en même- tems on a auſſi fixé leur forme : & cependant il n'eſt

pas douteux qu'un Vaiſſeau qui ſeroit deſtiné à quelque
miſſion extraordinaire, ne fût mâté d'une manière toute
autre que ne le portent les règlemens, ſi la nature de
la campagne l'exigeoit ; & l'on a déja vu des exemples
qui prouvent que cette conſidération n'a pas échappé
aux Chefs de notre Adminiſtration.

C'eſt avec les inſtrumens dont on vient de donner
une eſquiſſe, que tous les Navires dirigent leur courſe,
accélèrent ou ralentiſſent leur marche, ſuivent une même
direction ou la changent, s'approchent d'un point donné,
malgré le vent qui ſembleroit devoir les en éloigner. C'eſt
avec ces inſtrumens, que deux Vaiſſeaux ou deux armées
ſe rencontrent, s'évitent, ſe prolongent, ſe coupent,
enfin évoluent avec autant de vîteſſe & de préciſion que le
feroient des bataillons d'Infanterie. Pour chaque Navire
en particulier, ces mouvemens, de l'accord deſquels
dépend le mouvement de l'enſemble, ſe réduiſent à quelques manœuvres particulières, dont on peut maintenant
ſe former une idée.

La fig. 12 repréſente un Vaiſſeau qui court vent arrière.
Sans entrer dans aucun détail ſur le ſyſtême de gréement
que cette figure exprime, on voit comment toutes les
voiles ſont placées dans un plan perpendiculaire à la
quille.

On voit dans la fig. 13 le même Vaiſſeau courant au
plus près du vent. Il eſt aiſé de remarquer dans ce deſſin
l'avantage des voiles auriques ſur les autres pour cette
allure.

En prenant des diſpoſitions moyennes entre celles des
voiles dans les fig. 12 & 13, on aura la manière de les

orienter pour toutes les routes comprifes entre celles du vent arrière & du plus près.

Pour accélérer la vîteffe du Vaiffeau, on augmente l'étendue de fa voilure ; pour la retarder, on diminue cette étendue, foit en carguant des voiles, foit en les préfentant plus obliquement au choc du vent, ce qu'on appelle *mettre les voiles en ralingue*. On parvient même à fixer un Vaiffeau fous voile, de manière que fans qu'il ceffe de recevoir l'impulfion du vent, il ne fe meuve pourtant dans aucune direction. Cette manœuvre, qu'on appelle *mettre en panne*, eft repréfentée dans la figure 14; elle confifte à faire porter une voile dans un fens propre à faire avancer le Vaiffeau, & une autre ou plufieurs autres qui faffent équilibre à la première dans un fens propre à le faire reculer : c'eft ainfi que font difpofés les deux huniers dans cette figure.

Quand on veut faire très-peu de route, & conferver un objet à une certaine diftance pendant long-tems, on emploie une autre manœuvre, qu'on appelle *mettre à la cape* : elle fert auffi pour fe foutenir contre le mauvais tems. Les fig. 15, 16 & 17, repréfentent des Vaiffeaux à la cape. Dans la fig. 15, un foc & une voile carrée de l'avant tendent à faire arriver le Vaiffeau fur bas-bord : mais la barre du gouvernail eft amarrée contre le côté du Navire à bas bord auffi, & cela tend à le ramener dans fa direction première ; ce combat du gouvernail contre les voiles, fuffit pour maintenir le Vaiffeau dans fa route, mais il anéantit prefque fon mouvement de progreffion. Dans la fig. 16, la voile carrée du milieu ne tend pas à faire tourner le Vaiffeau, mais le foc caufe des abattées fréquentes, qui font, comme dans la fig. 15, balancées par l'action du gouvernail; il en eft de même de la fig. 17, où quatre voiles auriques diftribuées dans toute la longueur du Bâtiment doivent produire l'équilibre cherché. Chaque Vaiffeau a une voilure de cape qui lui convient mieux que les autres : c'eft à l'expérience des Officiers à juger & employer celle qui mérite la préférence.

CHAPITRE DEUXIÈME.

*Des Bâtimens qui ne portent qu'un seul Mât vertical ;
de ceux qui portent un Mât vertical & un Beaupré ;
& de ceux qui portent un Mât vertical, un Beaupré
& un Tapecul.*

L'espèce de voilure la moins compliquée, celle qui probablement a été mise la première en usage, parce qu'elle a dû plus naturellement qu'une autre se présenter à l'imagination, c'est la voilure des barques à un seul mât & une seule voile carrée ; voyez la fig. 18.

La composition de ce gréement est on ne peut pas plus simple. Le mât est planté à-peu-près au milieu, verticalement ou incliné vers l'arrière. Un cordage, que l'on nomme *étai*, passe de sa tête à l'avant du Bâtiment, & soutient le mât contre les secousses du tangage : un, deux ou trois cordages passés aussi de la tête du mât au côté du Navire, allant un peu vers l'arrière, le soutiennent contre l'effort du vent sur la voile : ce sont *les haubans* ; celui de l'avant se décroche pour permettre d'orienter mieux la voile : celui de l'arrière se décroche aussi pour être transporté plus près de la poupe, quand on court vent arrière. La voile n'a point d'autre manœuvre qu'une *drisse* & des *écoutes* ; on y ajoute seulement des *bras*, quand elle porte une certaine étendue.

Cette voilure eſt très-favorable pour toutes les allures ; elle exige très-peu de bras : l'opération la plus laborieuſe eſt de *hiſſer* la voile. Comme la vergue eſt ſuſpendue par ſon milieu, les parties de la voile qui répondent à chaque côté du mât ſont parfaitement en équilibre, & le moindre effort ſuffit pour *braſſayer*.

Mais de quelque manière qu'on oriente une voile unique ainſi diſpoſée, le centre d'impulſion reſte toujours au même point, relativement à la longueur du Navire, & les évolutions ne ſe peuvent faire qu'au moyen du gouvernail : un pareil gréement ne ſe peut donc employer que ſur des Bâtimens très-courts. Il faut obſerver encore que cette voile unique ne peut être coëffée ſans mettre le Bâtiment dans le danger le plus éminent ; enfin s'il arrive un évènement au mât, ou à la voile, il n'y a point d'autre reſſource.

D'après ces conſidérations, on ne voile dans le genre de la fig. 18 que de petits Bâtimens qui naviguent ſur des rivières ou dans des rades, & qui ne s'éloignent jamais des côtes. On voit beaucoup de bateaux à une ſeule voile carrée dans la rade de Breſt, dans la rivière de Bordeaux, ſur la Seine, ſur la Rance : ils ſont fort communs dans la baie de Cadix, où leur avant très-aigu & relevé en pointe leur a fait donner le nom de *bécaſſes*.

J'ai exprimé dans la Table première, rapportée à la fin de ce Chapitre, tout ce qu'il eſt néceſſaire de connoître pour voiler un Bâtiment tel que celui qui nous occupe maintenant. Il eſt à propos de faire connoître la marche de cette Table, parce qu'elle ſera la même pour les autres, & qu'on peut aiſément par leur moyen

déterminer

déterminer les dimensions extrêmes, c'est-à-dire les plus grandes & les plus petites pour chaque genre de voilure ; les positions & les distributions extrêmes des mâts & des voiles ; leurs relations & la position du centre d'impulsion. Ceux qui feront l'application de ces Tables, n'auront plus qu'à modifier leurs résultats suivant leurs vues particulières, ainsi qu'on le développera par la suite de ce Traité : mais il n'arrivera presque jamais qu'on puisse sortir des limites qu'elles prescrivent.

Explication des Tables & de leur usage.

Les dimensions des mâts vergues, &c, sont rapportées dans deux colonnes : la première donne les plus grandes dimensions, la seconde les plus petites.

La première ligne timbrée, *longueur des Bâtimens*, désigne que pour le genre de gréement à une seule voile carrée, les Navires doivent avoir au plus 56 pieds de longueur & au moins 30 : cette longueur doit être mesurée du dehors de l'étrave au-dehors de l'étambot à la flottaison.

La deuxième ligne timbrée, *rapport de la largeur à la longueur*, exprime ce rapport en quantités décimales. Pour en faire l'application, en supposant que le Navire sur lequel on opère eût 40 pieds de longueur, il faudroit pour que ce genre de gréement lui convînt, que sa largeur fût le quotient de 40 multiplié par 355, ou par 285, & divisé par mille ; c'est-à-dire 14 pieds 2 pouces au plus, ou bien 11 pieds ou environ : cette largeur est mesurée au maître couple en dehors des maîtres. La longueur des

C

mâts eſt en rèlation avec la largeur du Bâtiment. Ce rapport eſt exprimé auſſi en parties décimales dans la troiſième ligne : ainſi, en ſuppoſant au Bâtiment 12 pieds de largeur, la longueur de ſon mât ſeroit égale au quotient de 12 multiplié par 3434 ou par 3000, & diviſé par mille : elle ſeroit donc de 41 pieds 3 pouces au plus & de 36 pieds au moins.

La colonne ſuivante donne le diamètre de ce mât, qui doit être $\frac{1}{44}$ ou $\frac{1}{46}$ partie de ſa longueur.

La troiſième colonne fait connoître la flèche ou la longueur de la partie du mât qui excède le point où eſt la poulie par où paſſe la driſſe. Cette dimenſion détermine la hauteur où s'élève la vergue, & par conſéquent la hauteur ou la chûte de la voile. Les fractions $\frac{1}{15}$ & $\frac{1}{17}$ font connoître que cette flèche doit avoir au plus $\frac{1}{15}$ & au moins $\frac{1}{17}$ de la longueur du mât.

La longueur des vergues eſt en relation avec celle du Navire : ainſi la fraction décimale qui exprime la longueur de ces vergues, c'eſt-à-dire 774 ou 600, étant multipliées par la longueur du Bâtiment que je ſuppoſe toujours de 40 pieds, on auroit, en diviſant ce produit par mille, 30 pieds 11 pouces pour la plus grande longueur, & 24 pieds pour la moindre longueur qu'on puiſſe donner à cette vergue.

On peut appliquer à la colonne des diamètres ce qu'on a dit pour celui du mât.

Les *bouts* font la quantité dont la vergue excède la partie ſupérieure de la voile ; c'eſt, en ſuppoſant 24 pieds de longueur, un pied de chaque côté.

La poſition du mât, par rapport au vrai milieu du

Vaiſſeau, ne peut être en relation qu'avec ſa longueur.
La fraction $\frac{50}{1000}$, & la quantité zéro de la 2ᵉ colonne,
expriment que notre barque de 40 pieds de longueur
devroit avoir ſon mât ou au milieu, ou tout au plus à
2 pieds en avant du milieu : ce qu'on trouve en multipliant 40 par 50 & diviſant par mille.

La pente des mâts n'eſt point une choſe indifférente,
ſur-tout dans les petits Bâtimens : elle ſert à ramener le
centre de voilure vers l'avant, à meſure qu'on cargue des
voiles hautes ou qu'on prend du ris, ce qui n'a lieu que
quand la mer eſt groſſe & le vent trop fort ; & cette tranſ-
poſition du centre d'impulſion eſt très-avantageuſe alors,
parce que tous les Bâtimens ſont beaucoup plus *ardents*,
c'eſt-à-dire plus diſpoſés à venir au vent quand il fait
gros tems que par un vent modéré (1) : cette conſidération a déterminé à mettre dans les Tables la pente des
mâts quand ils en ont ; elle eſt toujours exprimée en
pouces par pied de leur longueur : ainſi la plus grande
pente pour un mât de barque à une voile carrée, eſt telle
que l'à-plomb de ſa tête tombe à une diſtance de ſon

---

(1) Il eſt facile de concevoir pourquoi tous les Bâtimens deviennent plus
ardents à meſure que le vent augmente : d'abord ils s'inclinent davantage, &
dès-lors l'impulſion latérale de l'eau ſur les façons de l'arrière diminue beaucoup, parce que le plan de ces façons eſt preſque vertical quand l'inclinaiſon
eſt nulle : au contraire la même impulſion ſur les façons de l'avant diminue
moins, parce que les coupes de la proue ſont plus approchantes de la forme
circulaire ; la réſultante du choc latéral de l'eau contre la carène doit donc
ſe rapprocher de la proue : d'ailleurs plus il y a de vent, plus le ſillage eſt
conſidérable, plus l'eau s'élève contre la proue & s'abaiſſe contre la poupe.

Note de l'Editeur. Une troiſième raiſon, & peut-être la plus forte, c'eſt que
plus le Bâtiment s'incline, plus le centre d'effort du vent dans les voiles paſſe
ſous le vent.

pied, égale à autant de fois 2 pouces qu'il a de pieds de longueur ; la plus petite pente eſt zéro, c'eſt-à-dire que le mât ſe met à-plomb.

Nous avons vu que la ſurface totale de la voilure devoit avoir une certaine relation avec la ſtabilité, ou avec la ſurface du plan de flottaiſon qui fait un de ces principaux élémens. La ligne timbrée, *rapport de la ſurface de la voilure avec le parallélogramme circonſcrit à la flottaiſon*, exprime cette relation. Dans notre barque, dont la longueur eſt 40 pieds & la largeur douze, le parallélogramme circonſcrit à la flottaiſon eſt égal à 480. En multipliant cette quantité 480 par 1636 ou 1437, & diviſant par mille, on aura pour la ſurface de la voilure 785 pieds au plus & 690 pieds au moins.

L'opération par laquelle on détermine le centre de voilure, & que nous décrirons ci-après, donne la diſtance de ce point à une ligne verticale & à une autre ligne horizontale. Il eſt naturel de rapporter la première diſtance à la verticale qui paſſeroit par le milieu de la longueur du Navire & de l'exprimer en parties de cette longueur. Ainſi les quantités 0,029 & 0 étant multipliées par la longueur 40, & les produits diviſés par mille, on conclura que le centre de voilure de notre barque doit être dans la verticale qui paſſe par le milieu de ſa longueur ou ſur l'avant de cette verticale, au plus de 1 pied 1 pouce.

Il eſt naturel auſſi de rapporter la diſtance du centre de voilure à une ligne horizontale fixe, & je prends celle de la flottaiſon. Comme cette diſtance influe le plus ſur la ſtabilité dont la largeur du Navire eſt un des principaux élémens, elle eſt exprimée en millièmes parties de la largeur du Navire. Ainſi, en multipliant cette largeur 12 par 1435 & par 1600, & diviſant le produit par mille, on trouvera que le centre de voilure doit, dans notre barque, être élevé au-deſſus de la flottaiſon de 19 pieds 2 pouces & demi au plus & de 17 pieds 2 pouces au moins. L'exceſſive ſtabilité pourroit être contraire à la ſûreté de la navigation.

J'obſerverai que ſi l'on prenoit toutes les dimenſions dans la première colonne, on donneroit ſouvent au Navire une voilure beaucoup trop grande, de même qu'elle ſeroit beaucoup trop petite ſi l'on prenoit toutes les dimenſions de la Mâture dans la deuxième colonne. Quelquefois on veut que la hauteur des mâts ou la chûte des voiles domine, alors on prendra les dimenſions des mâts dans la première colonne, & celles des vergues dans l'autre. Si l'on veut au contraire que l'envergure ſoit proportionnellement plus grande que la chûte, on prendra les dimenſions des mâts dans la 2ᵉ colonne, & celle des vergues dans la première ; enfin ſi l'on veut obſerver un juſte milieu dans l'envergure & la chûte, on prendra pour les proportions des mâts & des vergues une moyenne proportionnelle arithmétique entre celles que donnent les deux colonnes. C'eſt pour éviter les écarts que l'on pourroit faire dans ces combinaiſons, que l'on a inſéré dans les Tables, des articles qui déterminent les rapports des voilures à l'aire de la coupe à fleur d'eau & la poſition du centre de voilure.

Les reproches que nous avons fait précédemment au genre de voilure, repréſenté figure 18, ont fait imaginer

celui qu'on voit dans la figure 19 : il ne diffère du premier
que par l'addition d'un foc.

La fomme de la voilure eft plus grande dans ce gréement que dans l'autre, cependant le centre de voilure eft
plus bas. On peut fans inconvénient reculer un peu le
mât, parce que le foc fuffira pour faire arriver le Navire.
Ainfi en bordant de grande voile, & carguant ou filant
les écoutes de fon foc, il viendra au vent ; & s'il borde
fon foc & amène fa grande voile, ou la met en ralingue,
il arrive fans le fecours du gouvernail. Cette confidéra-
tíon détermine & juftifie la fubdivifion des voiles. En
effet on auroit pu augmenter l'aire de la voilure, en
augmentant la chûte ou l'envergure de la grande voile ;
mais cela n'auroit pas donné les mêmes avantages pour
les mouvemens de rotation (1).

Avant que de paffer à d'autres genres de gréement,
il faut faire connoître comment on règle les grandeurs
des voiles & leur coupe, puifque fans cette connoiffance
on ne pourroit faire le plan de la voilure, ni par conféquent calculer le centre d'impulfion. La grande voile carrée
a de largeur en-haut la longueur de la vergue moins celle
des taquets : fa largeur en-bas eft égale à la longueur
totale de la vergue ; fa chûte eft égale à la diftance comprife entre le plat-bord du Navire & un ou deux pieds
au-deffous de la flèche du mât.

---

(1) On voit aux environs de Cancalle des barques exceffivement voilées.
J'en ai vu dont le mât étoit 4,445 parties de la largeur, & la vergue 0,750
parties de la longueur du Navire. Les bateaux de St-Jagu font voilés fur les
mêmes proportions : ces Bâtimens font montés par des Marins hardis &
habiles ; & il ne faut pas confier à des hommes fans expérience des Navires
chargés d'une pareille Mâture.

Le *bout dehors*, ou *bâton de foc* ou *beaupré*, fort toujours en-dehors du Bâtiment d'une quantité égale à la largeur de ce Bâtiment. Le foc s'amure à 6 pouces du bout, & borde fur l'étrave : *fa draille*, c'eft ainfi qu'on appelle la corde fur laquelle il eft lacé, va du bout du beaupré à la flèche du mât, & la tête du foc monte fur cette draille jufqu'à deux ou trois pieds du mât : il n'en faut pas davantage pour faire le trait de ces voiles fur le plan.

La fig. 20 repréfente un floop du commerce. Le mât, planté en avant du vrai milieu, eft foutenu par un étai, fur lequel on lace un foc qui amure fur l'étrave & borde au pied du mât : ce foc eft appelé *trinquette*. Un autre, nommé *grand foc*, amure au bout du beaupré & borde fur l'étrave : la grande voile eft une baume : les haubans, dans ce genre de gréement, font fixes. Ces trois voiles conftituent réellement la voilure du floop du commerce : on y ajoute dans les beaux tems un hunier ; la voile fur laquelle il borde, s'appelle vergue sèche, parce qu'elle ne porte pas ordinairement de voiles. La difpofition de la figure 20 a permis d'y tracer d'une manière diftincte, les bras de la vergue sèche & fes balancines, les bras de la vergue du hunier & fes *boulines*. Cette dernière manœuvre tient à la ralingue de la voile, & vient fur le pont, après avoir paffé fur le bout du beaupré ; elle fert à roidir la ralingue de la voile, qui la première reçoit le vent. Quelquefois on grée une voile baffe, appelée *voile de fortune*, fur la vergue sèche ; elle fert pour le vent arrière & le largue : on y ajoute encore des bonnettes, comme nous le verrons en parlant des cutters.

L'écoute de la trinquette eſt ordinairement terminée par un cercle de fer qui court ſur une barre établie d'un bord à l'autre ſur le pont, de ſorte que quand le Navire vire de bord, la voile ſe change d'elle-même & par la ſeule impulſion du vent.

L'angle antérieur ou d'amure du grand foc, eſt auſſi terminé par un cercle de fer nommé *rocambeau*, ſur lequel eſt amarré ſa draille : une manœuvre fait rapprocher ou éloigner ce cercle de l'étrave, & par conſéquent rapproche ou éloigne ſon centre d'effort de l'axe de rotation. Cette diſpoſition eſt ſi avantageuſe qu'elle eſt adoptée pour tous les genres de gréement.

Quand on connoît la bordure des focs, il eſt aiſé de les tracer ſur le plan de la voilure : la direction de leur plus grand côté ou de leur hippoténuſe eſt déterminé par celle de la draille ; le ſommet du petit foc doit monter à la hauteur du capelage, c'eſt-à-dire vis-à-vis le point du grand mât où les haubans ſont fixés ; & celui du grand foc doit monter juſqu'au milieu du hunier, quand la draille paſſe au capelage du mât de hune ; ou bien il s'arrête à la même hauteur que l'autre ſi la draille paſſe au capelage du bas mât.

La vergue ſèche ne doit être hiſſée que juſqu'à une diſtance du bas capelage, égale à la longueur du ton ou de la flèche du mât : elle monte trop haut dans la fig. 20. Si elle porte une grande voile de fortune, ſon envergure eſt égale à la longueur de la vergue, déduction faite des tacquets ; ſa bordure, à la longueur totale de la vergue : la vergue du hunier monte juſqu'à la noix du mât de hune, c'eſt-à-dire à une diſtance du capelage, égale à

la

la flèche du mât de hune ; l'envergure du hunier est égale à la longueur de sa vergue, déduction faite des tacquets ; sa bordure est égale à l'envergure de la voile basse. Quand on grée un perroquet, sa vergue monte jusqu'à la noix du mât de perroquet ou de la flèche, c'est-à-dire jusqu'au renfort où l'on a mis le clan, ou la poulie, par où passe la drisse : l'envergure est comme pour les autres voiles, déterminée par la longueur de la vergue, déduction faite des tacquets, & la bordure, par l'envergure du hunier. Il ne reste plus à tracer que la baume ; son envergure & sa bordure sont données par la longueur de la corne & du gui, dont il faut déduire 6 pouces à la corne & 1 pied à l'autre pour les amarrages : on trouve la chûte en plaçant la corne à la hauteur du capelage, & on l'apique jusqu'à ce qu'elle fasse avec la flèche un angle de 35 à 40° au plus. Le gui doit être parallèle au pont, & assez élevé pour que l'on puisse aisément passer dessous, & pour que dans les évolutions il ne touche pas le couronnement.

Les détails dans lesquels je viens d'entrer serviront pour tous les genres de gréement, parce que la manière de faire le trait de toutes les voiles est constamment la même, & dépend des dimensions & de la position des vergues.

Il n'y a point de voilure plus commode & plus sûre que celle du sloop proprement dit, c'est-à-dire réduite aux focs & à la baume. Gréé tout en aurique, il oriente parfaitement au plus près du vent : la force motrice est répartie sur une grande longueur, & par conséquent il est facile de transporter le centre d'impulsion à une grande distance du point d'équilibre, & d'obtenir des évolutions

D

promptes ; toutes les voiles fe changent d'elles-mêmes quand le Navire change de route , & l'on ne trouve de difficulté que lorfqu'il faut les border pour ferrer le vent davantage : mais cette réfiftance ne mérite quelque confidération que dans les grands Navires. Le floop ne peut jamais être coëffé ; s'il fe trouve chargé d'un fort coup de vent, il n'y a qu'à filer les écoutes & il fe redreffe auffi-tôt : cet évènement pourroit cependant avoir des fuites fâcheufes s'il avoit lieu quand on court vent arrière, parce que la baume alors porte fur les haubans & fe trouve au bout de fon évolution : mais il eft rare qu'il y ait du danger dans cette allure.

Conféquemment à ces avantages, la voilure du floop eft réellement celle qui convient le mieux en général aux Bâtimens du commerce ; elle eft auffi fort en ufage dans tous les ports de France & d'Angleterre, & chez toutes les Nations maritimes du Nord ; on en voit beaucoup dans l'Amérique, & particulièrement aux Antilles : les bateaux Bermudiens entr'autres, fe font fait une réputation qui s'eft foutenue pendant des fiècles ; mais elle commence à tomber.

La Table deuxième renferme fur les floops, les mêmes détails que nous avons inférés dans la Table première, relativement aux barques à une feule voile carrée. La Table troifième regarde les cutters, qui ne font autre chofe que de grands floops armés pour la guerre.

Si l'on ajoute aux voiles auriques du floop proprement dit, des huniers & des perroquets, on aura le gréement du cutter, qui ne diffère de celui qui lui fert de type que par une augmentation de voilure haute. La voilure du floop primitif ne pourroit être employée fur des Navires dont la largeur excéderoit 15 à 16 pieds, parce que les dimenfions de la baume feroient trop grandes pour qu'elle pût être établie folidement & manœuvrée avec un petit nombre de Matelots. Ces confidérations difparoiffent, quand il s'agit d'armer un Bâtiment pour courir à la gloire ou à la fortune ; on y réunit les moyens capables de procurer dans tous les tems une grande vîteffe : on multiplie auffi les bras pour tirer parti de ces moyens & s'affurer la victoire, en ajoutant l'avantage du nombre à celui de la valeur : dès-lors les grandes dimenfions des voiles & de leurs gréemens, la multiplicité des manœuvres, ne font plus un obftacle.

Les François & les Anglois ont conftruit pendant la guerre dernière des cutters de très-grandes dimenfions : nous en avons vu qui portoient jufqu'à 84 pieds de longueur & 28 de largeur. Les Efpagnols en ont pris un fur les Anglois dont les dimenfions étoient encore plus confidérables ; mais on s'eft bientôt repenti de les avoir outrées avec autan t d'indifcrétion. La longueur énorme de la Mâture, qui a très-peu de prife dans la cale, la rend infiniment peu folide ; l'étendue immenfe de toutes les voiles, fait qu'elles font peu maniables & exigent un gréement très-lourd : les fecouffes de la baume fur le point d'appui de fon écoute, fatiguent la pouppe du Navire & le mettent fouvent en danger ; enfin un accident arrivé au mât eft fans reffource, & le Navire devient la proie de la mer ou de l'ennemi, fans pouvoir fe défendre. Des exemples très-répétés des malheurs attachés à cette efpèce de gréement, quand il eft adopté fur un Navire

trop confidérable, ont déterminé à lui en fubflituer d'autres plus folides, mais moins avantageux : nous aurons
occafion d'en parler. Faifons quelques réflexions fur les
réfultats des trois premières Tables.

Les dimenfions du mât principal & de la vergue fur
laquelle on grée une voile carrée ont affez d'analogie
dans les trois Tables : en effet fi l'on n'avoit égard qu'à
ces données, les fyftêmes de voilure que ces Tables
expriment ne différeroient pas entr'eux.

La furface de la voilure des floops eft beaucoup plus
grande que celle des bâtimens à une feule voile carrée.
Cela doit être en effet, parce que le gréement du floop
eft toujours appliqué fur des bâtimens pontés qui portent
toute leur charge dans la cale, & par conféquent doivent
avoir plus de ftabilité que les barques à une feule voile,
qui ne font le plus fouvent que des bateaux paffagers
deftinés à naviguer fréquemment fans left. Quand on
grée des chaloupes ou des bateaux de plaifance en floop,
il faut donc prendre les plus petites dimenfions de la
Table deuxième : elles feroient même encore trop fortes
pour les galiottes, ou les coches d'eau qui naviguent fur
les rivières, parce que les perfonnes qui voyagent dans
ces voitures, n'étant pas accoutumées aux grandes incli-
naifons, s'alarmeroient aifément, & cauferoient bientôt
un défordre dont les fuites pourroient être fâcheufes.
J'indique ces extrêmes pour faire voir comment les règles
générales doivent être modifiées par des confidérations
particulières.

La furface de voilure des cutters eft encore bien plus
grande que celle des floops ; plufieurs motifs légitiment

cette différence. 1°. Les cutters deftinés à la courfe doivent avoir plus de moyens d'augmenter leur vîteffe, en facrifiant même une partie de la ftabilité; les floops au contraire doivent donner plus à la fûreté de la navigation qu'à fa promptitude. 2°. L'équipage des premiers eft plus nombreux & mieux compofé, ainfi l'on manœuvre de plus grandes voiles & des voiles plus étendues avec plus de facilité. 3°. La conftruction des cutters eft faite avec plus de foin, & toutes les vues de ceux qui l'ont dirigée ont eu pour objet les deux qualités effentielles d'un bâtiment de guerre, la marche & le port de la voile : au contraire dans les floops, l'objet unique que les Confructeurs fe propofent, c'eft de leur donner une grande capacité & un foible tirant d'eau. 4°. Dans les premiers, l'arrimage eft conftamment fait de la manière qui contribue le plus efficacement à augmenter la force avec laquelle le Navire lutte contre celles qui tendent à l'incliner ; & dans les autres, l'arrimage eft différent à toutes les campagnes, & fouvent il eft fait néceffairement d'une manière très-peu favorable à la navigation.

Cette comparaifon, qui auroit lieu par-tout indiftinctement, établiroit une loi générale qui, fixant les proportions de la voilure relativement à la deftination principale des Navires, fembleroit devoir être admife par toutes les Nations ; mais on obferve encore des différences très-effentielles dans la manière de combiner les fyftêmes de Mâture des différens peuples, même fur les Navires deftinés au même emploi. Leur perfévérance dans leurs ufages n'eft fans doute pas capable de juftifier de pareilles variations ; mais il me femble que cette perfé-

vérance elle-même eſt un motif ſuffiſant pour nous déterminer à ne pas les proſcrire légèrement, & ſans avoir
bien examiné ſi elles ne ſeroient pas fondées en raiſon.

Les Anglois, par exemple, donnent à leurs cutters des
voiles baſſes plus grandes que nous & des voiles hautes
moindres : le grand mât, le gui, la corne ſont proportionnellement plus grands dans leurs ſloops que dans les
nôtres ; au contraire nous augmentons les voiles hautes :
nos mâts de hune, la vergue barrée, celles de hune &
de perroquet ſont coupés ſur de plus grandes dimenſions.
Si l'on obſerve que la mer eſt toujours beaucoup plus
mauvaiſe ſur nos côtes que ſur celles d'Angleterre, &
qu'il arrive bien plus ſouvent à nos bateaux d'être réduits
aux voiles baſſes & même à les diminuer de ſurface ; qu'il
eſt facile alors de dégréer les huniers & les perroquets,
ce qui réduit la voilure à une élévation & des dimenſions.
infiniment moindres : ne conviendra-t-on pas que notre
méthode & celle de nos voiſins, quoique peu d'accord
entr'elles, peuvent cependant être bonnes l'une & l'autre ?

On peut obſerver encore que dans les ſloops & les
cutters Anglois, le centre de voilure eſt bien plus rapproché de la poupe que dans les nôtres : voici les raiſons
qui juſtifient les deux méthodes.

La force réſultante de l'impulſion latérale de l'eau ſur
la carène doit être dans la même direction que celle du
vent ſur les voiles pour que le Navire ſuive une route
déterminée ; or dans les bateaux Anglois, la première de
ces forces a toujours ſa réſultante bien plus près de la
poupe que dans ceux de France, parce qu'ils ont une
différence de tirants d'eau bien plus conſidérable. Les

Conftructeurs de la Grande-Bretagne, en fe modelant fur ceux des Bermudes, ont porté leurs tentatives à cet égard auffi loin qu'on le puiffe faire. Nous leur avons pris un grand cutter de 20 canons, nommé le *Chien de chaffe*, qui tiroit 14 pieds de l'arrière & 7 feulement de l'avant. On fent bien que dans un Navire conftruit de cette manière, la force que le fluide exerce contre le côté de la carène dans les routes obliques, doit produire fon effet plus près de l'étambot que dans les nôtres, où l'arrière n'enfonce pas beaucoup plus que l'avant. Il faut conféquemment, pour entretenir l'équilibre, que le centre d'impulfion fubiffe une tranfpofition analogue ; auffi dans le Chien de chaffe, ce point étoit en arrière de la verticale qui paffe par le vrai milieu de $\frac{92}{1000}$ de la longueur du Bâtiment. Pour difculper entièrement la pratique, il ne nous refte plus qu'à dire pourquoi nous ne donnons pas à nos Bâtimens de cette efpèce, une auffi grande différence de tirant d'eau que les Anglois: cela tient à ce que nos floops du commerce fréquentent des ports où ils trouvent peu de fond & font forcés d'échouer fouvent. Les cutters du Roi, conftruits dans des ports fujets à cet inconvénient, ont dû participer à la forme des Navires du commerce ; & les Anglois euxmêmes ont fi bien fenti cette vérité, que les floops qu'ils deftinent à fréquenter nos ports de la Manche, ont une forme très-reffemblante à celle que nous avons adoptée; & leur centre de voilure eft auffi bien plus rapproché de la proue que dans leurs cutters de guerre.

Pour donner une idée plus complète du gréement des cutters, j'en ai repréfenté dans la fig. 21, un orienté vent arrière : on y diſtingue la voile de fortune & les trois bonnettes de bas-bord ; la poſition du Navire a permis auſſi d'y exprimer la bonnette de la baume & une voile que l'on place ſous le gui pour recueillir le vent qui s'échapperoit dans cette partie : cette voile additionnelle ſert très-rarement ; il y a même bien des cutters qui ne la portent pas : elle s'appelle *voile ſous gui*.

Nous avons vu au commencement de ce Chapitre quels ſont les avantages de la ſubdiviſion des voiles, & cela nous prépare à la multiplication des mâts & à leur diſtribution ſur différens points de la longueur du Navire. Maintenant on doit preſſentir l'utilité, la néceſſité même de la ſubdiviſion des mâts dans le ſens de leur propre longueur. En effet la longueur totale du mât d'un grand cutter, comptée depuis ſa carlingue juſqu'à la girouette, peut être de 120 pieds ; or on gagne infiniment à le former de deux pièces, l'une appelée bas-mât qui auroit 86 pieds, l'autre appelée mât de hune, dont la longueur feroit de 48 pieds : nous verrons par la ſuite comment on fait la réunion de ces deux pièces. Il ſuffit pour le préſent de ſavoir que le mât ſupérieur ou le mât de hune eſt appliqué contre l'autre, & que la quantité dont ils ſe croiſent eſt ce qu'on appele *le ton* ; il auroit de longueur 14 pieds, pour réduire nos deux mâts partiels à la longueur de 120 pieds. Ce n'eſt pas la difficulté de trouver des arbres aſſez longs qui a déterminé cette ſubdiviſion : l'art eſt parvenu depuis long-tems à ſuppléer au défaut de la nature à cet égard, & l'on voit ſouvent ſur la Méditerranée des mâts d'un ſeul jet, au moins en apparence, & qui portent juſqu'à cent cinquante pieds

de

de chûte & plus. Mais on se prépare par cette distribution des moyens pour réparer les accidens qui arrivent fréquemment au sommet des mâts, ce qui se fait aisément en passant des mâts additionnels de rechange, tandis que l'on ne pourroit adapter un bout, si la longueur totale étoit d'un seul jet : d'ailleurs ces mâts d'une pièce & portant une aussi grande longueur auroient trop de flexibilité ; enfin les opérations de mâter & de démâter seroient bien plus embarrassantes, & l'on ne pourroit pas amener la mâture haute quand on est au mouillage, & la sacrifier, quand on éprouve à la mer des tempêtes violentes, ce qui devient quelquefois indispensable pour le salut du Bâtiment. Ces raisons ont déterminé la division de chaque mât d'abord en deux, puis en trois pour de plus grands Bâtimens. Le troisième mât partiel est appelé *mât de Perroquet* ; il recouvre le ton du mât de hune, comme celui-ci recouvre le ton du bas-mât : ainsi la longueur totale du mât est égale à la somme des longueurs de ceux qui le composent, déduction faite du ton du bas-mât & de celui du mât de hune. Les cutters & les Bâtimens du même genre ne portent pas ordinairement de mât de perroquet, & les sloops du commerce portent rarement un mât de hune : ils gréent le hunier sur la flèche du bas-mât.

Plusieurs espèces de voilures dérivent plus ou moins immédiatement de celle du sloop : les bots & dogrebots des Hollandois n'en diffèrent en aucun point.

La vergue sèche ou de fortune est supprimée dans les *smacks*, bateaux employés à la pêche sur les côtes d'Angleterre, & sur-tout d'Ecosse : le hunier est formé par

en-bas de deux pointes qui viennent border fur le plat-
bord : on ne grée pas moins la voile de fortune qui fe
hiffe & s'amène avec fa vergue.

Les cagues, bateaux de Hollande, au lieu de baume,
portent une grande voile à livarde : du refte, c'eft la
même voilure que le floop, & cette différence n'offre
aucune particularité intéreffante.

Les fprek ou fprick, ou balandres de Dunkerque, ne
font, à vraiment dire, que des floops dont la longueur
eft très-grande relativement à la largeur ; le mât eft placé
comme dans les floops, mais fans pente, & le gui ne
paffe jamais le couronnement. Ces bateaux, deftinés à
naviguer dans les rivières & les canaux de Hollande, font
ordinairement mauvais voiliers.

Un genre de gréement réellement diftinct de celui que
nous venons de décrire, c'eft le gréement des *galiotes*,
figure 22.

Les Hollandois confidérant que la voilure du floop fi
avantageufe à bien des égards, devenoit cependant très-
difficile à manier fur les Bâtimens dont la largeur paffe
15 à 16 pieds, & que cet inconvénient tient uniquement
aux très-grandes dimenfions de la baume, imaginèrent
de fubdivifer cette voile : en conféquence on fupprima
le gui, la bordure de la grande voile fut diminuée des
deux tiers ; & pour y fuppléer, on planta vers la poupe
un petit mât, pour porter une autre baume appelée
tapecul.

Les galiotes ont une alonge au beaupré, fur laquelle
on grée deux ou plufieurs focs avec des racambaux. Cette
alonge, appelée *bout-dehors*, fait fur le beaupré le même

office que les mâts de hune font fur les mâts verticaux : elle y eft auffi liée d'une manière femblable.

Le trait de la plupart des voiles des galiotes, eft précifément le même que celui des mêmes voiles du floop. La bordure de la grande voile eft fixée par la diftance du grand mât à celui de tapecul. On grée fouvent hunier, perroquet & même catacoüas dans les beaux tems ; cependant il n'y a point de mât de perroquet, mais feulement un mât de hune, qui eft affemblé à demeure avec le bas-mât, par un procédé que les Charpentiers appellent *écarver* : le mât de hune doit recouvrir le bas-mât ou *s'écarver* avec lui d'une longueur égale à celle dont il s'élève par-deffus. On eft dans l'ufage de donner à la flèche un peu de courbure vers l'avant ; il femble que cela rende la manœuvre des voiles hautes plus facile : mais on peut cependant regarder l'adoption de cette forme plutôt comme le réfultat de l'habitude que celui de la réflexion ; car depuis quelques années on voit beaucoup de galiotes où la flèche eft parfaitement droite, fans qu'on y ait reconnu d'inconvénient.

La Mâture en galiote eft adoptée par toutes les Nations du Nord pour les grands navires du cabotage. Les Hollandois & les Suédois en ont qui portent jufqu'à 300 tonneaux, & ne font néanmoins armés que de 7 à 8 hommes au plus. On fait auffi des galiotes dans les ports de la Normandie, de la Picardie & de la Flandre Françoife. En général ces Bâtimens naviguent mal, mais ce défaut dépend plus de leur forme que de leur gréement.

On commence depuis peu d'années à faire naviguer des barques de la Loire fous la voilure des galiotes ; &

cette tentative a beaucoup de fuccès. Les barques Nantaifes ont des qualités bien fupérieures à celles des galiotes
Hollandaifes : mais auffi la forme de leur carène eft plus
recherchée, leur Mâture eft plus fine & leur gréement
plus léger. Ces barques n'ont point leur mât de hune
écarvé avec le bas-mât : il eft placé comme dans les cutters. Cette obfervation eft effentielle, pour éviter les
erreurs que fon omiffion cauferoit néceffairement, fi l'on
traitoit de la même manière les dimenfions des mâts de
hune des galiotes, & ceux des barques de Nantes exprimées dans les Tables. L'infpection de la Table 4ᵉ, & fa
comparaifon avec les précédentes, donne matière aux
obfervations fuivantes.

1°. Les galiotes Hollandaifes ont la Mâture plus élevée,
& l'envergure moindre que les barques Nantaifes : les
premières, deftinées à remonter des rivières & des canaux,
ne reçoivent quelquefois le vent que dans les huniers &
les perroquets ; les autres, continuellement expofées aux
coups de vent de la Manche & du Golfe, fe comportent
mieux avec une voilure plus baffe & plus étendue.

2°. La voilure des galiotes & des barques eft égale aux
plus grandes voilures des floops ; mais il eft facile de la
réduire, parce qu'elle eft plus fubdivifée : les focs, les
voiles de perroquet ne fe déploient qu'en beau tems.

3°. Les évolutions fe peuvent faire aifément avec cette
voilure, parce qu'on a des voiles très-éloignées du centre
d'impulfion : cette qualité mérite la plus grande attention
dans des Bâtimens deftinés à louvoyer dans des rivières.

4°. Le centre de voilure eft porté dans les galiotes
beaucoup plus vers l'avant que dans les cutters & les

autres fyſtêmes dont nous avons parlé : cela vient de l'addition des focs gréés ſur le bout-dehors du beaupré ; or cette différence de poſition pour ce centre d'impulſion, ſe peut expliquer ici, comme on l'a fait précédemment pour les cutters François & Anglois ; les galiotes tirent autant d'eau par devant que par derrière : d'ailleurs comme leur fond plat les rend peu propres à tenir le vent, on leur ajoute des ailes ou dérives, qu'on laiſſe tomber pour augmenter la réſiſtance latérale du fluide ; (elles ſont deſſinées dans la fig. 11) : ces deux raiſons réunies rapprochent beaucoup la réſiſtance latérale ou du moins ſa réſultante, de la proue ; par conſéquent la réſultante de l'action du vent ſur les voiles doit s'en rapprocher auſſi. Le tranſport du centre de voilure vers la proue doit exiſter de même dans les barques Nantaiſes, parce qu'elles n'ont pas de différence de tirant d'eau ; mais il doit être moindre que dans les galiotes, parce que les barques n'ont pas d'ailes : c'eſt en effet ce qu'indique la Table.

Il y a peu de différence entre la voilure des galiotes & celle des boyers, Bâtiment de tranſport très-commun dans la Baltique, fig. 23 : les proportions de Mâture & la coupe des voiles ſont les mêmes ; ce qui diſtingue les derniers, c'eſt qu'au lieu du petit foc ou trinquette, ils portent une voile trapezoïdale dont la tête eſt enverguée ſur un pic, lequel a ſa longueur ſous-double de celui de la grande voile : au reſte ce genre de gréement ne peut donner lieu à des obſervations importantes.

Les heux, forte de Navire affecté au cabotage ſur les côtes de Normandie & de la Flandre Françoiſe, reſſenblent encore beaucoup aux galiotes : au lieu d'être en baume, leur grande voile eſt en livarde. Comme celle-ci eſt carrée, avec la même chûte & la même bordure que l'autre, elle porte réellement une plus grande ſurface, quand elle eſt bordée pour le plus près : mais on perd cet avantage quand on court vent arrière, parce que rien ne peut alors empêcher la voile de prendre une très-grande courbure. Quelquefois dans les heux, la voile de tapecul eſt auſſi à livarde, & quelquefois en artimon, figure 10.

Les dogres ſont encore des eſpèces de galiotes dont on fait beaucoup d'uſage dans les mers de Hollande & dans la Manche, où ils ſervent particulièrement à la pêche du hareng. Les grands dogres ne portent point de grande voile aurique ; ils déploient toujours leur voile de fortune : par conſéquent le grand mât doit être plus en arrière ; en effet il eſt ordinairement au vrai milieu. Au ſurplus la grandeur des mâts, des voiles & leur répartition dans ces diverſes eſpèces de gréement, ſont ſuffiſamment indiquées par ce qu'on a dit dans ce Chapitre : on a repréſenté un dogre dans la fig. 25.

De toutes les voilures dont nous avons parlé, celles ſeulement qu'on a repréſentées, fig. 18 & 19, peuvent convenir aux canots & petits bateaux de plaiſance non pontés : mais elles ſont délicates à manœuvrer. Les Hollandois gréent cependant leurs canots & chaloupes en bot ou ſloop : ce qui leur paroît plus commode & moins dangereux pour louvoyer dans les rivières ; mais ce gréement eſt fort gênant dans le cas où il faut amener les voiles & les mâts pour aller à l'aviron. Nous verrons dans le Chapitre fuivant des voilures qui conviennent mieux aux Bâtimens à rames.

Je n'ai point parlé des bateaux qui portent une feule voile à antenne, parce que je me réferve à réunir dans un feul Chapitre ce qui concerne les Bâtimens à voiles latines.

TABLE PREMIÈRE.

BATIMENS A UNE SEULE VOILE CARRÉE.

	56 pieds.			30 pieds.		
Longueur de ces Bâtimens..................						
Rapport de leur largeur à leur longueur.......	0.355			0.285.		
	Long.	Diam.	Flèche.	Long.	Diam.	Flèche.
Rapport des dimenfions du mât avec la largeur des Navires.....................	3.434.	$\frac{1}{44}$.	$\frac{1}{15}$.	3.000.	$\frac{1}{46}$.	$\frac{1}{17}$.
	Long.	Diam.	Bouts.	Long.	Diam.	Bouts.
Rapport des dimenfions de la vergue avec la longueur des Navires.....................	0,774.	$\frac{1}{39}$.	$\frac{1}{12}$.	0.600.	$\frac{1}{44}$.	$\frac{1}{12}$.
Rapport de la pofition du mât à la longueur du Navire..................................	0.050 en arrière du milieu.			0.000.		
Pente du mât relativement à la verticale.......	2 po. par pied.			0.		
Rapport de la furface de la voilure à celle du parallélogramme circonfcrit au plan de flottaifon,	1.636.			1.437.		
Rapport de la pofition du centre de voilure, relativement à la verticale, avec la longueur des Navires.............................	0.029 en avant du milieu.			0.000.		
Rapport de la pofition du même point, relativement au plan de flottaifon, avec la largeur du Navire.	1.600.			1.435.		

TRAITÉ

TABLE DEUXIÈME.

SLOOPS OU BATEAUX PROPREMENT DITS.

	44 pieds...............	30 pieds.
Longueur de ces Bâtimens................	44 pieds...............	30 pieds.
Rapport de leur largeur à leur longueur.......	0.398.................d.	0.379.

Rapports des dimensions des Mâts avec la largeur des Navires.	Long.	Diam.	Flèche.	Long.	Diam.	Flèche.
Grand mât...........................	3.524.	$\frac{1}{48}$.	$\frac{1}{4}$.	2.686.	$\frac{1}{50}$.	$\frac{1}{5}$.
Beaupré............................	1.714.	$\frac{1}{33}$.	”.	1.514.	$\frac{1}{56}$.	”.

Rapports des dimensions des Vergues avec la longueur des Navires.	Long.	Diam.	Bouts.	Long.	Diam.	Bouts.
Gui................................	0.948.	$\frac{1}{45}$	”.	0.735.	$\frac{1}{52}$.	”.
Corne ou pic........................	0.474.	$\frac{1}{38}$.	”.	0.380.	$\frac{1}{45}$.	”.

Rapport de la position du mât à la longueur des Navires...............................	0.131 en avant du milieu.	0.071.
Pente du grand mât relativement à la verticale..	3 po. par pied.	1 po. $\frac{1}{4}$ par pied.
Pente du beaupré relativement à l'horizon.....	4 po. par pied.	2 po. $\frac{1}{4}$ par pied.
Rapport de la surface de la voilure à celle du parallélogramme circonscrit au plan de flottaison.	3.030..................	1.648.
Rapport de la position du centre de voilure, relativement à la verticale, avec la longueur des Navires...............................	0.181 en arrière du milieu.	0.011 en arrière du milieu.
Rapport de la position du même point, relativement au plan de flottaison, avec la largeur des Navires.	1.295...................	1.004.

CHAPITRE

TABLE TROISIÈME.

CUTTERS OU SLOOPS DE GUERRE.

	84 pieds.			60 pieds.		
Longueur de ces Bâtimens...............						
Rapport de la largeur à la longueur..........	0.366			0.315.		
Rapport des dimensions des Mâts avec la largeur des Navires.	Long.	Diam.	Ton. ou Flèche.	Long.	Diam.	Ton. ou Flèche.
Grand mât..............................	3.208.	$\frac{1}{42}$.	$\frac{1}{6}$.	3.170.	$\frac{1}{49}$.	$\frac{1}{7}$.
Beaupré...............................	2.391.	$\frac{1}{55}$.	».	2.296.	$\frac{1}{55}$.	».
Mât de hune...........................	1.737.	$\frac{1}{45}$.	$\frac{1}{4}$.	1.600.	$\frac{1}{54}$.	$\frac{1}{4}$.
Rapport des dimensions des Vergues avec la longueur des Navires.	Long.	Diam.	Bouts.	Long.	Diam.	Bouts.
Gui..................................	0.950.	$\frac{1}{55}$.	».	0.303.	$\frac{1}{60}$.	».
Corne................................	0.571.	$\frac{1}{55}$.	».	0.494	$\frac{1}{55}$.	».
Vergue de fortune.....................	0.694.	$\frac{1}{58}$.	$\frac{1}{12}$.	0.642.	$\frac{1}{64}$.	$\frac{1}{12}$.
Vergue de hune.......................	0.556.	$\frac{1}{58}$.	$\frac{1}{10}$.	0.430.	$\frac{1}{66}$.	$\frac{1}{10}$.
Vergue de perroquet...................	0.403.	$\frac{1}{72}$.	$\frac{1}{14}$.	0.368.	$\frac{1}{74}$.	$\frac{1}{15}$.
Rapport de la position du Mât à la longueur des Navires.						
Position du mât en avant du milieu..........	0.154			0.097.		
Pente du mât par rapport à la verticale........	1 po. $\frac{1}{4}$ par pied.			1 po. $\frac{1}{2}$ par pied.		
Pente du beaupré par rapport à l'horizon.......	2 po. $\frac{1}{4}$ par pied.			2 po. $\frac{1}{2}$ par pied.		
Rapport de la surface de la voilure au parallélogramme circonscrit au plan de flottaison......	3.500			2.792.		
Rapport de la position du centre de voilure, relativement à la verticale , avec la longueur des Navires...........................	0.074 en avant du milieu.			0.046 en arrière du milieu.		
Rapport de la position du même point , relativement au plan de flottaison , avec la largeur des Navires.	1.755			1.508.		

TABLE QUATRIÈME.

	GALIOTES HOLLANDOISES.			BARQUES DE NANTES.		
Longueur de ces Bâtimens....................	de 76 à 64 pieds.			de 70 à 60 pieds.		
Rapport de la largeur à la longueur..........	de 0.235 à 0.300.			de 0.267 à 0.235.		
Rapport des dimensions des Mâts avec la largeur des Navires.	Long.	Diam.	Ton. ou Flèche.	Long.	Diam.	Ton. ou Flèche.
Grand mât...........................	3.025.	$\frac{1}{36}$.	$\frac{1}{7}$.	2 976.	$\frac{1}{45}$.	$\frac{1}{7}$.
Beaupré............................	2.050.	$\frac{1}{44}$.	".	1.659.	$\frac{1}{45}$.	".
Mât de hune (*).....................	2.700.	$\frac{1}{55}$.	$\frac{1}{7}$.	1.705.	$\frac{1}{46}$.	$\frac{1}{7}$.
Bâton ou mât de tapecul..............	2.800.	$\frac{1}{60}$.	$\frac{1}{6}$.	1.907.	$\frac{1}{58}$.	$\frac{1}{7}$.
Bout de beaupré ou bâton de foc...........	2.000.	$\frac{1}{60}$.	".	1.317.	$\frac{1}{50}$.	".
Rapport des dimensions des Vergues avec la longueur des Navires.						
Vergue de fortune....................	0.533.	$\frac{1}{60}$.	$\frac{1}{12}$.	0.666.	$\frac{1}{62}$.	$\frac{1}{11}$.
Vergue de hune......................	0.413.	$\frac{1}{64}$.	$\frac{1}{8}$.	0.492.	$\frac{1}{67}$.	$\frac{1}{7}$.
Vergue de perroquet..................	0.347.	$\frac{1}{69}$.	$\frac{1}{13}$.	0.317.	$\frac{1}{70}$.	$\frac{1}{12}$.
Grande corne.......................	0.320.	$\frac{1}{64}$.	".	0.206.	$\frac{1}{58}$.	".
Gui du tapecul......................	0.293.	$\frac{1}{68}$.	".	0.286.	$\frac{1}{60}$.	".
Corne du tapecul....................	0.200.	$\frac{1}{60}$.	".	0.143.	$\frac{1}{56}$.	".
Rapport de la position des Mâts à la longueur des Navires.						
Grand mât...........................	0.126 en avant du milieu.			0.063 en avant du milieu.		
Mât de tapecul.......................	0.333 en arrière.			0.333 en arrière.		
Pente du grand mât...................	1 po. ¼ par pied.			1 po. par pied.		
Pente du mât de tapecul...............	0			0.		
Pente du beaupré.....................	3 po. ¾ par pied.			3 po. par pied.		
Rapport de la surface de la voilure au parallélogramme circonscrit au plan de flottaison......	2.808..............▓......			2.437.		
Rapport de la position du centre de voilure, relativement à la verticale, avec la longueur des Navires............................	0.137 en avant du milieu.			0.118 en avant du milieu.		
Rapport de la position dudit centre, relativement au plan de flottaison, avec la largeur des Navires.	1.520....................			1.530.		

(*) *Nota.* Il faut observer que le mât de hune des galiotes est censé recouvrir le bas-mât de moitié de sa longueur pour l'écart ; celui des barques Nantaises ne le recouvre que de la longueur du ton du bas-mât.

CHAPITRE TROISIÈME.

Des Bâtimens à deux mâts verticaux, & de ceux qui avec ces deux mâts portent un Tapecul.

ON ne s'éloignera probablement pas de la vérité en foupçonnant qu'un des premiers effais de l'art pour parvenir à la multiplication des mâts, eft la voilure que l'on a repréfentée fig. 26.

Un mât placé un peu en arrière du milieu, foutenu par un étai & quelques haubans, porte une grande voile carrée.

Un autre mât plus petit, & qu'on appelle mât de mifaine, eft planté affez près de l'étrave; il eft appuyé comme le grand mât, par des haubans & un étai qui répond au bout du beaupré. Les haubans de l'avant aux deux mâts verticaux, fe décrochent ou fe filent pour augmenter le braffiage des vergues. La voile de l'avant, carrée comme la grande voile & difpofée comme elle, porte le nom de fon mât, c'eft-à-dire qu'on l'appelle *mifaine*; un ou deux focs complètent ce genre de voilure.

Ces fortes de Bâtimens fe voyent fur les côtes de Bretagne; mais on en trouve peu d'exemples ailleurs, & je n'en parle qu'afin de ne pas omettre un chaînon qui m'a paru néceffaire pour entretenir la contigüité dans la férie des divers fyftêmes. Le gréement de la fig. 26 eft

encore en ufage au port de Breſt, pour les citernes flot-
tantes qui portent de l'eau dans la rade aux armées
navales.

Si l'on compare les réſultats exprimés dans la première
des Tables attachées à ce Chapitre, avec ceux des Tables
du Chapitre précédent, on verra 1°. que la ſurface totale
de la voilure des Bâtimens qui nous occupent maintenant eſt plus étendue que celle des Bâtimens qui n'ont
qu'une voile carrée : en effet, puiſque la manœuvre devient
plus aiſée par cette multiplication, rien n'empêche de
ſe procurer des moyens d'obtenir pour le beau tems une
plus grande vîteſſe. 2°. La voilure des barques à deux mâts
eſt égale à celle des ſloops bien voilés : mais elle eſt
moins favorable pour courir au plus près du vent, parce
que les voiles carrées orientent moins bien que les voiles
auriques ; elle eſt auſſi plus dangereuſe, parce qu'on peut
coëffer avec la nouvelle voilure, & que cet évènement
n'eſt pas à craindre avec l'autre. 3°. Enfin l'aire des voiles
eſt moindre dans le ſyſtême actuel que dans ceux des
cutters, des galiotes & des autres gréemens qui en dérivent, parce que la répartition & la ſubdiviſion des voiles
ne ſont pas auſſi avantageuſes.

4°. Le centre de voilure des Bâtimens à deux mâts
eſt preſque toujours placé plus près de la proue que dans
les ſyſtêmes moins compoſés : cela vient de deux cauſes
différentes ; la première, que la voilure du mât de l'avant
ou du mât de miſaine n'oriente jamais auſſi parfaitement
que celle du grand mât, & que par conſéquent on lui
ſuppoſe trop d'énergie dans le calcul ; la deuxième, que
plus les Bâtimens ſont longs, plus ils ſont ardens : &

comme le nombre des mâts n'augmente ordinairement qu'avec la longueur des Navires, il faut rapprocher de la proue la réfultante de l'impulfion du vent, pour les rendre plus difpofés à *arriver*: en effet on verra que dans les Bâtimens à trois mâts, le centre de voilure eft encore plus rapproché de l'avant que dans ceux à deux mâts: quoi qu'il en foit, je penfe que l'on gagneroit à reculer le centre de voilure dans les barques de la Table première, & qu'il n'y auroit aucun inconvénient à le faire tomber au vrai milieu, fur-tout pour celles dont les capacités feroient affez bien combinées pour qu'elles prîffent en charge un peu de différence de tirant d'eau.

Si l'on fubftitue aux deux grandes voiles carrées de la barque figure 26 deux voiles à livardes, comme celle repréfentée figure 7, on aura la voilure des *bateaux à livarde*, en y ajoutant deux focs, quelquefois un tapecul à livarde ou en baume & deux huniers; ce fera le grée-ment des koffs, Navires de tranfport Hollandois (*fig.* 31).

Nous n'avons, quant au trait des voiles, à confidérer ici, que celui des livardes; il n'eft point indiqué par leur balefton.

La chûte des voiles à livarde eft donnée par celle du mât, comprife entre le clan ou la poulie dans laquelle paffe la cargue & le plat-bord; la mifaine doit avoir un ou deux pieds moins de bordure qu'il n'y a de diftance entre les deux mâts; & la grande voile porte fon point de bordure, fur le couronnement dans les grands Navires qui n'ont point de tapecul, à un ou deux pieds en avant du mât de tapecul dans les Navires qui en portent, enfin à l'entrée ou au milieu de la chambre dans les canots:

cela fuffit pour tracer les voiles à livardes qui fe font toujours de forme rectangulaire, & ne prennent celle d'un lofange quand elles font chargées par le vent, que par l'effet du balefton qui porte en-haut un des angles, & de l'impulfion du vent qui les courbe.

On règle le tapecul des koffs comme celui des galiotes; on préfère ordinairement de le mettre en baume, parce qu'il eft plus facile à manœuvrer dans les grands Navires: les tapeculs dans les canots font au contraire toujours en livarde.

Le centre de voilure des Bâtimens à livarde eft toujours avantageufement placé : auffi l'on peut dire qu'en général ces Bâtimens tiennent bien le vent ; mais leur voilure a peu d'étendue fuperficielle, & cette étendue eft encore très-diminuée par l'énorme courbure que les voiles prennent, fur-tout quand leurs écoutes font un peu molles. Le centre de voilure des koffs eft porté vers l'avant, précifément pour les mêmes raifons que j'en ai données en parlant des galiotes ; mais en y ajoutant un tapecul, on rendroit cette voilure mieux balancée fur un Navire qui feroit plus façonné. Les bateaux à livardes portent très-peu d'étendue de voiles, & l'on ne pourroit pas l'augmenter fans danger, parce qu'elles fe ferrent mal, & deviennent par là incommodes & peu fûres. Cependant les Efpagnols donnent beaucoup plus de largeur que nous aux voiles de leurs bateaux à rames, qu'ils gréent prefque toujours dans ce fyftême : j'en ai vu qui portoient une aire de voilure d'un quart plus grande que celle indiquée par la Table deuxième ; mais il faut l'habitude & l'adreffe des hommes habitués à manœuvrer de pareils bateaux : peut-être même la forme & le choix des matières employées dans leur conftruction : pour ne pas courir des rifques dans un mauvais tems. La voilure à livardes proprement dite, c'eft-à-dire fans voile de fortune & fans huniers, ne vaut abfolument rien vent arrière ; on borde la grande voile fur un bord & la mifaine fur l'autre : c'eft ce qu'on appelle *orienter en cifeaux* ; le vent fe perd entre les deux mâts, & produit bien moins d'effet que s'il n'y avoit qu'une feule voile carrée, quand même elle auroit moins d'envergure.

Ce qu'on vient de dire fe peut appliquer mot pour mot aux houaris, c'eft-à-dire aux Bâtimens qui portent des voiles femblables à celle de la fig. 4 : ce gréement n'eft pas ufité ; on ne le trouve guères que dans les rivières & les rades d'Angleterre, rarement en pleine mer : on en voit un fig. 24 : confultez la Table troifième.

Les réfultats des calculs fembleroient annoncer les mêmes avantages dans ce genre de gréement que dans celui des livardes : en effet on trouve affez de rapport dans l'aire de la voilure & la pofition du centre de voilure ; mais il faut obferver que pour obtenir ces avantages, il faut une Mâture au moins d'un tiers plus élevée, dont la partie haute devient inutile pour l'effet, ainfi que la voile qui lui eft attachée, parce que la grande longueur de la ralingue de l'arrière ne permettant pas de la tendre, cette partie fupérieure de la voile fe tord & fe place d'elle-même dans le lit du vent ; ce fyftême de voilure convient à des Bâtimens de plaifance, parce qu'il n'eft point du tout dangereux ni difficile à manœuvrer ; il ne peut être adopté pour des Bâtimens de guerre, parce qu'il offre peu de reffource pour la manœuvre, attendu que fa bafe eft trop bornée, fon élévation trop grande, & qu'il n'eft pas poffible d'y ajouter des bonnettes ni d'autres voiles de beau tems : il vaut encore moins pour les Bâtimens du commerce, parce que fa Mâture & fon gréement doivent être très-légers, & d'autant plus fujets à des accidens, qu'il n'eft pas poffible de donner un étai fixe au grand mât.

De toutes les combinaifons de voilure aurique appliquées fur des Bâtimens à deux mâts, il n'en eft pas qui mérite la préférence fur celles des *goëlettes* : voyez la figure 30.

Les goëlettes fimples ou proprement dites, portent au grand mât une baume ou brigantine (*fig.* 8), au mât de mifaine une baume fans gui, ou bien une voile femblable à celle du fenau (*fig.* 9); enfin deux ou trois focs fur le beaupré & fur fon bout-dehors.

Ces voiles, dont on connoît les avantages pour la bouline, font fuppléées pour le grand largue & le vent arrière par une voile de fortune carrée fur le mât de mifaine : pour le beau tems on y ajoute des huniers ; les goëlettes d'obfervation dans les armées navales, portent auffi des perroquets ; mais toutes ces voiles carrées ne font que des acceffoires à la compofition primitive de ce fyftême.

Le trait de la mifaine, le feul qui puiffe embarraffer ici, eft indiqué pour la chûte par la hauteur à laquelle s'élève fon pic : c'eft au-deffous du capelage immédiatement ; pour l'envergure, par la longueur de la corne ; enfin pour la bordure, par l'intervalle entre les mâts que

le

le bas de la voile doit remplir à un pied ou deux près :
la corne de la mifaine s'apique à 35 ou 40° au plus,
comme celle de la brigantine.

La voilure en goëlette eft adoptée pour trois deftina-
tions différentes , & chacune exige une combinaifon
particulière ; 1°. comme Bâtiment de plaifance, de fonde,
ou de découverte dans des rivières & des bras de mer
inconnus, il faut des goëlettes fimples & médiocrement
voilées ; 2°. celles qu'on emploie à la pêche, au cabotage,
auront une voilure moindre , mais elles porteront des
huniers pour fe relever des côtes ; 3°. les goëlettes qui
fervent de découvertes ou d'avifos dans les armées navales , celles qu'on a fubftitué aux bateaux Bermudiens
pour faire le commerce interlope dans les Antilles & au
Continent de l'Amérique , celles que conftruifent les
Etats-Unis à-peu-près pour le même objet, portent la
voilure la plus étendue, avec des huniers & des perroquets , parce que leur qualité la plus effentielle eft la
vîteffe du fillage.

Comme la voilure en goëlette eft fûre , les *lougres*
dont nous allons parler bientôt, ont un jeu de cette
efpèce de voiles, pour fubftituer dans le mauvais tems
à leurs voiles propres.

D'après les obfervations qui précèdent, & pour fatis-
faire le plus complètement poffible à tous les cas, j'ai
dreffé deux Tables concernant les goëlettes : la première
colonne de la Table quatrième donne la plus grande
chûte de mâts & la plus grande envergure de baffes
voiles, parce que les Bâtimens à qui elle appartient ne
portent pas de huniers : c'eft là le véritable gréement

des Bâtimens d'obfervation & de fonde des Bâtimens de plaifance, & de tous ceux où la fûreté devient l'objet principal ; on trouve dans la feconde colonne la plus petite chûte & la plus petite envergure : ce gréement eft propre au cabotage & à la pêche de la morue fur le grand Banc ; il offre plus de reffources dans les diverfes allures, parce que les voiles carrées font combinées avec les voiles auriques ; la fubdivifion des voiles rend les manœuvres plus compliquées, mais moins lourdes. Toutes les voiles qu'une goëlette peut arborer, fe trouvent réunies dans la colonne première de la Table cinquième : c'eft un Navire de découverte à la tête d'une armée ; il doit fouvent donner & prendre chaffe : il ne peut avoir trop de moyens ; c'eft le gréement des Bâtimens fraudeurs, & par conféquent des pataches qui les pourfuivent ; c'eft maintenant celui des Bermudiens, & il l'emporte à tous égards fur la voilure du floop ou cutter : on voit quelques goëlettes Bermudiennes prodigieufement mâtées ; elles portent, avec les envergures de la première colonne Table cinquième, la chûte du mât de la première colonne Table quatrième. La voilure des lougres en goëlette, quoiqu'elle foit deftinée plus particulièrement pour le mauvais tems, eft néanmoins très-étendue : mais ces Bâtimens ont toujours une très-grande ftabilité ; l'addition du tapecul lui donne de grands avantages pour le plus près & pour les évolutions : elle eft même indifpenfable dans ces Bâtimens qui ont ordinairement plus de différence de tirant d'eau que les autres.

Tous les fyftêmes de voilure purement aurique, rentrent dans la claffe de ceux qu'on a décrits dans le

Chapitre précédent & dans celui-ci : ces fortes de voiles ne joueront plus déformais qu'un rôle fubalterne dans les autres fyftêmes ; mais avant que de finir ce qui les concerne, je ferai remarquer que pour qu'elles faffent leurs évolutions autour des mâts, il faut toujours que les haubans n'aient pas une grande empâture vers l'arrière, ou bien qu'ils fe puiffent filer au befoin ; dans les goëlettes & les bateaux à livardes, le grand mât ne peut avoir d'étai ridé fur l'étrave, il gêneroit le jeu de la mifaine ; l'étai du grand mât paffe par une poulie à la tête du mât de mifaine, le long duquel il defcend pour être ridé fur le pont : enfin les houaris ne peuvent avoir au grand mât qu'un étai volant, c'eft-à-dire qu'on mollit quand il faut changer la bordure de la mifaine : ces confidérations, & la trop grande étendue des baumes, limitent la grandeur des Bâtimens auxquels on peut appliquer la voilure aurique.

La plus avantageufe de toutes les voilures connues, eft celle de chaffe-marée ou bateau de pêche : l'efpèce primitive, celle qui doit réellement porter ce nom eft repréfentée figure 17 : elle confifte en deux voiles à bourcet (*fig.* 6). Voyez le Chapitre premier.

Telle eft la voilure de tous les bateaux qui font la pêche fur nos côtes, & particulièrement fur celles de Bretagne ; c'eft celle des bateaux qui vont prendre havre à la côte de Terre-Neuve, & de là font expédiés pour la pêche du capelan & de la morue ; c'eft encore la voilure de la plupart des bateaux lamaneurs ; enfin de beaucoup de Bâtimens paffagers, & de prefque toutes les chaloupes & canots attachés au fervice des Vaiffeaux du Roi & du commerce ; cette voilure demande à être manœuvrée avec précaution & difcernement : car un bateau à bourcet coëffé , ne fe peut fauver que par un miracle quand il vente beaucoup ; c'eft la grande voile, dont la furface eft énorme, qui caufe les accidens ordinaires dans cette circonftance : pour les prévenir, on porte dans le mauvais tems une grande voile beaucoup plus petite, nommée *taillevent* , & qui au lieu de border fur le côté du bateau , borde au pied du mât : par ce moyen, quand le Bâtiment vient vent devant, la plus grande portion de la voile fe range dans la direction du vent, & celle qui recouvre le mât eft trop petite pour produire de mauvais effets.

Les chaffe-marées du commerce ne font autre chofe que de grands bateaux de pêche pontés ; toute leur voilure confifte dans les deux voiles qui les caractérifent, & le taillevent, qu'on fubftitue à la grande voile dans le gros tems. Ceux qui naviguent à la côte de Bretagne & dans la Manche ne déploient jamais leur grande voile dans l'hiver : il arrive même fouvent qu'ils la laiffent à terre pendant toute la mauvaife faifon ; la figure 28 repréfente un bateau gréé en chaffe-marée , naviguant avec le taillevent.

On voit dans la figure 29 un chaffe-marée de guerre appellé *lougre*, ou par les Anglois *woguer* ; il diffère des autres en ce qu'il porte un beaupré furmonté de deux ou plufieurs focs, un tapecul pour contrebalancer leur effet, & deux huniers.

On obtient le trait des voiles à bourcet, en repréfentant leurs vergues hiffées jufqu'à un pied en-deffous du rouet ou de la poulie par où paffe la driffe, & apiquées fous angle de 60 à 70° avec la flèche du mât ; le gréement du lougre eft infiniment peu compliqué ; quelques haubans, dont ceux de l'avant fe décrochent pour permettre d'orienter mieux les voiles baffes ; un étai à chaque mât ; une driffe à chaque voile ; point de bras ni de balancines, les ralingues en font l'office : les huniers feulement portent des bras, des balancines & des boulines ; mais quand les voiles font amenées, il ne refte prefque plus de cordage en l'air dans les plus grands woguers ; il n'en refte pas un dans les bateaux : cela rend ce gréement très-propre aux Bâtimens à rames.

Il n'y a point de Bâtimens qui portent proportionnellement autant de voilure que les chaffe marées, & particulièrement que les lougres ; il n'y en a pas non plus qui aient plus d'avantages fous toutes les allures : ils le doivent à la difpofition de leurs voiles qui s'orientent bien dans tous les fens, & forment toujours une grande furface non interrompue qui reçoit fans perte tout l'effort du vent ; comme il faut amener les voiles pour les changer quand on vire de bord (voyez le Chapitre premier), le Bâtiment feroit forcé de virer fur fon aire, c'eft-à-dire avec fa vîteffe acquife, fans l'addition des focs & du tapecul qui favorifent & accélèrent efficacement le mouvement giratoire ; la difpofition du beaupré augmente encore cette propriété ; il ne porte pas de bout-dehors, mais il peut être rentré ou pouffé hors du Navire à volonté, parce qu'il eft tenu fur un chevalet & dans un collier de fer fixé contre l'étrave, & qu'il peut courir fur ces deux points d'appui : cela permet de donner fuivant les befoins de la navigation, plus ou moins d'intenfité à l'action des focs.

Les Anglois font beaucoup plus d'ufage que nous des lougres ou woguers : nos ports de Dunkerque, SaintMalo & Rofcoff font remplis de Bâtimens de cette efpèce fur lefquels les Navigateurs de cette Nation viennent faire un commerce, fouvent de fraude. C'eft à l'époque de la guerre de 1778 que la Marine Royale employa pour la première fois ce genre de gréement : on arma beaucoup de lougres en courfe dans les ports des deux Nations ; mais il a fallu bientôt renoncer à ce genre de Bâtimens dont la Mâture eft très-difpendieufe & fujette à des accidens fréquens, parce qu'elle eft mal appuyée & fatigue beaucoup ; d'ailleurs ils exigent un équipage d'élite & fort nombreux : ces motifs ont fait préférer la voilure du brigantin dont nous allons parler tout-à-l'heure ; on a gagné du côté de l'économie, mais on a bien perdu fur les qualités.

On trouvera dans la Table fixième les dimenfions les plus grandes & les plus petites pour la voilure en chaffemarée des bateaux non pontés ; il faut des hommes bien accoutumés à la mer pour manœuvrer la grande voilure indiquée par la première colonne ; il leur faut auffi beaucoup de prudence : on ne doit donner aux canots que les dimenfions fixées dans la deuxième colonne, encore feroit-il à propos de les diminuer quand ils ont moins de 24 pieds de longueur. On ne fauroit en général mettre trop de difcrétion dans la voilure des canots, il faut fi peu de différence dans leur conftruction & dans la difpofition de leur chargement pour en produire une grande fur leur ftabllité, que jamais il ne fera poffible d'affigner le rapport qui doit exifter entre leurs dimenfions & leur Mâture : c'eft à l'expérience de ceux qui les montent à prévenir les accidens fâcheux qui feroient fouvent la fuite de ce défaut inévitable de précifion ; la voilure la plus commode pour ces petits Bâtimens & la moins dangereufe en même-tems, eft celle qu'indique la Note ajoutée à la Table fixième.

C'eft dans la Table feptième qu'il faut chercher les proportions qui conviennent aux chaffe-marées du commerce : on prendra les dimenfions des mâts dans la deuxième colonne, & celles des vergues dans la première, parce que ces Navires ne portent pas de huniers ; la furface de la voile du taillevent doit être à-peu-près fous double de celle de la grande voile ; l'aire de la voilure doit être d'un quart plus grande que celle indiquée dans la première colonne Table fixième, & le centre de voilure placé de même.

On trouve dans la Table feptième les plus grandes & les plus petites dimenfions des lougres ou woguers ; il eft étonnant fans doute de voir que ces Bâtimens portent une voilure prefque double de celles que nous avons vues jufqu'à préfent dans tous les autres fyftêmes : mais ce qui l'eft plus encore, c'eft qu'ils la portent haute quand les autres Navires font obligés de prendre des ris ; cela tient à l'excellence de la répartition des voiles, de la pofition du centre de voilure, & à la ftabilité des lougres, dont la forme eft en général tout-à-fait bien entendue.

Un genre de voilure qui réunit prefque toutes les qualités parce qu'il réunit presque toutes les formes, c'est celui du bric ou brigantin (*fig.* 32) ; le grand mât porte une baume, un hunier & un perroquet ; le mât de misaine porte trois voiles carrées, & le beaupré trois ou plusieurs focs : telle est sa voilure constitutive, dont le trait est facile d'après ce qu'on a dit précédemment.

On voit dans la fig. 32, une vergue suspendue par son milieu sous le beaupré : cette vergue porte une voile carrée appelée *civadière* ; une autre voile, nommée *contre-civadière*, se place au-dessus de celle-là : elle borde sur la vergue de civadière, & est lacée sur une vergue fixée sous le bout-dehors du beaupré.

La civadière a autant d'envergure que de bordure ; ces dimensions sont égales à la longueur de la vergue déduction faite des bouts ou taquets ; sa chûte est égale à la distance comprise entre le point où est le collier de misaine & l'étrave : cette distance doit être mesurée sous le beaupré ; la civadière se borde sur les minots ou sur le plat-bord du Navire, quand il n'a pas de poulaine ; cette voile sert peu, sur-tout dans les petits Bâtimens, & elle s'emplit d'eau à tous les tangages : aussi la déploie-t-on rarement, excepté dans les grands Vaisseaux pour le vent arrière & le largue.

L'envergure de la civadière détermine la bordure de la contre-civadière ; l'envergure de cette dernière est donnée par la longueur de sa vergue déduction faite des bouts ; sa chûte est égale à la distance comprise entre la vergue de civadière & le milieu de la saillie du bâton de foc où s'arrête ordinairement la vergue de contre-civadière. Si ces deux voiles sont peu utiles, leurs vergues

le

le font beaucoup ; elles foutiennent le bâton de foc &
lui donnent la force de fupporter l'impulfion du vent fur
les focs ; les balancines de ces vergues peuvent être regardées comme les haubans du bout-dehors de beaupré,
dont en effet elles font l'office : cette confidération
détermine fouvent à prendre une vergue de civadière,
quoique jamais on ne faffe ufage de fa voile.

L'intervalle compris entre les deux mâts verticaux eft
rempli par des voiles d'étai : le trait de ces voiles & de
toutes les autres eft repréfenté figure 42 , précifément
comme il le faut faire pour le calcul de la voilure.

La plus baffe des voiles d'étai fe nomme voile du grand
étai ; fa chûte à l'avant eft donnée par la hauteur à laquelle
la direction du grand étai coupe le mât de mifaine au-
deffus du gaillard ; l'angle de bordure doit tomber à cinq
ou fix pieds du grand mât, & à la hauteur des bateaux
qui font toujours placés fous cette voile & ne doivent
jamais gêner fes évolutions : le quatrième angle ne peut
monter que jufqu'à l'œillet du collier d'étai.

La voile d'étai du grand hunier eft lacée fur une draille,
qui va du ton du mât de mifaine à celui du grand mât
de hune ; fon angle fupérieur de l'arrière refte à 6 ou
7 pieds du grand mât de hune, & l'angle inférieur à 8
ou 9 pieds ; la chûte de la voile à l'arrière eft égale à
une fois $\frac{1}{4}$ celle du grand hunier ; fa chûte à l'avant eft
égale à deux fois le ton du grand mât : cette voile &
l'autre fe bordent au pied du grand mât, fur le pont ;
quand elles font déployées, tout l'efpace compris entre
les deux mâts verticaux fe trouve à-peu-près rempli, parce
que le vuide qui refte entre le grand mât & la ralingue de

H

l'arrière de ces voiles est recouvert par le hunier, & la grande voile carrée si on la déferle.

La voile d'étai la plus élevée, est nommée voile d'étai de perroquet ; sa chûte de l'avant est égale au double du ton du petit mât de hune ; sa chûte à l'arrière est moitié plus grande que celle du grand perroquet ; sa bordure est d'un tiers moindre que le côté lacé sur l'étai : or ce dernier côté a sa longueur égale aux trois quarts de la distance comprise entre les mâts & mesurée suivant la pente de l'étai : on observera que très-souvent on se permet de faire des changemens assez considérables dans les dimensions de ces voiles accessoires.

La voilure des brigantins est employée pour une infinité de destinations : c'est le gréement de tous les petits Navires de transport qui vont de 150 à 220 tonneaux, & son usage est adopté presque par toutes les Nations maritimes ; la Marine Royale de France a fait mâter en bricq depuis la fin de la guerre tous ses avisos ou Bâtimens de découverte, qui précédemment épuisoient les arsenaux par les réparations fréquentes qu'exigeoient leur Mâture de cutter ou de lougre.

La baume étant orientée au plus près avec les voiles d'étai & les focs, un brigantin est chargé de voiles auriques, autant que dans les systêmes où ce genre de voilure domine : ainsi l'on doit s'attendre qu'il pincera bien le vent ; mais la vîtesse est bien augmentée quand, à cette force impulsive, on peut ajouter celle des voiles carrées : il ne faut pas nier que cette addition ne pouvant avoir lieu qu'autant qu'on court un peu plus largue, afin de faire porter les voiles carrées, les avantages pourroient bien être compenfés : mais comme il eft démontré par l'expérience que la dérive eft d'autant moindre que la vîteffe du fillage eft plus grande, il pourroit bien arriver que l'on gagnât en dérivant moins, plus qu'on ne le feroit en boulinant davantage. On convient affez généralement qu'un brigantin acquiert beaucoup, quand, avec fa baume, il peut porter la grande voile carrée : prefque tous les brigantins du commerce le font, & diminuent le gui pour rendre la baume plus facile à manœuvrer : un Navire ainfi gréé porte le nom de *Langard* (*fig.* 34).

C'eft dans le fyftême qui nous occupe maintenant qu'on trouve le moins de variations, ainfi qu'on le peut obferver dans la Table huitième, où les extrêmes font réellement plus rapprochés que dans les autres.

Si l'on veut d'après cette Table déterminer les dimenfions de la Mâture & de la voilure d'un avifo du Roi, on en trouvera un exemple dans la Table neuvième, où l'on peut remarquer que les chûtes des mâts font proportionnées à-peu-près fuivant les rapports indiqués dans la feconde colonne, tandis que les envergures font prifes dans la première, Table huitième. Un avifo du Roi porte, le plus fouvent qu'on peut, les voiles hautes ; & l'amplitude de ces voiles ne gêne point pour la manœuvre, parce que l'on a toujours du monde à proportion de fes befoins.

Au contraire, pour mâter un navire du Commerce en brigantin, on prendra les proportions des bas-mâts dans la première colonne, & celle des mâts de hune & de perroquet, moyennes proportionnelles entre les réfultats des deux colonnes ; toutes les envergures feront prifes dans la feconde.

Les Navires du Nord ne portent point ordinairement leurs mâts de perroquet dans l'hiver; ils y fubftituent une gaule, appelée *Bâton d'hiver*, qui ne fert que d'ornement & fur laquelle on ne grée pas de voile : les proportions des mâts de hune dans ce cas doivent être prifes dans la première colonne.

La voilure propre des brigantins eft beaucoup moindre en fuperficie que celle *lougres ou woguers* : elle eft à peine égale à celle *des cutters*, & moins favorablement difpofée pour naviguer au plus près du vent; la très-grande quantité de voiles qu'on a imaginées pour y fuppléer, ne remplit pas cet objet parfaitement, parce qu'elle exige une grande quantité de cordages, & devient fort embarraffante dans les évolutions : auffi eft-il généralement reconnu que les cutters & les lougres s'élèvent mieux dans le vent que les brigantins.

Quoique le centre de voilure foit plus bas dans les derniers que dans les woguers, il ne faut pas s'attendre à une plus grande ftabilité : le poids énorme des mâts, des barres, des chuquets, des vergues, des cordages, & des poulies multipliés à mefure que le gréement devient plus compliqué, détruit tout l'avantage qui pourroit réfulter d'une pofition plus favorable du centre de voilure.

Enfin, ce même centre eft plus rapproché de la proue dans les brigantins que dans les autres fyftêmes, pour les raifons que nous avons rapportées précédemment en parlant des Bâtimens à deux voiles carrées.

Malgré fes défavantages, le brigantin fera toujours préféré

fi l'on a égard à la fûreté de la navigation, à la facilité de la manœuvre, à l'économie dans la conftruction & les réarmemens, aux réparations qu'on eft obligé de faire à la mer dans l'évènement terrible & trop fréquent d'un démâtage : ces raifons font déterminantes pour le commerce, & l'emporteront toujours quand elles feront mifes en balance avec la qualité de marcher un peu mieux dans quelques allures.

Le gréement du brigantin ne convient, en aucune manière, aux Bâtimens à rames ; il en eft de même de tous ceux dont on parlera dans la fuite, excepté les voilures latines qui leur font exclufivement confacrées.

Le *langard*, c'eft-à-dire, la grande voile carrée du brigantin, ne peut s'élever le long du mât avec un racage qui contienne fa vergue : les cercles de la baume ne permettent pas d'adopter dans ce cas-ci, la difpofition ordinaire des voiles carrées; il faut, ou que la vergue foit fixée fans pouvoir fe hiffer ou s'amener, ou qu'elle ne foit contenue que par des bras paffés dans les haubans comme la vergue barrée des floops : la première manière eft incommode, la feconde eft peu folide; & ces confidérations ont fait imaginer le gréement du *fenau*; il ne diffère du brigantin qu'en ce que fa baume, au lieu d'être lacée fur le grand mât, l'eft fur un mâtereau planté fur le pont en arrière du grand mât & tenu par fa tête dans les barres : alors le jeu de racage de la grande vergue eft libre. La voile du fenau eft telle qu'on l'a repréfentée fig. 18 ; fa bordure ne paffe pas le couronnement. Ce gréement convient aux Navires qui paffent les proportions des grands brigantins, parce que la voile de fenau eſt plus facile à manœuvrer qu'une énorme baume : mais on n'emploie pas ſans néceſſité dans le commerce, la voilure en *langard* ni celle en *ſenau*, parce que le ſervice de la grande voile carrée exige un ou deux matelots de plus.

On eſt dans l'uſage, au port de Saint-Malo & dans quelques autres, d'établir ſur la poupe des brigantins un mât de tape-cul ſur lequel on grée une voile à livarde, ou en baume, ou en chaſſe-marée : alors la brigantine s'arrête au pied du tape-cul, & ne porte pas de gui ; c'eſt-à-dire, que ces deux voiles ſont diſtribuées & diſpoſées comme dans les galiotes Hollandoiſes : ce gréement eſt plus maniable que celui du brigantin primitif dont la grande voile eſt ſouvent trop étendue ; mais il ne peut avoir les mêmes qualités, parce que, ſi l'on a égard à l'effet ſeulement, deux voiles vaudront toujours moins, qu'une ſeule de même ſurface.

Si on ſupprime, dans le langard repréſenté fig. 34, la grande voile carrée, & ſi, au lieu de la baume, on met une voile quadrangulaire enverguée ſur une eſpèce d'antenne, comme les voiles d'artimon, mais diſpoſée de manière que les quatre cinquièmes de la voile ſoient en arrière du mât & un cinquième par devant, on aura le gréement des *bélandres* de Hollande, qui diffèrent, comme on le voit, beaucoup des ſprecks ou bélandres de Dunkerque.

Toutes ces voilures ont un rapport trop direct avec celle du brigantin, pour qu'il ſoit néceſſaire d'entrer à leur égard dans aucun detail : elles ne pourroient d'ailleurs donner matière à aucune obſervation intéreſſante.

Je terminerai ce Chapitre en donnant, avec une application des Tables pour fervir d'exemple, une méthode pour trouver le centre de voilure d'un Bâtiment, & auffi une application de cette règle.

On trouvera, Table neuvième, les dimenfions de la mâture d'un avifo du Roi, fixées d'après les règles établies dans ce Chapitre, & les proportions rapportées dans la Table huitième ; on y a mis auffi les chûtes & envergures de toutes les voiles & leurs furfaces. Le plan de voilure de cet avifo eft tracé fig. 42, où l'on voit que les mâts & les vergues font indiqués par un fimple trait & les voiles repréfentées fans échancrure ; on fuppofe encore, dans ce plan & le calcul auquel il fert de bafe, que les voiles carrées peuvent être orientées dans le plan de la quille, comme les voiles auriques ; mais ces fuppofitions n'influeront pas fur les réfultats, fi l'on fe propofe feulement de comparer entr'elles des voilures femblables ou qui diffèrent peu ; elles conduiroient au contraire à des erreurs très-grandes, fi l'on vouloit connoître la force abfolue du vent fur la voilure, & le point précis où paffe fa réfultante : il faudroit alors faire entrer dans le calcul, l'obliquité des voiles au trait carré, l'échancrure des baffes-voiles, & la courbure de toutes : or ces recherches, qui demandent des connoiffances très-étendues, ne font pas du reffort d'un Livre élémentaire.

Voici la règle qu'il faut fuivre pour trouver le centre de voilure.

Méthode pour trouver le centre de voilure d'un Navire.

1°. On fait un plan d'élévation du Navire fur lequel

on trace les voiles principales & que l'on veut faire
entrer dans le calcul : elles y font repréfentées toutes dans
le plan même de la quille (Voyez fig. 42) ; on les divife
en triangles quand elles ne font pas elles-mêmes de forme
triangulaire (Voyez dans la figure 11, les deux triangles
A B D, B D C.) ; enfuite on trace une ligne du milieu d'un
des côtés de ces triangles au fommet de l'angle oppofé :
le centre d'effort du vent fur chaque triangle, eft au tiers
de ces lignes comptées de la bafe, c'eft-à-dire, aux
points c & c'.

2°. Quand on a placé tous les centres d'efforts particuliers fur toutes les voiles, on cherche la furface de
chaque triangle que l'on obtient en multipliant fa bafe,
par exemple B D, par la moitié de fa hauteur C E.

3°. On multiplie cette furface par la diftance de fon
centre d'effort c', à une verticale qui paffe par l'arrière du
Navire.

4°. On multiplie de même la furface de chaque triangle
par la diftance de fon centre d'effort c', à une ligne horifontale qui repréfente la furface de l'eau : ces deux produits
s'appellent *des momens*.

5°. On divife la fomme des derniers momens, n°. 4,
par la fomme des furfaces des voiles, n°. 2, & le quotient indique la diftance du centre de voilure au-deffus
la ligne horifontale, ou fon élévation au-deffus de l'eau.

6°. On divife la fomme des momens, n°. 3, par la
même fomme des furfaces des voiles, & le quotient indique
la diftance du centre de voilure en avant de la verticale
qui paffe par l'arrière du Navire.

La ligne verticale & la ligne horifontale par rapport
auxquelles

auxquelles nous prenons les momens, n'ont pas exclufivement la prérogative de pouvoir remplir cette deftination ; rien n'empêche, au contraire, de prendre pour
axe des momens telles lignes qu'on voudra, pourvu que
l'une foit horifontale & l'autre verticale ; mais il faut
obferver que dans le cas où il fe trouveroit des voiles
de part & d'autre de ces lignes, il faudroit prendre féparément la fomme des momens de chaque côté, fouftraire
la plus petite de la plus grande de ces deux fommes, &
divifer le refte par la fomme entière de la voilure : le
quotient donneroit de même la diftance du centre de
voilure à l'axe auquel on a rapporté les momens ; & ce
centre d'impulfion fe fait du côté qui a fourni la plus
grande fomme. Paffons à l'application de cette méthode.

La première colonne de la Table dixième, exprime
les dimenfions des triangles partiaux, dans lefquels les voiles
font décompofées.

La deuxième colonne donne les furfaces de ces triangles, & la fomme de toutes ces furfaces fera celle de
la voilure : cette fomme eft timbrée A dans la Table 10ᶜ.

On trouve dans la troifième colonne, la diftance du
centre d'impulfion de chaque triangle à la verticale qui
paffe par le milieu du Navire : cette verticale eft timbrée
dans le plan, des lettres A B (*fig.* 42.), & le centre
d'impulfion de chaque triangle eft marqué dans le même
plan du figne o.

Les produits de la furface de chaque triangle par la
diftance de fon centre d'effort à la verticale, forment la
quatrième colonne ou celle des momens. On fait deux
fommes féparées des momens des voiles dont le centre

d'impulſion eſt en avant de la verticale A B, & des momens
de celles dont le centre d'impulſion eſt en arrière de la
même verticale, & l'on prend la différence de ces deux
ſommes ; la plus forte étant celle des momens des voiles
de l'avant, le centre de voilure ſera ſur l'avant de la
verticale A B ; on a timbré dans la Table la différence
des momens ainſi trouvée de la lettre B : les diſtances du
centre d'impulſion de chaque triangle, au plan de flottaiſon dont la projection eſt repréſentée par la ligne D C,
ſont rapportées dans la cinquième colonne ; & les produits
de ces diſtances par les ſurfaces des triangles ou les momens,
forment la ſixième colonne, qu'il faut ſommer toute
entière, parce que tous les centres d'efforts ſont du même
côté de la ligne horiſontale D C : cette ſomme eſt
indiquée dans la Table par la lettre C.

Il ne reſte plus qu'à diviſer la différence B des momens répondant à la verticale, par la ſomme A des ſurfaces de la voilure, pour avoir la diſtance du centre de
voilure en avant de la verticale A B ; puis diviſer la ſomme
C des momens répondans à la ligne horiſontale D C, par
la même ſomme A des ſurfaces de la voilure, pour avoir
la diſtance dudit centre d'impulſion, au-deſſus du plan
de flottaiſon : cela ſuffit pour placer ſur le plan le centre
de voilure C, fig. 42.

On ſe contente ordinairement de calculer le centre de
voilure pour les quatre voiles majeures ſeulement, c'eſt-
à-dire, pour la grande voile, la miſaine & les deux huniers. Cette approximation peut ſuffire quand on compare
deux Bâtimens voilés abſolument dans le même ſyſtême :
mais pour peu qu'il y ait de différence dans la diſtribution

des voiles ou le placement des mâts , on ne peut fe
difpenfer d'avoir égard aux voiles que nous avons fait
entrer dans le calcul de la Table dixième ; les autres,
telles que les bonnettes, les voiles d'étai , civadière, contre-
civadière , &c. ne peuvent manquer d'être en équilibre
entr'elles quand les voiles principales y font ; & l'Officier
qui commande la manœuvre s'appercevroit bientôt du
défaut de balancement, s'il y en avoit, & fauroit y
remédier. Au refte , rien n'empêcheroit de faire le calcul
féparément pour les quatre voiles majeures, pour toutes
les voiles principales, comme dans la Table dixième ; &
pour toutes les voiles y compris celles d'étai : on obtien-
droit les réfultats fuivans qui diffèrent affez peu de celui
que nous avons donné dans la Table, tant qu'on a égard
aux focs & à la baume ; mais n'y ont aucun rapport fi
l'on n'opère que fur les quatre voiles majeures.

Résultats du calcul du centre de voilure pour l'aviso du Roi cité dans les Tables n°s. 9 & 10 , en supposant différentes voilures exposées au choc du vent.

	Distance du centre de voilure en avant de la verticale.			Elévation du centre de voilure au-dessus du plan de flottaison.		
	pds.	po.	lig.	pds.	po.	lig.
Pour les quatre voiles majeures............	2	8	4	31	2	6
Pour toutes les voiles principales , comme dans la Table......................	10	10	6	35	2	2
Pour les mêmes voiles & celles d'étai, sans les bonnettes....................	10	10	5	34	10	7
Pour la même voilure avec la voile de langard, la bonnette de baume & la voile sous gui...	9	11	8	34	3	
Pour toutes les voiles principales comme dans la Table , en ayant égard à ce que les voiles carrées orientent moins bien que les auriques , & supposant qu'orientées au plus près, les premières font un angle de 42° avec l'axe longitudinal du vaisseau............	10	9	1	33	7	4

TABLE PREMIÈRE.

BARQUES A DEUX VOILES CARRÉES AVEC UN OU DEUX FOCS.

	70 pieds			36 pieds.		
Longueur de ces Bâtimens						
Rapport de leur largeur à leur longueur	0.333.			0.300.		
Rapport des dimensions des mâts avec la largeur des Navires.	Long.	Diam.	Flèche.	Long.	Diam.	Flèche.
Grand mât	3.200.	$\frac{1}{45}$.	$\frac{1}{12}$.	2.666.	$\frac{1}{47}$.	$\frac{1}{12}$.
Mât de misaine	2.769.	$\frac{1}{42}$.	$\frac{1}{11}$.	2.238.	$\frac{1}{44}$.	$\frac{1}{11}$.
Beaupré	1.500.	$\frac{1}{30}$.	».	1.428.	$\frac{1}{34}$.	».
Rapport des dimensions des vergues avec la longueur des Navires.	Long.	Diam.	Bouts.	Long.	Diam.	Bouts.
Grande vergue	0.666.	$\frac{1}{39}$.	$\frac{1}{11}$.	0.611.	$\frac{1}{44}$.	$\frac{1}{12}$.
Vergue de misaine	0.555.	$\frac{1}{40}$.	$\frac{1}{10}$.	0.472.	$\frac{1}{41}$.	$\frac{1}{11}$.
Rapports de la position des mâts avec la longueur des Navires.						
Grand mât	0.059 en arrière du milieu			0.027 en arrière du milieu.		
Mât de misaine	0.389 en avant du milieu			0.310 en avant du milieu.		
Pente du grand mât, relativement à la verticale	1 po. $\frac{1}{2}$ par pied			4 po. par pied.		
Pente du mât de misaine, idem	».			».		
Pente du beaupré, relativement à l'horison	3 po. par pied			2 po. $\frac{1}{2}$ par pied.		
Rapport de la surface de la voilure avec celle du parallélogramme circonscrit au plan de flottaison	2.989.			1.775.		
Rapport de la position du centre de voilure, relativement à la verticale, avec la longueur des Navires	0.136 en avant du milieu.			0.075 en avant du milieu.		
Rapport de la position du centre de voilure, relativement au plan de flottaison, avec la largeur des Navires	1.382.			1.086.		

TRAITÉ
TABLE DEUXIÈME.

KOFFS ET BATEAUX A LIVARDES.

	Koffs.			Bateaux & Canots.		
Longueur de ces Bâtimens...............	55 pieds............			de 30 pieds à 20.		
Rapport de leur largeur à leur longueur..........	.0.333............			0.300.		
Rapport des dimensions des mâts avec la largeur des Navires.	Long.	Diam.	Ton.	Long.	Diam.	Flèche.
Grand mât...................	2.325	$\frac{1}{45}$.	$\frac{1}{9}$.	2.500.	$\frac{1}{45}$.	$\frac{1}{15}$.
Mât de misaine...................	1.986	$\frac{1}{48}$.	$\frac{1}{8}$.	2.286.	$\frac{1}{45}$.	$\frac{1}{15}$.
Baupré...................	1.521	$\frac{1}{30}$.	».			
Bout-dehors du beaupré.................	1.268	$\frac{1}{45}$.	».			
* { Grand mât de hune.................	2.620	$\frac{1}{74}$.	$\frac{1}{5}$.			
{ Petit mât de hune.................	2.113	$\frac{1}{60}$.	$\frac{1}{4}$.			
Rapport des dimensions des vergues avec la longueur des Navires.	Long.	Diam.	Bouts.	Long.	Diam.	Bouts.
Livarde du grand mât...................	0.545.	$\frac{1}{67}$.	».	0.548.	$\frac{1}{50}$.	».
Livarde de misaine...................	0.468.	$\frac{1}{63}$.	».	0.527.	$\frac{1}{52}$.	».
Grande vergue de fortune.................	0.634.	$\frac{1}{55}$.	$\frac{1}{12}$.			
Vergue de fortune de misaine.............	0.634.	$\frac{1}{55}$.	$\frac{1}{12}$.			
Vergue du grand hunier.................	0.455.	$\frac{1}{62}$.	$\frac{1}{8}$.			
Vergue du petit hunier.................	0.455.	$\frac{1}{62}$.	$\frac{1}{8}$.			
Rapport de la position des mâts avec la longueur des Navires.						
Grand mât...................	0.034 en arrière du milieu..			0.080 en arrière du milieu.		
Mât de misaine...................	0.392 en avant du milieu....			0.411 en avant du milieu.		
Pente de grand mât, relativement à la verticale..	1 po. par pied..........					
Pente du mât de misaine, idem.............	»					
Pente du beaupré, relativement à l'horison......	3 po. par pied..........					
Rapport de la surface de la voilure avec celle du parallélograme circonscrit au plan de flottaison..	2.277.................			1.060.		
Rapport de la position du centre de voilure, relativement à la verticale, avec la longueur des Navires.	0.175 en avant du milieu....			0.034 en arrière du milieu.		
Rapport de la position du centre de la voilure, relativement au plan de flottaison, avec la largeur des Navires	1.436.................			1.232.		

* *Nota.* Les mâts de hune des koffs sont supposés, dans cette Table, s'écarver avec les bas-mâts, de moitié de leur longueur, comme pour les galiotes.

TABLE TROISIÈME.

HOUARIS.

	44 pieds			56 pieds.		
Longueur de ces Bâtimens..................	44 pieds			56 pieds.		
Rapport de leur largeur à leur longueur.......	0.294...................			0.292.		
Rapport des dimensions des mâts avec la longueur des Navires.	Long.	Diam.	Ton.	Long.	Diam.	Ton.
Grand mât.......................	3.077.	$\frac{1}{50}$.	$\frac{1}{7}$.	3.015.	$\frac{1}{50}$.	$\frac{1}{8}$.
Mât de misaine....................	2.846.	$\frac{1}{48}$.	$\frac{1}{6}$.	2.788.	$\frac{1}{50}$.	$\frac{1}{7}$.
Beaupré.........................	1.697.	$\frac{1}{27}$.	».	1.445.	$\frac{1}{29}$.	».
Baleston du grand mât..............	2.661.	$\frac{1}{57}$.	$\frac{1}{8}$.	1.455.	$\frac{1}{68}$.	$\frac{1}{8}$.
Baleston du mât de misaine..........	2.661.	$\frac{1}{57}$.	$\frac{1}{8}$.	1.455.	$\frac{1}{68}$.	$\frac{1}{8}$.
Rapport des dimensions du gui de la grande voile, avec la longueur des Navires.............	Long.	Diam.	Bout.	Long.	Diam.	Bout.
	0.701.	$\frac{1}{65}$.	».	0.676.	$\frac{1}{65}$.	».

Rapport de la position des mâts avec la longueur des Navires.

Grand mât.......................	0.089 en arrière du milieu...	0.056 en arrière du milieu.
Mât de misaine....................	0.375 en avant du milieu....	0.362 en avant du milieu.
Pente du grand mât................	1 po. $\frac{1}{2}$ par pied........	1 po. $\frac{1}{4}$ par pied.
Pente du mât de misaine............	$\frac{3}{4}$ de po. par pied........	».
Pente du beaupré, relativement à l'horison.....	4 po. $\frac{1}{4}$ par pied........	4 po. $\frac{1}{2}$ par pied.
Rapport de la surface de la voilure avec celle du parallélogramme circonscrit au plan de flottaison.	2.408....................	1.924.
Rapport de la position du centre de voilure, relativement à la verticale, avec la longr des Navires.	0.148 en avant du milieu...	0.028 en arrière du milieu.
Rapport de la position dudit centre, relativement au plan de flottaison, avec la largeur des Navires.	1.496....................	1.179.

TABLE QUATRIÈME.

GOELETTES SIMPLES ET DU COMMERCE.

	Goelettes simples.			Goelettes de Pêche.		
Longueur de ces Bâtimens....................	de 45 à 55 pieds.........			de 50 à 60 pieds.		
Rapport de leur largeur à leur longueur........	de 0.240 à 0.290........			de 0.310 à 0.370.		
Rapport des dimensions des mâts avec la largeur des Navires.	Long.	Diam.	Flèche.	Long.	Diam.	Ton.
Grand mât......................................	3.500.	$\frac{1}{45}$.	$\frac{1}{7}$.	3.125.	$\frac{1}{42}$.	$\frac{1}{8}$.
Mât de misaine.................................	3.190.	$\frac{1}{46}$.	$\frac{1}{7}$.	2 875.	$\frac{1}{45}$.	$\frac{1}{7}$.
Beaupré..	1.714.	$\frac{1}{33}$.	....	1.500.	$\frac{1}{34}$.	».
Grand mât de hune............................	....	....	....	1 438.	$\frac{1}{33}$.	$\frac{1}{5}$.
Petit mât de hune	....	....	....	1.438.	$\frac{1}{33}$.	$\frac{1}{7}$.
Bâton de foc...................................	....	....	....	1.000.	$\frac{1}{40}$.	».
Rapport des dimensions des vergues avec la longueur des Navires.	Long.	Diam.	Bouts.	Long.	Diam.	Bouts.
Gui de la grande voile.........................	0.670.	$\frac{1}{62}$.	».	0.627.	$\frac{1}{48}$.	».
Corne de la grande voile	0.311.	$\frac{1}{53}$.	».	0.300.	$\frac{1}{48}$.	».
Corne de la misaine...........................	0.289.	$\frac{1}{53}$.	».	0.300.	$\frac{1}{48}$.	».
Grande vergue sèche..........................	....	....	....	0.471.	$\frac{1}{48}$.	$\frac{1}{12}$.
Vergue sèche de misaine......................	....	....	....	0.471.	$\frac{1}{48}$.	$\frac{1}{12}$.
Vergue du grand hunier.......................	....	....	....	0.353.	$\frac{1}{48}$.	$\frac{1}{6}$.
Vergue du petit hunier	....	....	....	0.353.	$\frac{1}{48}$.	$\frac{1}{6}$.
Rapport des dimensions des mâts avec la longueur des Navires.						
Grand mât.....................................	0.084 en arrière du milieu...			0.023 en arrière du milieu.		
Mât de misaine................................	0.352 en avant du milieu...			0.459 en avant du milieu.		
Pente du grand mât...........................	1 po. $\frac{1}{2}$ par pied.........			1 po. $\frac{1}{4}$ par pied.		
Pente du mât de misaine	».			».		
Pente du beaupré, relativement à l'horison.....	4 po. $\frac{1}{2}$ par pied.........			4 po. $\frac{1}{2}$ par pied.		
Rapport de la surface de la voilure, avec celle du parallélogramme circonscrit au plan de flottaison...	2.300...........			3.063.		
Rapport de la position du centre de voilure, relativement à la verticale, avec la longueur des Navires.	0.033 en avant du milieu...			0.097 en avant du milieu.		
Rapport de la position dudit centre, relativement au plan de flottaison, avec la largeur des Navires..	1.336.................			1.595.		

TABLE

TABLE CINQUIÈME.

GOELETTES MIXTES ET DE GUERRE.

	Aviso en Goëlette.			Lougre en Goëlette.		
Longueur de ces Bâtimens	de 55 à 65 pieds			de 55 à 72 pieds.		
Rapport de leur largeur à leur longueur	de 0.286 à 0.280			de 0.285 à 0.257.		
Rapports des dimensions des Mâts avec la largeur des Navires.	Long.	Diam.	Ton.	Long.	Diam.	Ton.
Grand mât	3.000.	$\frac{1}{46}$.	$\frac{1}{8}$.	3.580.	$\frac{1}{54}$.	$\frac{1}{10}$.
Mât de misaine	2.907.	$\frac{1}{45}$.	$\frac{1}{8}$.	3.080.	$\frac{1}{50}$.	$\frac{1}{11}$.
Beaupré	1.500.	$\frac{1}{27}$.	».	2.700.	$\frac{1}{55}$.	».
Grand mât de hune	1.597.	$\frac{1}{33}$.	$\frac{1}{4}$.	1.230.	$\frac{1}{55}$.	$\frac{1}{6}$.
Petit mât de hune	1.541.	$\frac{1}{52}$.	$\frac{1}{4}$.	1.200.	$\frac{1}{48}$.	$\frac{1}{6}$.
Bâton de foc	1.000.	$\frac{1}{50}$.	».	».	».	».
Mât de tapecul				2.280.	$\frac{1}{55}$.	$\frac{1}{11}$.
Rapports des dimensions des Vergues avec la longueur des Navires.	Long.	Diam.	Bouts.	Long.	Diam.	Bouts.
Gui de la grande voile	0.660.	$\frac{1}{57}$.	».	».	».	».
Corne de la grande voile	0.344.	$\frac{1}{52}$.	».	0.336.	$\frac{1}{44}$.	».
Corne de la misaine	0.288.	$\frac{1}{55}$.	».	0.294.	$\frac{1}{44}$.	».
Grande vergue sèche	0.464.	$\frac{1}{50}$.	$\frac{1}{13}$.	0.517.	$\frac{1}{55}$.	$\frac{1}{12}$.
Vergue sèche de misaine	0.464.	$\frac{1}{55}$.	$\frac{1}{10}$.	0.490.	$\frac{1}{54}$.	$\frac{1}{12}$.
Vergue du grand hunier	0.352.	$\frac{1}{56}$.	$\frac{1}{7}$.	0.434.	$\frac{1}{60}$.	$\frac{1}{7}$.
Vergue du petit hunier	0.352.	$\frac{1}{56}$.	$\frac{1}{7}$.	0.394.	$\frac{1}{59}$.	$\frac{1}{7}$.
Vergue du grand perroquet	0.224.	$\frac{1}{55}$.	$\frac{1}{9}$.	».	».	».
Vergue du petit perroquet	0.224.	$\frac{1}{50}$.	$\frac{1}{9}$.	».	».	».
Bout-dehors du tapecul				0.420.	$\frac{1}{46}$.	».
Vergue du tapecul				0.369.	$\frac{1}{61}$.	».
Rapport de la position des Mâts avec la longueur des Navires.						
Grand mât	0.024 en arrière du milieu..			0.064 en arrière du milieu.		
Mât de misaine	0.372 en avant du milieu..			0.380 en avant du milieu.		
Mât de tapecul				sur le couronnement.		
Pente du grand mât	1 po. par pied.			1 po. ½ par pied.		
Pente du mât misaine				6 lig. par pied.		
Pente du tapecul				2 po. par pied.		
Pente du beaupré, relativement à l'horison	4 po. par pied.			2 po. par pied.		
Rapport de la surface de la voilure à celle du parallélogramme circonscrit au plan de flottaison.	3.642			3.519.		
Rapport de la position du centre de voilure, relativement à la verticale, avec la longueur des Navires.	0.091 en avant du milieu..			au vrai milieu.		
Rapport de la position dudit centre, relativement au plan de flottaison, avec la largeur des Navires...	1.720			1.751.		

K

TRAITÉ
TABLE SIXIÈME.

CHASSE-MARÉES, BATEAUX DE PÊCHE, ET LAMANEURS.

	36 pieds.			24 pieds.		
Longueur de ces Bâtimens	36 pieds.			24 pieds.		
Rapport de leur largeur à leur longueur	0.300			0.259.		

Rapport des dimensions des Mâts avec la largeur des Navires.

	Long.	Diam.	Flèche.	Long.	Diam.	Flèche.
Grand mât	3.870.	$\frac{1}{52}$.	$\frac{1}{13}$.	3.536.	$\frac{1}{56}$.	$\frac{1}{14}$.
Mât de misaine	2.442.	$\frac{1}{56}$.	$\frac{1}{8}$.	2.069.	$\frac{1}{44}$.	$\frac{1}{9}$.

Rapport des dimensions des vergues avec la largeur des Navires.

	Long.	Diam.	Bouts.	Long.	Diam.	Bouts.
Grande vergue	0.712.	$\frac{1}{49}$.	$\frac{1}{19}$.	0.678.	$\frac{1}{50}$.	$\frac{1}{19}$.
Vergue de misaine	0.474.	$\frac{1}{40}$.	$\frac{1}{12}$.	0.357.	$\frac{1}{48}$.	$\frac{1}{14}$.
Vergue de taillevent	0.508.	$\frac{1}{38}$.	$\frac{1}{12}$.	0.405.	$\frac{1}{48}$.	$\frac{1}{15}$.

Rapport de la position des Mâts avec la longueur des Navires.

	36 pieds.	24 pieds.
Grand mât	au milieu	0.022 en arrière du milieu.
Mât de misaine	0.415 en avant du milieu	0.389 en avant du milieu.
Pente du grand mât	6 po. par pied	3 po. par pied.
Pente du mât de misaine	3 po. par pied	1 po. par pied.
Rapport de la surface de la voilure à celle du parallélogramme circonscrit au plan de flottaison.	2.408	2.172.
Avec le taillevent	1.609	1.071.
Rapport de la position du centre de voilure, relativement à la verticale, avec la largeur du Navire.	0.189 en arrière du milieu	0.181 en arrière du milieu.
Avec le taillevent	0.096 idem.	0.042 idem.
Rapport de la position du centre de voilure, relativt. au plan de flottaison, avec la largeur des Navires.	1.439	1.186.
Avec le taillevent	1.146	1.113.

Nota. Souvent on ne donne aux bateaux passagers ou de plaisance, gréés en chasse-marée, qu'une misaine réglée comme ci-dessus, & un tapecul à livarde qui se règle comme il suit :

	Long.	Diam.	Flèche.	Long.	Diam.	Flèche.
Rapport des dimensions du mât de tapecul à la largeur des Navires	1.429.	$\frac{1}{51}$.	$\frac{1}{12}$.	1.100.	$\frac{1}{54}$.	$\frac{1}{14}$.
Rapport de la surface de la voilure avec celle du parallélogramme circonscrit au plan de flottaison	1.089			0.920.		
Rapport de la position du centre de voilure, relativement à la verticale, avec la longueur des Navires	au vrai milieu			0.035 en arrière du milieu.		
Rapport de la position dudit centre, relativement au plan de flottaison, avec la largeur des Navires	0.997			0.987.		

TABLE SEPTIÈME.

LOUGRES OU WOGUERS.

	72 pieds.			60 pieds.		
Longueur de ces Bâtimens	72 pieds.			60 pieds.		
Rapport de leur largeur à la longueur	0.288.			0.258.		
Rapport des dimensions des Mâts avec la largeur des Navires.	Long.	Diam.	Ton.	Long.	Diam.	Ton.
Grand mât	3.603.	$\frac{1}{52}$.	$\frac{1}{10}$.	3.455.	$\frac{1}{54}$.	$\frac{1}{11}$.
Mât de misaine	3.176.	$\frac{1}{49}$.	$\frac{1}{9}$.	2.759.	$\frac{1}{50}$.	$\frac{1}{11}$.
Beaupré	2.794.	$\frac{1}{55}$.	,,.	2.649.	$\frac{1}{58}$.	,,.
Mât de tapecul	2.313.	$\frac{1}{49}$.	$\frac{1}{12}$.	1.888.	$\frac{1}{54}$.	$\frac{1}{16}$.
Grand mât de hune	1.794.	$\frac{1}{59}$.	$\frac{1}{6}$.	1.091.	$\frac{1}{48}$.	$\frac{1}{7}$.
Petit mât de hune	1.470.	$\frac{1}{44}$.	$\frac{1}{6}$.	1.091.	$\frac{1}{48}$.	$\frac{1}{7}$.
Rapport des dimensions des Vergues avec la longueur des Navires.	Long.	Diam.	Bouts.	Long.	Diam.	Bouts.
Grande vergue	0.742.	$\frac{1}{55}$.	$\frac{1}{16}$.	0.573.	$\frac{1}{59}$.	$\frac{1}{16}$.
Vergue de misaine	0.661.	$\frac{1}{52}$.	$\frac{1}{34}$.	0.454.	$\frac{1}{54}$.	$\frac{1}{34}$.
Vergue du grand hunier	0.495.	$\frac{1}{60}$.	$\frac{1}{10}$.	0.424.	$\frac{1}{68}$.	$\frac{1}{10}$.
Vergue du petit hunier	0.429.	$\frac{1}{60}$.	$\frac{1}{10}$.	0.393.	$\frac{1}{65}$.	$\frac{1}{10}$.
Vergue du tapecul	0.379.	$\frac{1}{65}$.	$\frac{1}{24}$.	0.364.	$\frac{1}{65}$.	$\frac{1}{24}$.
Bout dehors de tapecul	0.420.	$\frac{1}{43}$.	,,.	0.364.	$\frac{1}{41}$.	,,.

Rapport de la position des Mâts avec la longueur des Navires.

	72 pieds	60 pieds
Grand mât	0.072 en arrière du milieu..	0.040 en arrière du milieu.
Mât de misaine	0.396 en avant du milieu..	0.364 en avant du milieu.
Du tapecul	Le plus près qu'on peut du couronnement.	
Pente du grand mât	1 po. $\frac{1}{4}$ par pied.:......	1 po. par pied.
Pente du mât misaine	8 lignes par pied........	4 lignes par pied.
Pente du tapecul	2 po. $\frac{1}{2}$ par pied.......	2 po. par pied.
Pente du beaupré relativement à l'horison	2 po. par pied........	1 po. $\frac{1}{4}$ par pied.
Rapport de la surface de la voilure à celle du parallélogramme circonscrit au plan de flottaison.	5.242............	4.037.
Rapport de la position du centre de voilure, relativement à la verticale, avec la longueur des Navires.	0.037 en avant du milieu..	0.024 en arrière du milieu.
Rapport de la position dudit centre, relativement au plan de flottaison, avec la largeur des Navires.	1.902............	1.576.

TRAITÉ
TABLE HUITIÈME.

BRICS OU BRIGANTINS DE GUERRE ET DU COMMERCE.

	86 pieds.	55 pieds.
Longueur de ces Bâtimens	86 pieds.	55 pieds.
Rapport de la largeur à la longueur	0.331	0.258.

Rapport des dimensions des Mâts avec la largeur des Navires.

	Long.	Diam.	Ton.	Long.	Diam.	Ton.
Grand mât	2.706.	$\frac{1}{37}$.	$\frac{1}{7}$.	2.365.	$\frac{1}{40}$.	$\frac{1}{8}$.
Mât de misaine	2.348.	$\frac{1}{38}$.	$\frac{1}{7}$.	2.047.	$\frac{1}{41}$.	$\frac{1}{7}$.
Beaupré	1.564.	$\frac{1}{29}$.	"	1.471.	$\frac{1}{30}$.	"
Grand mât de hune	1.552.	$\frac{1}{30}$.	$\frac{1}{7}$.	1.333.	$\frac{1}{43}$.	$\frac{1}{8}$.
Petit mât de hune	1.552.	$\frac{1}{36}$.	$\frac{1}{7}$.	1.228.	$\frac{1}{43}$.	$\frac{1}{8}$.
Grand mât de perroquet	1.183.	$\frac{1}{50}$.	$\frac{1}{4}$.	0.982.	$\frac{1}{55}$.	$\frac{1}{5}$.
Petit mât de perroquet	1.183.	$\frac{1}{50}$.	$\frac{1}{4}$.	0.940.	$\frac{1}{56}$.	$\frac{1}{5}$.
Baton de foc	1.100.	$\frac{1}{49}$.	"	1.000.	$\frac{1}{51}$.	"

Rapport des dimensions des Vergues avec la longueur des Navires.

	Long.	Diam.	Bouts.	Long.	Diam.	Bouts.
Gui	0.679.	$\frac{1}{52}$.	"	0.531.	$\frac{1}{57}$.	"
Corne	0.444.	$\frac{1}{48}$.	"	0.266.	$\frac{1}{55}$.	"
Grande vergue sèche	0.632.	$\frac{1}{47}$.	$\frac{1}{7}$.	0.516.	$\frac{1}{51}$.	$\frac{1}{8}$.
Vergue de misaine	0.632.	$\frac{1}{47}$.	$\frac{1}{7}$.	0.490.	$\frac{1}{51}$.	$\frac{1}{8}$.
Vergue du grand hunier	0.452.	$\frac{1}{49}$.	$\frac{1}{6}$.	0.374.	$\frac{1}{53}$.	$\frac{1}{8}$.
Vergue du petit hunier	0.452.	$\frac{1}{49}$.	$\frac{1}{6}$.	0.348.	$\frac{1}{54}$.	$\frac{1}{8}$.
Vergue du grand perroquet	0.355.	$\frac{1}{56}$.	$\frac{1}{10}$.	0.257.	$\frac{1}{62}$.	$\frac{1}{12}$.
Vergue du petit perroquet	0.355.	$\frac{1}{35}$.	$\frac{1}{10}$.	0.257.	$\frac{1}{62}$.	$\frac{1}{12}$.
Vergue de civadière	0.474.	$\frac{1}{33}$.	$\frac{1}{11}$.	0.383.	$\frac{1}{61}$.	$\frac{1}{11}$.
Vergue de contre-civadière	0.191.	$\frac{1}{50}$.	$\frac{1}{11}$.	0.156.	$\frac{1}{51}$.	$\frac{1}{11}$.

Rapport de la position des Mâts avec la longueur des Navires.

	86 pieds.	55 pieds.
Grand mât	0.158 en arrière du milieu.	0.099 en arrière du milieu.
Mât de misaine	0.364 en avant du milieu.	0.286 en avant du milieu.
Pente du grand mât	1 po. ¼ par pied.	1 po. par pied.
Pente du mât de misaine	4 lig. par pied.	
Pente du beaupré relativement à l'horizon	4 po. par pied.	3 po. ½ par pied.

	86 pieds.	55 pieds.
Rapport de la surface de la voilure à celle du parallélogramme circonscrit au plan de flottaison	3.243	2.901.
Rapport de la position du centre de voilure, relativement à la verticale, avec la longueur des Navires	0.176 en avant du milieu.	0.669 en avant du milieu.
Rapport de la position dudit centre, relativement au plan de flottaison, avec la largeur des Navires	1.829	1.584.

TABLE NEUVIÈME.

Application des Tables précédentes à la détermination de la Mâture & de la voilure d'un Aviso du Roi, mâté en Brigantin.

Longueur abfolue du Navire...................... 80 pieds.
Largeur au milieu............................ 24.
Creux...................................... 12.
Différence de tirant d'eau en charge............ 2.

Proportions des Mâts.

	Rapp.	Long. pds.	Diam. pou.	Ton. pds.
Grand mât	2.417	58	17	7
Mât de mifaine	2.083	50	15	7
Beaupré	1.500	36	15	»
Grand & petit mât de hune	1.344	32¼	9	4
Grand & petit mât de perroquet	1.000	24	5½	6
Baton de foc	1.042	25	6	»

Proportions des Vergues.

	Rapp.	Long.	Diam.	Bouts.
Gui	0.625	50	10	»
Corne	0.313	25	6	»
Grande vergue sèche	0.500	40	10	5
Vergue de mifaine	0.525	42	10	5
Vergue du grd & du petit hunier	0.400	32	7¼	5
Verg. du grd & du petit perroquet	0.300	24	5	2

Pofition des Mâts.

Grand mât	0.069:5 p. ½ en arre du m.
Mât de mifaine	0 311:24p.10po.en avt id.
Pente du grand mât	16 lig. par pied.
Pente du mât de mifaine	4 lig. par pied.
Pente du beaupré, relat. à l'horif.	3 po. 9 lig. par pied.

Bouts-dehors.

	Rapp.	Long. pds	Diam. pou	Bouts.
Arboutant de bonnettes-baffes	0.262	21	5	»
Bout-dehors de grande vergue	0.262	21	5	»
Bout dehors de mifaine	0.250	20	3¾	»
Bout-dehors des vergues de hune	0.175	14	3½	»
Bâton de pavillon	1.000	24	5½	»

Civadières.

	Rapp.	Long.	Diam.	Bouts.
Civadière	0.462	37	8	3
Contre-civadière	0.181	14½	3½	2

Proportion & furface des voiles.

	Envergure. pds.	Bordure. pds.	Chûte avant. pds.	Chûte arrière pds.	Surface. pds. carr.
Baume	23	49	27	43	1192½
Mifaine	37	37	25½	....	1012
Grand hunier	27	37	28	....	945
Petit hunier	27	37	28	....	945
Grand perroquet	22	27	16½	....	403
Petit perroquet	22	27	16½	....	403
Grand foc	34	23½	....	32	323
Foc d'entre-deux	34	19	....	34	289
Petit foc	28	17	....	28	195
Grande voile d'étai	41	27	8	32	544½
Voile d'étai de hune	39	29	16	37	775
Voile d'étai de perroq.	30	19	8	20	289
Bonnette de mifaine	14	30	28	....	616
Bonnette de hune	7½	14	28	....	308
Bonnette de gde voile	12	30	30	....	630
Bonnette de hune	7½	14	28	....	308
Bonnette de perroquet	3⅓	7½	14	....	77
Id. de petit perroquet	3⅓	7½	14	....	77
Bonnette de baume	14	19	43	52	688
Voile fous gui	50	50	....	6	135
Grande voile de fortune ou de langard	35	40	31	....	1306
Baume de cape	17	36	20	30	591
Tourmentin ou petit foc de cape	24	15	....	25	170
Civadière	34	34	15	....	504
Contre-civadière	12½	34	14	....	320

TRAITÉ

TABLE DIXIÈME.

Application de la règle exposée à la fin du Chapitre premier, pour déterminer le centre de voilure de l'Aviso de la Table neuf.

		DIMENSIONS.		Surfaces.	Distances au milieu.	Momens.	Distances au plan de flottaison.	Momens.
				pieds.	*pieds.*	*pieds.*	*pieds.*	*pieds.*
Baume............	1er. triangle....	Base.....45.	½ hauteur...20.	..900..	...31...	.27.900.	...19...	.17.100.
	2e. triangle....	Base.....45.	½ hauteur....6½.	..292½..	...16...	..4.680.	...28...	..8.190.
Grand hunier......	1er. triangle...	Base.....45.	½ hauteur...12.	..540..	...15...	..8.100.	...43...	.23.220.
	2e. triangle....	Base.....45.	½ hauteur....9.	..405..	...6...	..2.430.	...53...	.21.465.
Grand perroquet ...	1er. triangle....	Base.....31.	½ hauteur....7.	..217..	...16...	..3.472.	...68...	.14.756.
	2e. triangle....	Base.....31.	6.	..186..	...8...	..1.488.	...73...	.13.578.
		Somme, sur l'arrière....				.48.070.		
Misaine..........	1er. triangle....	Base.....46.	½ hauteur...11.	..506..	...22...	.11.132.	...13...	..6.578.
	2e. triangle....	Base.....46.	½ hauteur...11.	..506..	...34...	.17.204.	...22...	.11.132.
Petit hunier.......	1er. triangle....	Base.....45.	½ hauteur...12.	..540..	...23...	.12.420.	...40...	.21.600.
	2e. triangle....	Base.....45.	½ hauteur....9.	..405..	...33...	.13.365.	...49...	.19.845.
Petit perroquet.....	1er. triangle....	Base.....31.	½ hauteur....7.	..217..	...24...	..5.208.	...63...	.13.671.
	2e. triangle....	Base.....31.	½ hauteur....6.	..186..	...32...	..5.952.	...68...	.12.648.
Petit foc..........		Base.....30.	½ hauteur....6½	..195..	...44...	..8.580.	...16...	..3.120.
Foc d'entre-deux...		Base.....34.	½ hauteur....8½	..289..	...52...	.15.028.	...20...	..5.780.
Grand foc.........		Base.....34.	½ hauteur....9½	..323..	...66...	.21.318.	...25...	..8.075.
		Somme, sur l'avant.				110.207.		
		Somme A....		..5707½.	Différ. B.	.62.137.	Somme C.	200.758.

Distance du centre de voilure en avant du milieu $= \dfrac{62.137}{5707\frac{1}{2}} = 10.887 = 10$ pieds 10 pouces 6 lignes.

Distance dudit centre de voilure de flottaison $= \dfrac{200.758}{5707\frac{1}{2}} = 35.174 = 35....2......2.$

Rapports {
De la surface de la voilure au parallélogramme circonscrit au plan de flottaison..... 2.972 } en avt.
De la position du centre de voilure, relativ. à la verticale, avec la longueur des Navires. 0.136 } du
De la position dudit centre, relativ. au plan de flottaison, avec la largeur du Navire.. 1.465 } milieu.

CHAPITRE QUATRIÈME.

Des Bâtimens gréés en carré, c'eſt-à-dire, dont les voiles principales ſont des voiles au trait carré, montées ſur trois Mâts verticaux ; & de quelques gréemens qui en dérivent ; expoſition de pluſieurs ſyſtêmes particuliers.

Nous ſommes parvenus au genre de voilure le plus intéreſſant, ſi l'intérêt ſuit le rapport de ſon univerſalité. Tous les Vaiſſeaux deſtinés à la guerre & qui ont une certaine grandeur, tous les Navires du commerce qui doivent faire de longues traverſées, ſont gréés comme *le ſenau*, à l'exception qu'au lieu de placer la voile aurique ſur un matreau, elle eſt montée ſur un troiſième mât vertical, placé entre le grand mât & la pouppe : il s'appelle *mât d'artimon* ; & ſa voile baſſe, qui lui donne ſon nom, eſt telle qu'on la voit (fig. 10); le même mât porte, comme les deux autres, un mât de hune avec un hunier nommé *perroquet de fougue*, & ſouvent un mât de perroquet avec ſa voile, nommée perruche d'artimon.

C'eſt-là que toutes les Nations maritimes ont borné la multiplication, ou plutôt la ſubdiviſion des moyens qui concourent à communiquer au vaiſſeau, l'effort de l'agent qui les meut. Leur accord unanime ſur le lieu, ſur la répartition, ſur l'étendue reſpective des voiles, ſemble-roit indiquer que l'on a poſé enfin les limites au-delà deſquelles l'art ne peut s'élancer. Il faut cependant l'avouer : en approfondissant la question : il se présentera quelquefois des motifs de croire qu'il reste encore sur l'important problême de la Mâture des Vaisseaux, beaucoup de découvertes à faire : en effet, nous aurons occasion de remarquer dans le cours de ce chapitre, des variations & quelquefois même des contradictions dans les méthodes adoptées, d'où l'on conclura nécessairement, que pour être perfectionnées, elles ont encore besoin du concours de la théorie & de l'expérience.

Nous n'avons d'inconnu dans ce système que le mât d'artimon. Il ne descend pas toujours dans la calle ; son pied porte ordinairement, & particulièrement dans tout les Vaisseaux françois, sur le premier pont ; il est tenu comme les autres par des étais & des haubans.

La voile d'artimon, dont j'ai donné la description au chapitre 1er., est facile à tracer ; son envergure est réglée par la longueur de la penne, qui vaut ordinairement les $\frac{3}{4}$ de la vergue ; sa chûte est donnée par l'élévation de la noix du mât au-dessus de la rabattue du gaillard ou de la dunette : enfin la bordure doit être telle que le point de la voile s'avance, jusqu'à deux pieds de la barre du couronnement.

A l'exemple des Anglois nous avons adopté pendant la guerre de 1778, l'usage de substituer une brigantine aux voiles d'artimon ; la penne de la vergue d'artimon sert de pic, ou bien on y met un pic & on supprime la vergue latine : du reste la brigantine se trace comme dans les autres systêmes.

Les voiles de perroquet de fougue & de perruche d'artimon, se tracent comme toutes les voiles au trait carré.

carré ; la première borde fur une vergue sèche qu'on nomme *vergue barrée*.

Le grand mât & celui de mifaine, portent trois & quelquefois quatre voiles carrées chacun, comme dans la figure 5 ; on y peut gréer des bonnettes.

Le beaupré avec fon bout-dehors, outre la civadière & la contre-civadière, dont le trait a été expliqué dans le chapitre précédent, eft furmonté de trois focs ou plus. Les anglois portent quelquefois, dans les belles mers, un fe-cond bout-dehors de beaupré, fur lequel ils gréent un autre foc. Cette voile produit un grand effet dans les évolu-tions ; mais il la faut manœuvrer avec précaution, parce qu'elle n'eft pas appuyée fur une bafe folidement établie. Les focs n'ont dans leur trait rien de particulier ; leur tête s'élève toujours à-peu-près au milieu de la hauteur du petit hunier.

Le trait des voiles d'étai comprifes entre le grand mât & celui de mifaine, fe fait comme pour les brigantins, (voyez le chapitre 3) ; il y faut feulement ajouter que dans les grand vaiffeaux, on met une voile intermédiaire entre celle d'étai de hune & celle du grand perroquet : elle s'appelle *fauffe voile* ou *contre-voile d'étai de hune* ; fon plus grand côté court le long d'une draille fixée par un bout au ton du grand mât de hune, & qui s'attache par l'autre bout à un collier garni de pommes de bois, comme un racage, lequel embraffe le petit mât de hune, & peut monter & defcendre le long de ce mât. On hiffe la draille à la noix du petit mât de hune, & par ce moyen on élève l'avant de la contre-voile d'étai, qui ceffe d'être abritée par celle d'étai de hune. La chûte de l'avant de

L

cette voile intermédiaire eſt égale aux $\frac{2}{3}$ de celle d'étai de hune. Sa chûte de l'arrière eſt égale au $\frac{1}{4}$ de la même dimenſion, priſe dans l'autre voile. Enfin la bordure vaut les $\frac{2}{3}$ de la bordure de la même voile d'étai de hune.

Dans les Vaiſſeaux à trois mâts, on grée deux voiles d'étai, entre le grand mât & celui d'artimon. La plus baſſe eſt appellée voile d'étai d'artimon. Sa chûte à l'avant eſt donnée par l'élévation au-deſſus du gaillard du point où l'étai d'artimon eſt bridé contre le grand mât. La chûte de l'arrière eſt égale à la diſtance compriſe entre la hune d'artimon & la rabattue de la dunette, ou 5 à 6 pieds au-deſſus du gaillard. La bordure eſt de 4 pieds plus courte que la diſtance entre les mâts.

La voile d'étai du perroquet de fougue, eſt abſolument égale à celle du grand perroquet.

On ne met pas ordinairement de voile ſur l'étai de la perruche d'artimon. Autrefois on établiſſoit une voile d'étai ſur une draille paſſée de la tête du mât de grand perroquet, à celle du mât de perruche : elle a été ſupprimée comme plus embarraſſante qu'utile.

Il ne reſte plus que le trait des bonnettes ; leurs chûtes ſont données par la diſtance compriſe entre leurs vergues & les bout-dehors où elles bordent ; ainſi la chûte des bonnettes baſſes eſt plus grande que celle des baſſes voiles, & la chûte des bonnettes hautes eſt égale à celle des voiles dont elles dépendent. L'envergure des bonnettes & leur bordure ſont déterminées par les longueurs des vergues qui les portent, & des bout-dehors qui ſervent d'appui à leurs écoutes. La ſaillie des bout-dehors eſt égale aux $\frac{2}{3}$ de leur longueur.

En récapitulant ce qu'on vient de lire, on trouvera dans un Vaisseau à trois mâts, dont le gréement est complet, au moins 4 focs ; deux voiles carrées sous le beaupré ; 4 voiles carrées & six bonnettes au mât de misaine ; autant au grand mât ; une voile latine ou aurique & deux voiles carrées sur le mât d'artimon ; 4 voiles d'étai entre les mâts, de l'avant ; deux entre les mâts, de l'arrière ; une bonnette de baume quelquefois : en tout 36 voiles.

On ne les déploye jamais toutes ensemble : mais on fait servir celles qui sont les plus avantageuses, pour les différentes circonstances de la navigation. C'est ainsi que dans la figure 12, où l'on voit un Vaisseau courant vent arrière, les focs sont cargués, parce qu'ils seroient abrités par les voiles du mât de misaine : la civadière est déployée pour recueillir le vent qui passe le long des côtés du Vaisseau, sous les bonnettes basses de l'avant ; toutes les voiles du mât de misaine & leur bonnettes, sont aussi déferlées. On a serré la grande voile parce qu'elle couvriroit les voiles basses de l'avant ; mais les voiles de hunier, perroquet & catacouas, avec leurs bonnettes sont dehors ainsi que le perroquet & la perruche d'artimon avec leurs bonnettes & la brigantine. Toutes ces voiles n'occupent point assez d'espace en largeur pour abriter celles de l'avant ; ces voiles seroient d'ailleurs enflées par le vent qui pénètre au travers des intervalles qui restent entr'elles.

Dans la fig. 13, le même Vaisseau court au plus près ; on cargue la civadière, on déploye les focs & les voiles d'étai ; enfin on dégrée les bonnettes ; toutes les autres voiles portent en même-temps, & présentent au vent

l'aire de voilure la plus étendue que le Vaiſſeau puiſſe ſou-
mettre à ſon action.

Si l'on couroit vent largue, on gréeroit les bonnettes
ſeulement du côté du vent, puiſque les autres ſeroient
abritées : dans ce cas on pourroit déployer la civadière &
la contre - civadière.

De tous les gréements connus, le plus ſolide eſt ſans
contredit celui des *Bâtiments carrés*, parce que l'eſſort de
la voilure eſt par-tout proportionné à la tenue des mâts.
Il eſt moins ſujet qu'un autre à des accidents inquiétans,
parce que la mâture haute, qui eſt la plus expoſée dans les
coups de vent violents & imprevus, eſt aſſez indépendante de la mâture baſſe, pour quelle puiſſe rompre ſans
compromettre celle-ci. C'eſt encore le ſyſtême où la voilure eſt le plus maîtriſée : chacune des vergues qui portent les voiles principales eſt en équilibre ſur ſon point
de ſuſpenſion, qui eſt auſſi ſon centre de rotation ; ainſi,
quel que puiſſe être l'effort du vent, il ne faut jamais
qu'une force modérée pour orienter la voile & la décharger, excepté dans le cas où elle eſt coëffée. Les bras,
les boulines, les balancines, les écoutes, ſont diſpoſées ſur
tout le pourtour des voiles, pour que le manœuvrier les
puiſſe ſaiſir dans tous les ſens, & diriger leurs mouve-
ments à ſon gré. La multiplicité des mâts, des vergues &
de leurs manœuvres, qui ſembleroit donner matière à un
reproche contre le ſyſtême de voilure qui nous occupe,
forme un de ſes principaux avantages, en temps de guerre
& dans les navigations très-longues, parce qu'elle fournit
des reſſources précieuſes pour réparer les avaries, occa-
ſionnées par les combats ou par les tempêtes.

Toutes chofes égales d'ailleurs, un Navire à trois mâts auroit pour la navigation moins de qualités qu'un Navire gréé dans des fyftêmes moins compliqués. Il eft certain qu'un bon cutter, un bon lougre, doit l'emporter fur le meilleur Bâtiment carré, au moins pour la célérité des évolutions & la qualité de s'élever dans le vent; mais on eft forcé de facrifier ces avantages, quand les Navires paffent 90 pieds de longueur & 27 ou 28 de largeur, parce que les voiles des fyftêmes expofés dans les chapitres précédents feroient dans ce cas d'une trop grande étendue; il faut encore faire un autre facrifice, c'eft celui de la dépenfe : car le gréement à trois mâts coûte fenfiblement plus cher; on en eft dédommagé par les confidérations qui viennent d'être expofées.

Si l'on compare les réfultats de la première table annexée à ce chapitre, avec ceux des tables relatives aux autres fyftêmes, on obfervera d'abord que, comme pour les brigantins, les variations font renfermées dans des limites affez étroites, & que par conféquent on ne peut fe permettre & l'on ne s'eft en effet jamais permis de grands écarts; fi l'on paffe enfuite aux applications des règles générales citées dans les 4 dernières Tables, on pourra remarquer que les dimenfions les plus grandes, indiquées dans la table première, font celles que le commerce adopte quand il s'agit de régler les bas mâts; il prend au contraire les plus petites pour les vergues & les mâts fupérieurs. Pour les Vaiffeaux de guerre, on choifit les moindres dimenfions des bas mâts, & les plus grandes pour les mâts fupérieurs & les envergures. La raifon de ces procédés eft fimple : un Navire du commerce ne force de

voiles que dans des cas très-rares ; alors il lui faut de grandes
baſſes voiles parce qu'elles ſont plus aiſées à manœuvrer :
le Vaiſſeau de guerre ne ſe bat ordinairement que ſous
les huniers ; il a toujours aſſez de monde pour faire ſervir les voiles hautes ; il faut donc en augmenter la ſurface.

On retrouve ici la confirmation de ce que nous avons
annoncé au commencement du chapitre précédent : que
plus les Vaiſſeaux avoient de longueur abſolue , plus le
centre de voilure tomboit près de la proue. L'expérience
a fait connoître la néceſſité de cette diſpoſition , & l'on
ſe plaint encore tous les jours, que les Vaiſſeaux du Roi
mâtés , comme on le voit par les Tables 2ᵉ. 3ᵉ. & 4ᵉ,
ſont trop ardents quand la mer eſt groſſe (1).

On ne ſera pas ſurpris en parcourant ces tables, de
trouver que la plus grande voilure appartienne aux frégates ; ces Bâtiments, deſtinés pour la marche, doivent
avoir plus de moyens que d'autres, & la diſpoſition de
leur charge, & leur conformation permettent de leur
conférer une très-grande ſtabilité ; par la même raiſon les
Vaiſſeaux à trois ponts qui ſont plus chargés d'œuvre
morte & d'artillerie que tous les autres Bâtiments de
guerre, doivent porter une moindre voilure ; mais on ne

____

(1) On concevra facilement pourquoi les Bâtimens à trois máts ſont plus
ardens que d'autres , & pourquoi les plus longs ſont plus ardens encore que
les courts. Le mât d'artimon & ſon gréement , même les voiles carguées ,
prend beaucoup de vent ; l'élévation de la pouppe fait l'office d'une voile
toujours ſubſiſtante , & placé très-avantageuſement pour ramener le Navire
dans le vent : enfin la différence de tirant d'eau eſt toujours relativement
beaucoup moindre dans les grands vaiſſeaux que dans les petits.

peut manquer d'être furpris de quelques contradictions, dans la fixation des mâtures de ces divers Bâtiments.

Par exemple : pourquoi le grand mât d'un Vaiffeau à trois ponts, fe règle-t-il d'après les mêmes principes que celui d'une frégate ? Le premier doit avoir au moins un tiers de fa longueur cachée dans le corps du Vaiffeau, ce qui diminue d'autant la chûte de la grande voile, tandis qu'un cinquième au plus du grand mât de la frégate, eft renfermé dans fon coffre : il s'enfuit qu'il n'y a pas le moindre rapport entre l'aire des voiles majeures d'un Vaiffeau du première rang & celle des mêmes voiles d'une frégate, pendant qu'il y a une identité de proportions parfaite dans les autres voiles. Il feroit probablement avantageux pour les grands Vaiffeaux que l'on augmentât leurs mâts majeurs, & que l'on diminuât leurs mâts de hune, afin de conferver la même aire de voilure, en donnant plus de chûte à leurs voiles baffes ; & nous verrons par la fuite que la difette des mâts bruts propres à faire des mâts de hune pour les Vaiffeaux de la première grandeur , eft un nouveau motif pour déterminer à ce changement.

On ne concevra pas non plus, comment on a pu donner à la *Calipfo*, qui porte 2 pieds moins de largeur & 11 pieds moins de longueur que la *Minerve*, une voilure de 1354 pieds plus grande, c'eft-à-dire, d'un treizième plus grande que celle de la *Minerve* ; il eft vraifemblable que c'eft une erreur & qu'il faut, ou augmenter les voilures des frégates portant du 18 , ou diminue celles des frégates portant du 12, qui font toutes réglées fur les mêmes proportions, en vertu d'ordres fupérieurs.

La voilure de la flûte la *Tampone* paroîtra fans doute un peu forte; elle l'eft en effet, & c'eft le défaut de tous les Bâtiments de charge attachés au fervice de la marine. Deftinés à faire les fonctions des Navires du commerce, ils doivent s'en rapprocher pour les qualités; & celle de la marche, eft la dernière qu'on leur doivent donner. Le Navire hollandois la *Fortune*, fait un contrafte frappant avec la fiûte du Roi; cependant il ne porte pas fes perroquets dans la mauvaife faifon : il y fubftitue des bâtons d'hiver; auffi 15 hommes, le capitaine compté, forment avec deux mouffes tout l'équipage de ce Navire qui porte 470 tonneaux: tandis qu'il faut au moins trente hommes, fans y comprendre l'Etat Major & la garnifon, pour faire l'armement de la *Tampone*, qui ne porte que 350 tonneaux. La Table 5e. nous offre ici deux extrêmes, entre lefquels il ne feroit vraifemblablement pas impoffible de trouver une combinaifon de forme & de mâture propre à concilier les vues d'économie, avec les qualités effentielles pour un Bâtiment de tranfport.

On n'apperçoit pas une grande variété dans la pofition du centre de voilure des Bâtiment à trois mâts : elle eft la même pour les grands comme pour les petits Vaiffeaux; cela doit être, quant à fon élévation au-deffus du plan de flottaifon, parce qu'il eft bien plus avantageux de compenfer l'excès de la ftabilité par l'augmentation de la voilure, que par celle du levier au bout duquel fon effort eft appliqué; mais je crois qu'il ne devroit pas y avoir la même uniformité dans la pofition du centre de voilure, relativement à la verticale qui paffe par le milieu du Navire; les Vaiffeaux à 3 ponts font plus élevés par leur pouppe,

&

& ont relativement une moindre différence de tirant d'eau que les autres ; ainſi le centre de voilure devroit être plus rapproché de la proue ; il devroit par la même raiſon être plus près du milieu dans les frégates. Cette obſervation n'a pas échappé aux Eſpagnols ; le rapport de la poſition du centre de voilure, relativement à la verticale qui paſſe par le milieu du Vaiſſeau , avec ſa longueur, eſt reglée dans leur marine comme il ſuit : *Santiſſima-Trinitas*, de 110 canons $= 0.178$; *San-Carlos*, de 80 canons $= 0.155$; *San-Iſabel*, de $70 = 0.136$; *Sancta-Barbara*, frégate de $12 = 0.093$. Je ne crains pas de me tromper, en croyant qu'ils ont pris cette loi des Anglois, dont ils ſont imitateurs ; & ce qui me confirme dans cette opinion, c'eſt que je trouve dans quelques Vaiſſeaux Anglois, des rapports tout-à-fait analogues : par exemple, l'*Ardent* de $64 = 0.120$; l'*Expériment* de $54 = 0.114$; le *Romulus*, maintenant la *Réſolution*, de $50 = 0.110$; la *Minerva*, frégate portant du 8, $= 0.081$: au reſte il ne s'agit ici que d'un plus grand degré de perfection , auquel il ſera facile de parvenir avec le ſecours de l'expérience. Mais en attendant que nos connoiſſances ſoient aſſez étendues pour le déterminer, il ne faut pas s'inquiéter des ſuites que peut entraîner notre incertitude actuelle : il ſuffira de très-petits changements dans la diſpoſition des voiles, pour remédier au défaut de poſition du centre de voilure , & c'eſt à l'art du manœuvrier à redreſſer les erreurs du Conſtructeur.

Les Vaiſſeaux de guerre Eſpagnols, portent un peu moins de voilure que les nôtres ; leurs proportions de Mâture ſont les mêmes ; mais ils diminuent l'envergure,

Cette réduction dans la force motrice, jointe à la coupe matérielle de leur carène & à l'ufage du doublage en bois, leur ont donné, dans la guerre de 1778, un défa-vantage marqué, relativement aux Vaiffeaux des autres nations. Ils ont cependant plus de reffource pour porter une voilure étendue. La grande ouverture de leur plan de flottaifon & la légèreté fpécifique des bois de l'Ifle de Cuba, dont prefque tous leurs Bâtiments font conftruits, leur affurent une ftabilité très-grande.

Les Anglois & les autres Nations du Nord, donnent à leur Mâture moins de chûte que nous; ils font l'envergure au moins égale; ils ne manquent jamais de porter dans les belles mers des catacouas, des bonnettes de brigantine, un foc de l'avant gréé fur un bout-dehors ajouté au bâton de foc : leur adreffe à manœuvrer toutes ces voiles leur donnent quelquefois des avantages fur nos Vaiffeaux : mais il n'eft pas rare non plus de voir des Bâtiments François naviguer avec fupériorité parmi leurs Bâtiments les plus diftingués.

Les Navires du commerce de toutes les Nations règlent affez uniformement leur voilure de la même manière; la chûte des bas mâts eft prife dans la première colonne de la table première, & tout le refte dans l'autre. Les Vaiffeaux de l'ancienne Compagnie des Indes, combi-noient leur voilure précifément comme celle de nos Vaif-feaux de guerre, qui en portent le moins : par exemple, comme celle du *Téméraire*, Table 3e.

Avant la renaiffance de la Marine, en 1776, nous don-nions à nos Mâtures plus de longueur & moins de diamè-tre; les gréements étoient en général beaucoup plus légers;

les formes des Vaisseaux plus fines, & leurs coques moins chargées de liaisons. Si l'on n'avoit égard qu'à la seule qualité de bien naviguer, & sur-tout avec une vîtesse de sillage avantageuse, peut-être regretteroit-on cette ancienne méthode; mais elle n'a pas été proscrite sans de puissants motifs, & l'on ne croit pas avoir à se plaindre de celle qu'on lui a substituée. Tous nos Bâtiments portent très-bien la voile avec les proportions de mâture fixées par les Tables; je n'excepte pas même les frégates de 26 canons, de 12 en batterie, telles que la *Calipso* : & des essais qu'on a fait, pour diminuer la chûte dans les Vaisseaux de 74 canons, tels que le *Téméraire,* n'ont pas été heureux.

On peut avouer, sans que notre amour-propre en souffre, que la Théorie pure a rendu peu de service à l'Art de la Voilure. Ce n'est qu'à l'aide du tâtonnement qu'on est parvenu à fixer les règles que l'on suit maintenant. Les essais ont toujours été très-multipliés dans la Marine Françoise, mais on n'a pu jamais rien conclure de leurs résultats; parce qu'en même-temps qu'on varioit les proportions de la Mâture, on varioit aussi les formes des Vaisseaux : de sorte qu'il étoit impossible de distinguer à laquelle de ces deux causes l'effet devoit être attribué. D'ailleurs, des expériences de cette nature sont si délicates, elles demandent tant d'attention & d'impartialité dans l'observateur, tant de lumière & tant de discernement, il faut enfin un si grand nombre de faits bien développés pour former un concours de preuves capables de servir de base à un système, qu'on ne doit pas s'attendre à trouver souvent toutes ces conditions remplies à la fois. On devoit moins l'efpérer encore dans un temps où, d'un côté, l'Art de la Conftruction étoit un myftère auquel peu d'élus étoient initiés ; tandis que, de l'autre, les officiers de la Marine, tantôt dans une inaction abfolue, tantôt dans une activité convulfive, ne pouvoient faire des expériences bien préparées, bien conduites, bien difcutées : parce qu'ils n'en trouvoient pas les occafions, ou bien n'avoient pas le temps de fe livrer à ce travail, étant chargés d'intérêts d'une toute autre conféquence.

Voilà l'état où l'Art étoit parvenu, quand le Confeil de Marine reçut l'ordre d'établir une uniformité conftante & invariable dans les proportions des Mâtures des Vaiffeaux de tous les rangs, qui devoient être auffi conftruits fur les mêmes plans : on arrêta les proportions relatées dans les Tables 2ᵉ., 3ᵉ. & 4ᵉ. de ce Chapitre.

Il n'y a point d'établiffement fi fage que ce foit, qui ne foit en butte à des objections fouvent même raifonnables ; parce qu'il n'en eft pas qui, en procurant les plus grands avantages, n'entraîne auffi quelques inconvéniens. La fixation des formes & des proportions de Mâture des Vaiffeaux eft dans ce cas.

On a penfé qu'il en réfulteroit une égalité dans toutes les qualités des Vaiffeaux, qui mettroit plus d'harmonie dans la marche & les évolutions des armées navales ; mais eft-il certain que des Vaiffeaux conftruits & mâtés de la même manière, aient des qualités abfolument femblables ? S'ils font conftruits dans différens ports, ou dans le même port, mais dans différentes faifons, armés pour des miffions particulières, ou dans des circonftances diverfes, ils ne navigueront certainement pas auffi bien les uns que les autres. Un Vaiffeau vieux & arqué ne marchera pas, n'évoluera pas comme le même Vaiffeau fortant du chantier. Enfin, par la néceffité de conftruire fur les mêmes plans, & de régler la voilure fur les mêmes dimenfions, en admettant que l'on pût fe promettre de n'avoir jamais de Vaiffeaux moins bons, l'Etat fe prive auffi d'en avoir de meilleurs; & les Nations rivales qui ne feroient pas foumifes aux mêmes entraves, pourroient, pendant que l'Art refteroit chez nous au même point, qui certainement eft loin encore de la perfection, faire des découvertes intéreffantes & des améliorations utiles qu'elles emploieroient à notre ruine. Il faut cependant convenir que l'uniformité met, dans le fervice de la Marine, une économie bien précieufe, & que cette confidération rachète bien des facrifices. D'ailleurs, on ne peut pas manquer d'attendre de la fageffe du Minif-tère, que des changemens fondés en raifon feront agréés; &, dans ce cas, on n'auroit fait que fubftituer à la variabilité des anciennes méthodes, une loi fondée fur l'expérience, quoiqu'imparfaite, dont il ne feroit plus permis de s'écarter fur des prétextes frivoles ou cachés, comme on l'a fait auparavant; mais qui ne feroit pas irrévocable cependant, & laifferoit toujours aux Artiftes, l'efpoir de parvenir à la rectifier, & par conféquent de l'aliment à leur émulation.

Un des articles du Règlement concernant la fixation des Mâtures, qui a éprouvé le plus de contradictions, & fur lequel les avis font les plus partagés encore, c'eft l'égalité des mâts de hune.

On embarque toujours dans les Vaiſſeaux de guerre un grand nombre de pièces de rechange, pour remplacer les mâts de hune & de perroquet, & les vergues hautes; ces reſſources infiniment précieuſes après un combat opiniâtre, ou lors des accidens que l'on éprouve ſouvent dans les navigations longues, ne peuvent être trop multipliées. Cette conſidération a fait propoſer d'établir une égalité abſolue dans toutes les parties de la Mâture, où elle pourroit être admiſe : par exemple, 1°. entre le grand & le petit mât de hune; 2°. entre le grand mât de perroquet, le petit & celui du perroquet de fougue; 3°. la grande vergue & celle de miſaine; 4°. les vergues du grand & du petit hunier, & de la civadière ; 5°. les vergues du grand & du petit perroquet; 6°. celle du perroquet de fougue & de la contre-civadière; 7°. les vergues de catacouas & de la perruche d'artimon.

Il falloit d'abord prendre des dimenſions moyennes pour régler les proportions de cette Mâture, de manière à obtenir une ſurface de voilure égale à celle que donne l'ancien ſyſtême ; & comme le centre de voilure auroit été porté vers l'avant par ce changement qui diminue la voilure du grand mât, & augmente celle du mât de miſaine, on auroit reculé l'un ou l'autre de ces mâts, ou peut-être tous les deux, pour faire tomber le centre d'impulſion où l'uſage, qui eſt encore notre ſeul guide dans cette matière délicate, preſcrit de le placer. On ne peut pas douter qu'en opérant ainſi, le réſultat n'eût été le même abſolument avec la combinaiſon de Mâture propoſée, qu'avec celle que l'on ſuit maintenant.

Il y a vingt ans que cette idée d'égaliſer les Mâtures

avoit été mife en exécution, & peut-être n'étoit-ce pas pour la première fois ; on arma au port de l'Orient, en 1766, un Vaiffeau de la Compagnie des Indes, nommé *le Maffiac*, fur lequel même la chûte du mât de mifaine étoit égale à celle du grand mât : le fuccès ne fut point du tout malheureux ; la nouvelle Mâture étant combinée de manière à donner une furface de voilure proportionnée à la ftabilité du Navire, & fon centre d'impulfion étant placé comme il l'auroit été dans le fyftême des Mâtures inégales, il n'y avoit pas de raifon pour que ce Vaiffeau naviguât mieux ou plus mal qu'un autre.

La queftion qui concerne l'égalité des mâts & des vergues, ne peut donc être regardée que comme un objet de pure pratique ; & c'eft fous ce point de vue que nous allons la confidérer. On a rejeté abfolument l'égalité dans les chûtes du grand mât & celui de mifaine, ainfi que dans les vergues appartenantes à ces deux mâts ; & l'on peut voir par les Tables, que l'égalité des menues Mâtures eft affez généralement admife ; mais beaucoup d'Officiers fe plaignent de l'égalité des mâts & des vergues de hune ; le refte ne paroît pas fouffrir la moindre contradiction.

Les partifans de l'égalité difent, pour appuyer leur fyftême, que les mâts & les voiles de l'avant & de l'arrière étant de même forme & de même grandeur, fe pourront fuppléer réciproquement ; que les rechanges d'un mât ferviront indifféremment à tous deux ; que les cordages, les poulies qui compofent l'appareil d'une voile, pourront être appliquées également à l'autre : dès-lors, les approvifionnemens des Vaiffeaux deviennent d'une

utilité plus univerſelle, quoiqu'ils ne ſoient ni plus volu-
mineux, ni plus diſpendieux ; le travail des atteliers eſt
plus ſimple, puiſqu'il y a plus d'uniformité ; les armemens & les réarmemens ſeront plus faciles, puiſqu'il n'y
aura plus matière à cette confuſion, qui doit être la ſuite
néceſſaire de la multiplicité des formes & des dimenſions :
enfin, tout ce qui appartient au grand mât diminuant
dans un plus grand rapport que ce qui appartient au mât
de miſaine, il ne peut manquer d'en réſulter de l'économie : cette obſervation tombe particulièrement ſur le
prix des mâts & des vergues.

C'eſt en ſe montrant ſous ces différens aſpects, que
le projet d'égaliſer les Mâtures s'eſt fait un parti puiſ-
ſant ; mais il s'eſt élevé dans la pratique de grandes
difficultés, qui lui ont ſuſcité beaucoup de contradic-
teurs.

La ſimilitude de la grande voile & de la miſaine dans
les grands Vaiſſeaux, n'eſt abſolument point praticable :
la bordure de la première doit être bien plus grande que
celle de l'autre ; ſans quoi, la dernière, dont la largeur
eſt limitée par la ſaillie des minots, ne pourroit jamais
amurer ; l'envergure de la miſaine doit être auſſi plus
petite que celle de la grande voile, ſans quoi cette dimenſion n'auroit plus aucun rapport avec la bordure : cela
poſé, 1°. la grande voile ne pourra jamais ſuppléer la
miſaine. 2°. Les deux huniers n'auront pas la même
bordure : ainſi, ces voiles ne ſe pourront pas ſuppléer
plus que les voiles baſſes. Dans le fait, en admettant
l'égalité des mâts de hune & non celle des vergues
baſſes, on a donc perdu le principal avantage de cette
égalité,

égalité : la poſſibilité de ſubſtituer réciproquement les huniers l'un à l'autre.

Il paroît très-conſtant que le petit mât de hune ſe paſſe difficilement, depuis qu'il a été alongé pour parvenir à l'égalité avec le grand, que l'on a raccourci à-peu-près dans le même rapport. On a imaginé pluſieurs moyens, dont nous parlerons dans la ſuite pour faciliter cette opération ; mais elle eſt toujours ſi laborieuſe à bord du plus grand nombre des Vaiſſeaux, & même de pluſieurs frégates, que ſi l'on étoit obligé de la faire à la mer par un mauvais temps, il faudroit abſolument raccourcir le mât. On a été forcé de ſupprimer cette égalité à bord de pluſieurs Bâtimens du Roi : par la raiſon que je cite, le Vaiſſeau l'*Auguſte*, de 80 canons, donné pour exemple dans la Table 2ᵉ., ne put jamais recevoir ſon petit mât de hune à ſon premier armement : il fallut en couper trois pieds.

En convenant que la voilure peut être auſſi bien balancée autour du centre d'impulſion dans le nouveau ſyſtême que dans l'ancien, on penſe que l'augmentation des voiles de l'avant peut avoir quelques inconvéniens ; ſinon pour ce qui regarde la vîteſſe du mouvement progreſſif, la qualité de tenir le vent & celle d'évoluer avec facilité : du moins pour la ſûreté, la durée du Vaiſſeau. C'eſt toujours dans la partie qui répond au mât de miſaine, qu'on apperçoit les premières marques de caducité. Les ſecouſſes énormes que ce mât & le beaupré reçoivent dans les tangages, ébranlent la charpente depuis le plat-bord juſqu'à la quille ; mais plus particulièrement dans les points où paſſent les chevilles des chaînes de haubans, par leſquelles la percuſſion ſe tranſmet au corps du Bâtiment. Augmenter la voilure de l'avant, c'eſt ſurcharger une portion du Navire qui ſuccomboit déjà ſous un effort moindre. D'ailleurs, il doit exiſter une relation conſtante entre l'étendue des voiles appliquées à chaque partie du Vaiſſeau, & la ſtabilité de cette partie conſidérée comme détachée du reſte de la maſſe, ſans quoi l'effort des voiles ſeroit ſupporté par les liaiſons de la charpente, ce qui tendroit à ſa deſtruction. Je m'explique; ſi l'on ſuppoſe un Navire coupé en trois tranches égales dans le ſens de la longueur, l'une comprendra le mât de miſaine, l'autre le grand mât, & la 3ᵉ. le mât d'artimon. Il eſt évident que, pour que la voilure fût diſtribuée le mieux poſſible, il faudroit que celle qui appartient à chaque mât, fût proportionnelle à la ſtabilité de la tranche du Vaiſſeau dans laquelle ce mât eſt compris; parce qu'alors l'effort qu'elle fait pour produire de l'inclinaiſon étant ſupporté tout entier, & détruit même par la ſtabilité de la tranche correſpondante, il ne ſe tranſmettroit pas aux autres; mais ſi cette ſtabilité ne ſuffit pas pour anéantir l'effort de la voilure, il faut qu'elle ſoit ſuppléée par l'excès de ſtabilité des autres tranches. Or, cela ne peut avoir lieu qu'aux dépens de l'organiſation même de la machine, & des liaiſons naturelles ou factices qui établiſſent entre les diverſes parties, la connexité la plus intime, mais non pas la plus indiſſoluble. Je conviens que cette répartition parfaite de la voilure eſt incompatible avec la forme des Vaiſſeaux. Mais un ſyſtême qui augmente les inconvéniens de la répartition admiſe, ſemble devoir être rejeté, s'il n'offre pas d'ailleurs de bien grands avantages.

Ceux de la facilité du fervice & de l'économie méritent peu de confidération. En admettant l'inégalité des mâts de hune, les voiles fe pourront fuppléer en y retouchant, & il faut de même les travailler quand les mâts font égaux. Les mâts fe fuppléeront, fi l'on veut leur donner des diamètres & des caiffes égales. Les manœuvres dormantes & courantes du grand mât devroient toujours être égales à celles du mât de mifaine, quand même le grand mât de hune auroit plufieurs pieds de longueur plus que l'autre; parce que les manœuvres de l'avant travaillent bien plus dans la mauvaife mer que celles du grand mât. Dès-lors, on obtient la même univerfalité dans les approvionnemens, la même commodité dans les rechanges, par plus d'embarras dans les atteliers, par plus de confufion dans les armemens : enfin, pas plus de dépenfe; car on verra, par les tarifs rapportés dans le Chapitre 7ᵉ., que deux mâts de hune de 72 pieds que porteroit un Vaiffeau du 1ᵉʳ· rang, coûtent bruts 2890 l.; tandis que les mêmes mâts inégaux, l'un ayant 75 pieds, coûteroit 1760 liv.; & l'autre, ayant 69 pieds, coûteroit 1185 liv. Total 2945 liv. On trouveroit les mêmes réfultats, en faifant les mêmes recherches pour les vergues & les mâts des Vaiffeaux de tous les rangs. Mais il faut obferver qu'il fera toujours plus facile de trouver dans les dépôts des mâts bruts, un pin de 75 pieds, & un de 69, que deux de 72; fur-tout quand la confommation de ces précieux & rares végétaux fera confidérable, comme elle l'eft toujours dans une guerre active.

Concluons. Les avantages qui peuvent réfulter de l'égalité des mâts de hune font prefque nuls, & les inconvéniens qui la fuivent font très-nombreux. On peut l'admettre dans les brigantins, où il eft même néceffaire, pour balancer l'étendue de la baume, que le petit hunier ait une étendue confidérable. On peut encore l'admettre dans les Navires du commerce, parce que les huniers y font relativement beaucoup plus petits que dans les Vaiffeaux de guerre : mais dans ceux-ci je ferois d'avis de la profcrire. Au refte, peut-être qu'en examinant cette queftion avec le plus grand foin, on trouveroit qu'elle mérite peu d'attention , parce que la différence entre les mâts de hune inégaux n'eft jamais bien grande : c'eft l'opinion de plufieurs Officiers très-inftruits. Quant à ce qui regarde les mâts & les vergues de perroquet, on ne foupçonne aucune raifon qui empêche de fuivre les ufages actuellement reçus, parce que leur relation avec le refte du fyftême eft telle, que l'augmentation ou la diminution qui fuivra de l'égalité de leurs dimenfions, ne peut avoir aucune influence fur l'enfemble.

Les voiles baffes & les huniers des plus grands Vaiffeaux du 1er. rang portent 5600 pieds carrés de fuperficie. La fomme immenfe de force qu'exige leur fervice, n'excède pourtant pas celle des équipages qui, dans ces Vaiffeaux, montent à 1250 ou 1300 hommes, tout compris. Cependant, on a déjà plus d'une fois propofé d'élever fur ces grands Bâtimens quatre mâts verticaux : celui de mifaine refteroit à fa place ; on rapprocheroit le mât d'artimon de la proue au moins d'un tiers de la diftance où il en eft dans les Bâtimens à trois mâts ; l'intervalle qui refteroit feroit partagé en trois parties égales par les deux autres grands mâts. Avec cette diftribution, les quatre mâts verticaux porteroient toutes leurs voiles au trait carré, & fur des dimenfions parfaitement égales; & l'on établiroit une brigantine fur celui de l'arrière. Les envergures diminueroient fans doute pour faciliter la manœuvre; mais il faudroit que les chûtes reftaffent à-peu-près telles qu'elles font, afin de conferver la même élévation au centre de voilure; & l'on proportionneroit les envergures de manière à fe procurer une furface de voilure plus grande d'un douzième à-peu-près que dans l'ancien fyftême. Cette idée n'a point encore été mife en exécution. Peut-être la multiplication des mâts donneroit naiffance à bien des inconvéniens; il faudroit multiplier les manœuvres qui ne le font déjà que trop; le côté du Vaiffeau feroit couvert par les haubans; les voiles auroient beaucoup plus de chûte relativement que d'envergure, & cette conftitution ne permet pas de les bien orienter; on feroit embarraffé pour paffer les bras des baffes vergues qui fe croifoient les uns les autres; la cale des Vaiffeaux deviendroit moins commode pour l'arrimage; on ne fauroit plus où mettre les chaloupes & les canots : enfin, s'il falloit moins de monde pour fervir chaque voile, il faudroit auffi fervir un plus grand nombre de voiles à la fois : de forte que l'économie des forces motrices pourroit très-bien difparoître. Ces confidérations & d'autres analogues ont fait rejeter un projet qui pourroit cependant être mis en exécution par la fuite, fi l'on augmentoit encore jufqu'à un certain point la longueur des Vaiffeaux du premier rang.

On donne des noms différens à quelques Navires qui ne s'éloignent en aucun point de ceux dont nous parlons dans ce Chapitre, ou qui n'en diffèrent que par des

acceſſoires aſſez peu remarquables. Nous allons parler
rapidement des eſpèces les plus connues.

Le chat ou la chatte eſt un Navire de tranſport en
uſage dans la Baltique, & particulièrement chez les Da-
nois. Les Anglois en emploient quelques-uns au tranſport
du bois & du charbon. Le Roi de France en a deux ou
trois au port de Rochefort. Leur Mâture n'a rien de
particulier ; ils ne portent point de perroquets dans la
mauvaiſe ſaiſon : quelquefois on les mâte *à pible*. Nous
parlerons de ce genre de Mâture dans le Chapitre ſuivant.

Les flûtes Hollandoiſes ne diffèrent de nos Navires du
commerce que par leur forme. Leur Mâture eſt réglée
comme celle du Navire *la Fortune*, Table cinquième :
elles n'ont point de perroquets dans l'hiver.

Les yachts ou yacks ſont des Bâtimens de plaiſance,
fort en uſage en Angleterre : on les grée très-légèrement,
leur Mâture eſt fort déliée, toutes leurs manœuvres très-
fines : on ſacrifie même ſouvent la ſolidité à l'agrément
du coup-d'œil. Comme ces Bâtimens ne prennent la mer
que dans un tems fait, & ne font jamais de longs trajets,
on peut ſe permettre dans leur gréement bien des choſes
qu'il ſeroit imprudent de haſarder dans toute autre cir-
conſtance. Au reſte, les yacks ſont mâtés & voilés comme
tous les bâtimens à trois mâts.

Les galiotes à bombes Angloiſes ne ſont autre choſe,
quant à la forme & au gréement, que des Navires de
charge de 4 ou 500 tonneaux : elles préſentent le côté
pour lancer les bombes qui partent d'une plate - forme
établie en avant du grand mât ; elles diffèrent en cela des

nôtres qui n'ont pas de mât de mifaine, & lancent les bombes par devant : nous allons en parler tout-à-l'heure. Il n'y a rien de particulier dans la Mâture & la voilure des galiotes à bombe Angloifes, mais feulement dans la manière de pafîer les bras & les écoutes des voiles de l'avant : or, ceci n'eft pas de notre compétence ; nous avons adopté ce genre de gréement pour nos bombardières.

Il ne dérive du gréement au trait carré qu'une feule autre efpèce de gréement : c'eft celui qu'on voit fig. 33 ; qu'on fupprime le mât de mifaine, & qu'on établiffe de grands focs fur les étais, on aura la compofition de ce nouveau fyftême : il reffemble à celui des galiottes du Chapitre deuxième ; mais il eft infiniment moins bon, parce que les voiles de l'arrière ne peuvent jamais être balancées par les focs de l'avant. Il faut, autant que les diftributions intérieures du Navire le permettent, rapprocher le grand mât du milieu : il n'y auroit pas même d'inconvénient qu'il paffât fur l'avant; mais quelque chofe qu'on faffe, il ne fera jamais poffible de diftribuer comme il convient, la voilure avec la pofition des mâts adoptés dans cette efpèce de Navire.

Telles font les hourques ou houcres des Hollandois : leur grand mât eft à pible, ou bien le mât de hune eft écarvé avec le bas mât comme dans les galiotes ; elles font voilées précifément comme dans la figure 33, & portent quelquefois une civadière. C'eft une fi mauvaife efpèce de Navire, que fon nom eft paffé comme une expreffion de mépris pour défigner des Bâtimens manqués, & dont on ne peut tirer aucun parti.

Les ketchs des Anglois font gréées de la même manière, mais ils n'ont point de voile fous le beaupré.

La Marine Françoife n'a pris le gréement des hourques
ou des ketchs que pour l'appliquer aux galiotes à bombes.
C'eft à un Officier françois, M. le Chevalier Renaud, que
l'on doit l'idée hardie d'établir des mortiers fur une bafe
aufli frêle qu'un Navire. Contrarié, tourné même en
ridicule par le confeil de Louis XIV, il falloit la con-
fiance de ce Monarque dans fes lumières, fa conftance
dans fon opinion, & fur-tout la protection d'un Prince
qui faififfoit avec enthoufiafme tous les projets marqués
du fceau du génie, pour lui faire furmonter les obftacles
fans nombre qu'il éprouva. Tant de contradictions, fans
le déconcerter, l'intimidèrent & lui firent multiplier les
précautions pour s'affurer du fuccès. Ses galiotes furent
conftruites avec une folidité exceffive : en même-tems il
voulut qu'elles préfentaffent, au feu des places que l'on
bombarderoit, le moins de prife poffible, & les gréa en
ketch, afin qu'elles jetaffent les bombes par devant ; il
falloit pour cela dégréer les focs, dépaffer les manœuvres
qui vont du grand mât au beaupré, & fubftituer une
chaîne de fer au grand étai. Le bombardement de quelques
ports barbarefques fait avec ces machines, fignala la ven-
geance de Louis-le-Grand, & fit taire l'envie qui s'étoit
acharnée contre l'invention du Chevalier Renaud, comme
elle ne manque jamais de le faire contre toutes productions nouvelles & fur-tout utiles.

On préfère maintenant les galiotes à l'Angloife : parce
que les mortiers portant plus loin que le canon, elles
peuvent fe mouiller hors de la portée du feu des forts ;

&

& leur voilure eſt beaucoup plus favorable pour la navigation; de ſorte qu'elles ne retardent pas autant la marche des flottes qui les eſcortent.

Le trait des voiles de ketch ou de houcre n'a rien de particulier; la diſtribution des voiles ſera d'autant meilleure, que le centre de voilure pourra le plus ſe rapprocher de la proue: les dimenſions des mâts & des vergues ſe règlent comme pour les Navires à trois mâts. La ſurface de la voilure eſt néceſſairement moindre, parce qu'il n'eſt pas poſſible de compenſer par l'étendue des focs, la ſuppreſſion de toute la voilure du mât de miſaine; mais il faut tâcher qu'il y ait le moins de perte qu'il ſe pourra.

TABLE PREMIÈRE.

B A T I M E N S A T R O I S M A T S.

	192 pieds			91 pieds.		
Longueur de ces Bâtimens..................	192 pieds			91 pieds.		
Rapport de leur largeur à leur longueur.........	0.266..................			0.250.		

Rapport des dimensions des mâts avec la largeur des Navires.

	Long.	Diam.	Ton.	Long.	Diam.	Ton.
Grand mât.........................	2.480.	$\frac{1}{37}$.	$\frac{1}{8}$.	2.302.	$\frac{1}{40}$.	$\frac{1}{9}$.
Mât de misaine.....................	2.240.	$\frac{1}{35}$.	$\frac{1}{8}$.	2.082.	$\frac{1}{38}$.	$\frac{1}{10}$.
Mât d'artimon	1.782.	$\frac{1}{40}$.	$\frac{1}{8}$.	1.575.	$\frac{1}{41}$.	$\frac{1}{9}$.
Mât de beaupré.....................	1.565.	$\frac{1}{22}$.	".	1.366.	$\frac{1}{25}$.	".
Grand mât de hune..................	1.520.	$\frac{1}{38}$.	$\frac{1}{8}$.	0.416.	$\frac{1}{40}$.	$\frac{1}{9}$.
Petit mât de hune..................	1.449.	$\frac{1}{37}$.	$\frac{1}{8}$.	1.360.	$\frac{1}{39}$.	$\frac{1}{9}$.
Grand mât de perroquet..............	1.151.	$\frac{1}{52}$.	$\frac{1}{5}$.	0.854.	$\frac{1}{58}$.	$\frac{1}{4}$.
Petit mât de perroquet..............	1.151.	$\frac{1}{52}$.	$\frac{1}{5}$.	0.854.	$\frac{1}{58}$.	$\frac{1}{4}$.
Mât de perroquet de fougue..........	1.188.	$\frac{1}{50}$.	$\frac{1}{5}$.	0.953.	$\frac{1}{55}$.	$\frac{1}{4}$.
Mât de perruche d'artimon............	0.753.	$\frac{1}{55}$.	$\frac{1}{4}$.	0.674.	$\frac{1}{60}$.	$\frac{1}{5}$.
Bâton de foc	1.200.	$\frac{1}{44}$.	".	1.036.	$\frac{1}{46}$.	".

Rapport des dimensions des vergues avec la longueur des Navires.

	Long.	Diam.	Bouts.	Long.	Diam.	Bouts.
Grande vergue......................	0.591.	$\frac{1}{48}$.	$\frac{1}{11}$.	0.482.	$\frac{1}{53}$.	$\frac{1}{11}$.
Vergue de misaine..................	0.543.	$\frac{1}{49}$.	$\frac{1}{11}$.	0.446.	$\frac{1}{54}$.	$\frac{1}{11}$.
Vergue d'artimon...................	0.526.	$\frac{1}{64}$.	".	0.446.	$\frac{1}{68}$.	".
Vergue de civadière................	0.400.	$\frac{1}{54}$.	$\frac{1}{9}$.	0.357.	$\frac{1}{66}$.	$\frac{1}{11}$.
Vergue du grand hunier..............	0.409.	$\frac{1}{53}$.	$\frac{1}{6}$.	0.360.	$\frac{1}{58}$.	$\frac{1}{7}$.
Vergue du petit hunier	0.400.	$\frac{1}{54}$.	$\frac{1}{6}$.	0.360.	$\frac{1}{58}$.	$\frac{1}{7}$.
Vergue de fougue ou sèche	0.400.	$\frac{1}{60}$.	$\frac{1}{4}$.	0.340.	$\frac{1}{64}$.	$\frac{1}{9}$.
Vergue du grand perroquet	0.256.	$\frac{1}{60}$.	$\frac{1}{10}$.	0.230.	$\frac{1}{6}$.	$\frac{1}{12}$.
Vergue du perroquet de misaine	0.256.	$\frac{1}{60}$.	$\frac{1}{10}$.	0.226.	$\frac{1}{65}$.	$\frac{1}{12}$.
Vergue de contre-civadière	0.297.	$\frac{1}{60}$.	$\frac{1}{8}$.	0.240.	$\frac{1}{70}$.	$\frac{1}{9}$.
Vergue de perroquet d'artimon	0.297.	$\frac{1}{60}$.	$\frac{1}{8}$.	0.240.	$\frac{1}{70}$.	$\frac{1}{9}$.
Vergue de perruche d'artimon........	0.185.	$\frac{1}{60}$.	$\frac{1}{8}$.	0.171.	$\frac{1}{75}$.	$\frac{1}{12}$.
Gui pour la brigantine	0.322.	$\frac{1}{64}$.	".	0.318.	$\frac{1}{65}$.	".
Corne pour la brigantine	0.274.	$\frac{1}{48}$.	".	0.267.	$\frac{1}{48}$.	".

SUITE DE LA PREMIÈRE TABLE.

Bout-dehors.	Long.	Diam.	Bouts.	Long.	Diam.	Bouts.
Arcboutant de bonnettes baffes	0.290.	$\frac{1}{64}$.	″.	0.264.	$\frac{1}{67}$.	″.
Bout-dehors de grande vergue..............	0.276.	$\frac{1}{65}$.	″.	0.264.	$\frac{1}{67}$.	″.
Bout-dehors de mifaine....................	0.258.	$\frac{1}{64}$.	″.	0.232.	$\frac{1}{65}$.	″.
Bout-dehors des huniers	0.191.	$\frac{1}{66}$.	″.	0.157.	$\frac{1}{70}$.	″.
Bout-dehors de fougue...................	0.182.	$\frac{1}{66}$.	″.	0.145.	$\frac{1}{72}$.	″.

Rapport de la pofition des mâts avec la longueur des Navires.

Grand mât	0.056 en arrière du milieu...	0.041 en arrière du milieu.
Mât de mifaine........................	0.392 en avant du milieu....	0.377 en avant du milieu.
Mât d'artimon.........................	0.359 en arrière du milieu..	0.317 en arrière du milieu.
Pente du grand mât....................	4 lig. par pied...........	″.
Pente du mât de mifaine	″...................	″.
Pente du mât d'artimon................	4 lig. par pied...........	″.
Pente du beaupré, relativement à l'horifon......	7 po. $\frac{1}{2}$ par pied........	6 po. par pied.

Rapport de la furface de la voilure à celle du parallélogramme circonfcrit au plan de flottaifon :

Avec toutes les voiles, fans celles d'étai & les bonnettes	4.084....................	3.192.
Avec les voilures majeures feulement........	2.417....................	1.858.

Rapport de la pofition du centre de voilure, relativement à la verticale, avec la longueur des Navires :

Avec toutes les voiles, fans celles d'étai & les bonnettes.................................	0.143 en avant du milieu....	0.102 en avant du milieu.
Avec les quatre voiles majeures feulement......	0.158 en avant du milieu...	0.137 en avant du milieu.

Rapport de la pofition dudit point, relativement au plan de flottaifon, avec la largeur des Navires :

Avec toutes les voiles, fans celles d'étai & les bonnettes.................................	1.744....................	1.613.
Avec les quatre voiles majeures feulement.....	1.570....................	1.413.

TRAITÉ

TABLE DEUXIÈME.

APPLICATIONS DE LA TABLE PREMIÈRE.

	La *Bretagne* de 110.				L'*Auguste* de 80.			
Longueur..	..........186 pieds........				........178 pieds.			
Largeur.................................	................50.............				..........48¼.			
Mâts.	Rapp.	Long.	Diam.	Ton.	Rapp.	Long.	Diam.	Ton.
		pieds.	pouces.	pieds.		pieds.	pouces.	pieds.
Grand mât..........................	2.360.	118.	38.	13½.	2.321.	112.	36.	13.
Mât de misaine.........................	2.200.	110.	36.	13.	2.114.	102.	35.	12.
Mât d'artimon..........................	1.640.	82.	24½.	10.	1.575.	76.	24.	9.
Beaupré.............................	1.400.	70.	38.	».	1.368.	66.	35½.	».
Grand mât de hune....................	1.460.	73.	22.	8½.	1.430.	69.	21.	8.
Petit mât de hune.....................	1.380.	69.	21.	8.	1.430.	69.	21.	8.
Grand mât de perroquet..................	1.000.	50.	10.	14.	0.933.	45.	9½.	12.
Mât de perroquet de misaine...............	0.880.	44.	9½.	11.	0.933.	45.	9½.	12.
Mât de perroquet de fougue	1.220.	61.	13.	18.	0.953.	46.	12½.	5½.
Bâton de foc........................	1.200.	60.	16.	».	1.036.	50.	13½.	».
Mât de perruche d'artimon................	....	....	....	....	0.726.	35.	7.	8½.
Vergues.		Long.	Diam.	Bouts.		Long.	Diam.	Bouts.
Grande vergue...........................	0.591.	110.	26.	10.	0.562.	100.	25.	9.
Vergue de misaine.....................	0.543.	101.	24½.	9.	0.517.	92.	23.	8½.
Vergue d'artimon.....................	0.516.	96.	18.	».	0.517.	92.	17.	».
Vergue de civadière	0.366.	68.	15½.	7.	0.377.	67.	15½.	7.
Vergue du grand hunier	0.409.	76.	17½.	10.	0.390.	69½.	15½.	12½.
Vergue du petit hunier	0.387.	72.	16½.	10.	0.390.	69½.	15½.	12½.
Vergue de fougue ou sèche	0.387.	72.	14⅓.	8.	0.354.	63.	12½.	8.
Vergue de tangon	0.387.	72.	13.	».	0.371.	66.	13.	».
Vergue de grand perroquet...............	0.242.	45.	9½.	5½.	0.247.	44.	8.	4½.
Vergue de perroquet de misaine...........	0.226.	42.	8½.	5.	0.247.	44.	8.	4½.
Vergue de contre-civadière..............	0.258.	48.	10½.	6.	0.247.	44.	8.	4.
Vergue de perroquet d'artimon............	0.258.	48.	10½.	6.	0.258.	46.	9.	7.

SUITE DE LA IIe. TABLE ET DES APPLICATIONS &c.

	Suite de la *Bretagne.*				Suite de l'*Auguste.*			
Bout-dehors.	Rapp.	Long. pieds.	Diam. pouces.		Rapp.	Long. pieds.	Diam. pouces.	
Arcboutans de bonnettes basses.............	0.269.	50.	9¼.	».	0.269.	48.	9.	».
Bout-dehors de grande vergue.............	0.269.	50.	9.	».	0.269.	48.	8½.	».
Bout-dehors de misaine..................	0.258.	48.	8¾.	».	0.258.	46.	8¼.	».
Bout-dehors du hunier..................	0.193.	36.	6.	».	0.191.	34.	6¾.	».
Bout-dehors de fougue.................	0.187.	35.	5¾.	».	0.180.	32.	6¼.	».
Position des Mâts.		pi. po. li.				pi. po. li.		
Grand mât......................	0.055.	10..3.6 en ar^{re} du mil.			0.053.	9.6.0 en ar^{re} du mil.		
Mât de misaine...................	0.382.	71..0.0 en av. du mil.			0.382.	68.0.0 en av. du mil.		
Mât d'artimon	0.328.	60.11.0 en ar^{re} du mil.			0.346.	61.6.0 en ar^{re} du mil.		
Pente du grand mât................		.........0..0.0.........				.........0.0.0.		
Pente du mât de misaine		.........0..0.0.........				.........0.0.0.		
Pente du mât d'artimon..............		.........0..0.0.........				.........0.0.0.		
Pente du beaupré, relativement à l'horison.....		.........0..7.3 par pied....				.........0.2.6 par pied.		
Voilure totale, sans les Bonnettes & voiles d'étai.								
Surface de la voilure................	3.297.	30666 pieds carrés....			3.464.	29901 pieds carrés.		
Position du centre de voilure, relativement à la longueur	0.108.	pi. po. li. 20.0.8 en av. du mil.			0.119.	pi. po. li. 21.2.6 en av. du mil.		
Hauteur du centre de voilure, relativement au plan de flotaison....................	1.727.	86.4.6.............			1.623.	78.8.11.		
Voilure sous les quatre voiles majeures. seulement.								
Surface des quatre voiles................	1.936.	17994 pieds carrés....			2.089.	18038 pieds carrés.		
Position du centre de voilure, relativement à la longueur	0.143.	pi. po. li. 26.6.11 en av. du mil.			0.156.	pi. po. li. 27.11.0 en av. du mil.		
Hauteur du centre de voilure, relativement au plan de flottaison...........................	1.539.	76.11.7.............			1.489.	72.1..6.		

TRAITÉ

TABLE TROISIÈME.

APPLICATIONS DE LA TABLE PREMIÈRE.

	Le *Téméraire* de 74.				Le *Sphinx* de 64.			
Longueur	. . . . .172 pieds.				. . . . .152 pieds.			
Largeur	. . . . .44¼				. . . . .41.			
Mâts.	Rapp.	Long.	Diam.	Ton.	Rapp.	Long.	Diam.	Ton.
		pieds.	*pouces.*	*pieds.*		*pieds.*	*pouces.*	*pieds.*
Grand mât	2.337.	104.	34.	12.	2.390.	98.	31½.	11.
Mât de misaine	2.157.	96.	33.	11.	2.195.	90.	29½.	10.
Mât d'artimon	1.640.	73.	22.	8.	1.658.	68.	19½.	7.
Beaupré	1.393.	62.	33.	".	1.366.	56.	30½.	".
Grand mât de hune	1.416.	63.	19.	7.	1.439.	59.	17½.	6½.
Petit mât de hune	1.416.	63.	19.	7.	1.439.	59.	17½.	6½.
Grand mât de perroquet	0.900.	40.	9½.	10.	0.854.	35.	7½.	10.
Mât de perroquet de misaine	0.900.	40.	9½.	10.	0.854.	35.	7½.	10.
Mât de Perroquet de Fougue	1.011.	45.	11½.	5.	1.219.	50.	11.	18.
Bâton de foc	1.123.	50.	13.	".	1.098.	45.	12.	".
Mât de perruche d'artimon	0.674.	30.	7.	7.	".	".	".	".
Vergues.		Long.	Diam.	Bouts.		Long.	Diam.	Bouts.
Grande vergue	0.535.	92.	23.	8.	0.579.	88.	21.	8.
Vergue de misaine	0.488.	84.	22.	7½.	0.526.	80.	19½.	7½.
Vergue d'artimon	0.488.	84.	15.	".	0.526.	80.	13.	".
Vergue de civadière	0.360.	62.	14.	5½.	0.388.	59.	13.	5.
Vergue de grand hunier	0.360.	62.	14.	11.	0.388.	59.	13.	10.
Vergue de petit hunier	0.360.	62.	14.	11.	0.388.	59.	13.	10.
Vergue de fougue ou sèche	0.354.	61.	12.	8.	0.368.	56.	10¼.	6.
Vergue de tangon	0.354.	61.	12.	".	0.303.	46.	9½.	".
Vergue du grand perroquet	0.232.	40.	7.	3.	0.230.	35.	6½.	3.
Vergue du perroquet de misaine	0.232.	40.	7.	3.	0.230.	35.	6½.	3.
Vergue de contre-civadière	0.262.	45.	8.	6.	0.243.	37.	7¼.	4.
Vergue de perroquet d'artimon	0.262.	45.	8.	6.	0.243.	37.	7¼.	4.

SUITE DE LA *IIIᶜ. TABLE ET DES APPLICATIONS* &c.

	Suite du *Téméraire.*				Suite du *Sphinx.*			
Bout-dehors.	Rapp.	Long. *pieds.*	Diam. *pouces.*	Bouts.	Rapp.	Long. *pieds.*	Diam. *pouces.*	Bouts.
Arcboutans de bonnettes bassés	0.279.	48.	$8\frac{1}{2}$.	».	0.290.	44.	$8\frac{1}{4}$.	».
Bout-dehors de grande vergue	0.244.	42.	$7\frac{1}{2}$.	».	0.276.	42.	8.	».
Bout-dehors de misaine....................	0.232.	40.	$7\frac{1}{4}$.	».	0.257.	39.	7.	».
Bout-dehors des huniers....................	0.157.	27.	5.	».	0.184.	28.	$5\frac{1}{4}$.	».
Bout-dehors de fougue	0.145.	25.	$4\frac{1}{4}$.	».	0.164.	25.	$4\frac{1}{4}$.	».
Position des Mâts.		pi. po. li.				pi. po. li.		
Grand mât...............................	0.056,	9.7.0 en arᵉ du mil.			0.045.	6.10.0 en arᵉ du mil.		
Mât de misaine..........................	0.384.	66.0.0 en av. du mil..			0.377.	57..4.0 en av. du mil.		
Mât d'artimon	0.314.	54.0.0 en arᵉ du mil.			0.349.	53..0.0 en arᵉ du mil.		
Pente du grand mât......................	».	..0.0.0.............			».	..0..0.0.		
Pente du mât de misaine..................	».	..0.0.0.............			».	..0..0.0.		
Pente du mât d'artimon...................	».	..0.0.0.............			».	..0..0.0.		
Pente du beaupré, relativement à l'horison......	».	0.7.0 par pied.....			».	0..7.6 par pied.		
Voilure totale, sans les bonnettes & voilures d'étai.								
Surface de la voilure......................	3.192.	24430 pieds carrés....			3.784.	23582 pieds carrés.		
Position du centre de voilure, relativement à la longueur	0.108.	pi. po. li. 18.8.2 en av. du mil.			0.143.	pi. po. li. 21.8.9 en av. du mil.		
Hauteur du centre de voilure..............	1.647.	73.3.10..........			1 662.	68.1.9.		
Voilures sous les quatre voiles majeures seulement.								
Surface de la voilure......................	1.821.	13936 pieds carrés....			2.401.	14964 pieds carrés.		
Position du centre de voilure, relativement à la longueur	0.158.	pi. po. li. 27.2.1 en av. du mil.			0.155.	pi. po. li. 23.7.4 en av. du mil.		
Hauteur du centre de voilure	1.514	67.4.4..........			1.551.	63.7.10.		

TABLE QUATRIÈME.

APPLICATIONS DE LA TABLE PREMIÈRE.

	La *Minerve* de 36 { du 18 en batterie.				La *Calipso* de 32 { du 12 en batterie.			
Longueur	........146 pieds........				........135 pieds.			
Largeur	........36½........				........34½.			
Mâts.	Rapp.	Long. *pieds.*	Diam. *pouces.*	Ton. *pieds.*	Rapp.	Long. *pieds.*	Diam. *pouces.*	Ton. *pieds.*
Grand mât	2.302.	84.	26½.	11.	2.435.	84.	26.	10.
Mât de misaine	2.082.	76.	26.	11.	2.203.	76.	25.	10.
Mât d'artimon	1.752.	62.	18.	8.	1.739.	60.	18.	8.
Beaupré	1.425.	52.	26.	".	1.565.	54.	25½.	".
Grand mât de hune	1.425.	52.	16½.	6½.	1.449.	50.	16.	6.
Petit mât de hune	1.360.	49⅔.	16½.	5½.	1.449.	50.	16.	6.
Grand mât de perroquet	1.151.	42.	8½.	16.	1.014.	35.	8.	10.
Mât de perroquet de misaine	1.151.	42.	8½.	16.	1.014.	35.	8.	10.
Mât de perroquet de fougue	1.425.	52.	11.	15.	1.188.	41.	10½.	5.
Baton de foc	1.096.	40.	11.	".	1.101.	38.	11.	".
Mât de perruche	......	".	".	".	0.753.	26.	6.	5.
Vergues.		Long.	Diam.	Bouts.		Long.	Diam.	Bouts.
Grande vergue	0.520.	76.	18½.	7.	0.563.	76.	17.	7.
Vergue de misaine	0.473.	69.	17½.	6½.	0.511.	69.	15.	6.
Vergue d'artimon	0.466.	68.	12½.	".	0.503.	68.	12.	".
Vergue de civadière	0.370.	54.	10½.	6.	0.400.	54.	10.	8.
Vergue du grand hunier	0.370.	54.	12.	8.	0.400.	54.	11½.	8.
Vergue du petit hunier	0.370.	54.	12.	8.	0.400.	54.	11½.	8.
Vergue de fougue ou sèche	0.370.	54.	10½.	6.	0.400.	54.	10.	8.
Vergue de tangon	......	......	......	......	......	......	......	......
Vergue du grand perroquet	0.240.	35.	5½.	4.	0.256.	34½.	5½.	3½.
Vergue du perroquet de misaine	0.240.	35.	5½.	4.	0.256.	34½.	5½.	3½.
Vergue de contre-civadière	0.240.	35.	5½.	4.	0.297.	40.	6.	5.
Vergue de perroquet d'artimon	0.308.	45.	7.	5.	0.297.	40.	7.	5
Vergue de perruche d'artimon	0.171.	25.	4.	3.	0.185.	25.	5.	2.
Gui pour la brigantine	0.322.	47.	8⅔.	".	0.318.	43.	8.	".
Corne pour *id.*	0.274.	40.	10.	".	0.267.	36.	9.	".

Suite

SUITE DE LA IVe. TABLE ET DES APPLICATIONS &c.

Position des Mâts.	Suite de la *Minerve.*		Suite de la *Calipso.*	
	Rapp.	pi. po. li.	Rapp.	pi. po. li.
...d mât	0.054.	7.10.2 en ar^re du mil.	0 048.	6.6.0 en ar^re du mil.
...de misaine	·0.383.	56..0.0 en av. du mil.	0.381.	51.6.0 en av. du mil.
...d'artimon	0.318.	46..6.0 en ar^re du mil.	0.337.	45.6.0 en ar^re du mil.
...e du grand mât	. . . . . .	..0..0.4 lig. par pied.	. . . . . .	..0.0.3 lig. par pied.
...e du mât de misaine	. . . . . .	..0..0.0	. . . . . .	..0.0.0.
...e du mât d'artimon	. . . . . .	..0..0.4 lig. par pied.	. . . . . .	..0.0.3 lign. par pied.
...e du beaupré, relativement à l'horison	. . . . . .	7 pouces par pied . . .	. . . . . .	6 pouces par pied.
...ilure totale sans les bonnettes & voiles d'étai.				
...ace de la voilure	3.351.	17855 pieds carrés . . .	4.124.	19209 pied carrés.
...tion du centre de voilure, relativement à la ...ngueur	0.122.	pi. po. li. 17.10.2 en av. du mil.	0.109.	pi. po. li. 14.8.6 en av. du mil.
...teur du centre de voilure	1.717.	62..8.7	1.692.	58.4.6.
...ilures sous les quatre voiles majeures seulement.				
...ace de la voilure	2.004.	10681 pieds carrés . . .	2.417.	11255 pieds carrés.
...tion du centre de voilure, relativement à la ...ongueur	0.151.	pi. po. li. 22.0.5 en av. du mil.	0.137.	pi. po. li. 20.0.11 en av. du mil.
...ateur du centre de voilure	1.414.	51.7.2	1.470.	50.8.9.

P

TABLE CINQUIÈME.

APPLICATIONS DE LA TABLE PREMIÈRE.

	La *Tamponne*, flûte de 350 tonneaux.				La *Fortune*, hollandois, de 47 tonneaux.			
Longueur............................	........112 pieds.........				........125 pieds.			
Largeur............................	.........25				.........28.			
Mâts.	Rapp.	Long.	Diam.	Ton.	Rapp.	Long.	Diam.	Ton.
		pieds.	*pouces.*	*pieds.*		*pieds.*	*pouces.*	*pieds.*
Grand mât....................	2.480.	62.	18½.	7.	2.554.	71½.	21½.	10⅛
Mât de misaine....................	2.240.	56.	17½.	7.	2.393.	67.	20.	10.
Mât d'artimon....................	1.680.	42.	12¾.	5.	2.385.	64.	16.	7½
Beaupré....................	1.520.	38.	18.	".	1.571.	44.	21.	".
Grand mât de hune....................	1.520.	38.	11.	5.	1.571.	44.	14.	5¼
Mât de hune de misaine....................	1.520.	38.	11.	5.	1.411.	39½.	13.	4⅔
Grand mât de perroquet....................	1.040.	26.	7.	6.	1.143.	32.	6½.	10½
Petit mât de perroquet de misaine....................	1.040.	26.	7.	6.	1.036.	29.	6.	9.
Mât de perroquet de fougue....................	1.040.	26.	7½.	15.	1.214.	34.	9.	13.
Bâton de foc....................	1.120.	28.	8½.	".	1.214.	34.	9.	".
Mât de perruche d'artimon....................	....				....			
Vergues.		Long.	Diam.	Bouts.		Long.	Diam.	Bouts
Grande vergue....................	0.482.	54.	13½.	6.	0.416.	52.	14¾.	6.
Vergue de misaine....................	0.446.	50.	12½.	6.	0.368.	46.	14.	4½.
Vergue d'artimon....................	0.428.	48.	9.	".	....	".	".	".
Vergue de civadière....................	0.357.	40.	7.	5.	....	".	".	".
Vergue du grand hunier....................	0.357.	40.	8½.	6.	0.360.	45.	10½.	7.
Vergue du petit hunier....................	0.357.	40.	8½.	6.	0.320.	40.	9¼.	6.
Vergue de fougue ou sèche....................	0.339.	38.	7½.	5.	0.336.	42.	8¼.	4.
Vergue du grand perroquet....................	0.232.	26.	5½.	3.	0.252	31½.	6½.	2½
Vergue du perroquet de misaine....................	0.232.	26.	5½.	3.	0.240.	30.	6.	2½
Vergue de contre-civadière....................	0.268.	30.	6.	4½.	....	".	".	".
Vergue de perroquet d'artimon....................	0.250.	28.	6.	3.	0.240.	30.	6½.	2½.
Gui pour la brigantine....................	0.295.	33.	6¾.	".	....	".	".	".
Corne pour *idem*....................	....	....	....	....	0.216.	27.	9.	".

UITE DE LA *V*e. *TABLE ET DES APPLICATIONS* &c.

Position des mâts.	Suite de la *Tamponne*, flûte de 350 tonneaux.		Suite de la *Fortune*, hollandois, de 174 tonneaux.	
	Rapp.	pi. po. li.	Rapp.	pi. po. li.
mât	0.049.	5.6.0 en arre. du mil.	0.041.	5.2.0 en arre du mil.
e misaine	0.384.	43.0.0 en av. du mil.	0.385.	48.2.0 en av. du mil.
d'artimon	0.359.	40.3.0 en arre du mil.	0.317.	39.8.0 en arre du mil.
du grand mât		..0.0.0.		0.0.6 lig. par pied.
du mât misaine		..0.0.0.		0.0.0.
du mât d'artimon		..0.0.0.		0.0.6 lig. par pied.
du beaupré relativement à l'horison	....0.	7 pouces par pied ..		6 pouces $\frac{1}{4}$ par pied.
re totale sans les bonnettes & les voiles d'étai.				
es des voiles	3.250.	9101 pieds carrés.	2.916.	10207 pieds carés.
n du centre de voilure, relativement à la ;ueur	0.102.	pi. po. li. 11.5.2 en av. du mil.	0.131.	pi. po. li. 16.4.7 en av. du mil.
r du centre de voilure	1.744.	43.7.4.	1.796.	50.3.7.
re sous les quatre voiles majeures seulement.				
e des voiles	1.924.	5389 pieds carrès.	1.777.	6222 pieds carrés.
n du centre de voilure, relativement à la ;ueur	0.155.	pi. po. li. 17.4..8 en av. du mil.	0.155.	pi. po. li. 19.5.2 en av. du mil.
r du centre de voilure	1.568.	39.2.10.	1.584.	44.4.2.

CHAPITRE CINQUIÈME.

Des Navires qui font gréés en voiles Latines, & des Mâtures à pible, quel que foit le nombre des Mâts & des voiles.

JE n'ai point parlé dans les Chapitres précédens des voilures à antenne, quoique l'on pût leur appliquer la plupart des obfervations auxquelles a donné lieu l'examen qu'on a fait des divers genres de gréement ; j'ai préféré de réunir fous un feul point de vue tout ce qui les concerne.

L'opinion de tous les Savans qui ont fait des recherches fur la Marine des anciens, eft que les Grecs, les Romains & tous les peuples qui fréquentoient la Méditerranée, employoient par préférence l'efpèce de voile que nous avons repréfentée fig. 42 ; & c'eft de là que leur vient le nom de Latines, parce que nous les avons reçues immédiatement des Romains : cette forme s'eft confervée jufqu'à nos jours ; elle eft encore en ufage dans la mer où elle a pris naiffance ; & les Bâtimens qui ne fortent pas de cette mer, l'emploient encore fans altération bien fenfible. Mais les Navigateurs du Levant, quand ils ont voulu paffer dans l'Océan, ont fait fucceffivement à leur voilure des modifications telles que l'exigeoit la nature des miffions qu'ils avoient à remplir ; car ce n'eft point douteux, & l'expérience l'a prouvé de la manière la plus inconteftable, que la voilure latine, telle qu'elle étoit en ufage fur les galères des anciens, eft abfolument impraticable dans les mers dures de l'Océan Atlantique, & plus encore dans le canal Britannique & les mers du Nord.

Les pertes de Céfar dans fa fameufe expédition contre l'Angleterre, en font la preuve. La différence étonnante qu'il reconnut lui-même entre fes Navires & ceux des habitans de Vannes en Bretagne (différence qui exifte encore après 19 fiècles, telle que les Hiftoriens du tems l'ont décrite) me femble démontrer victorieufement cette vérité, que les formes & le gréement qui conviennent aux Navires deftinés à croifer fur les bords pacifiques de la Grèce & de l'Italie, ne peuvent être affimilés à ceux des Navires qui doivent affronter les tempêtes & les écueils fi fréquents fur les côtes de la Bretagne, de la Normandie & de la Flandre.

Les tentatives qu'on a faites depuis pour introduire dans le Ponent l'ufage des voiles latines, quoiqu'elles n'aient pas été toujours malheureufes, n'ont cependant pas atteint leur but principal. On vit, dans le 16e. fiècle, des galères françoifes faire une expédition aux Açores : cette entreprife de Catherine de Médicis fut trouvée hardie, & ne fut point imitée. Louis XIV, à la fin du dernier fiècle, étonna fes ennemis en faifant voir dans la Manche un fpectacle inconnu depuis long-temps : celui des galères qui vinrent de Marfeille arborer leurs banderoles jufqu'à l'entrée de la Tamife ; elles fervirent utilement dans la defcente que l'armée françoife fit à Tynmouth, & qui défola le commerce des trois Royaumes. Cependant malgré ces fuccès, la France, depuis cette époque, a négligé peu-à-peu les grands Bâtimens à rames, qui font aujourd'hui regardés comme peu commodes pour la navigation & inutiles pour la guerre. Les anciennes galères fervent maintenant de vain ornement dans le port de Toulon ; fi ce genre de Bâtiment eft encore en ufage dans l'ifle de Malthe, on ne peut douter qu'il en foit redevable au préjugé feul qui attache aux Chevaliers tenant galère, beaucoup plus de confidération qu'à ceux qui commanderoient tout autre efpèce de Navire de guerre.

On a gréé dans nos ports de l'Océan avec des voiles latines quelques-unes des chaloupes canonnières, que l'on conftruifit lors des premières hoftilités en 1778, pour la défenfe des rades : ces chaloupes font, à proprement parler, des demi-galères ; il a fallu renoncer à ce gréement, pour y fubftituer celui de goëlette ou de brigantin.

Quand il vient des tartanes, ou des polacres, ou des barques du Levant dans nos mers, on a toujours l'attention de les gréer en voiles carrées, au moins pour les voiles principales.

Les chebecs armés par les Efpagnols pendant la dernière guerre, ne portoient point de voiles latines devant, mais une mifaine carrée. Enfin, les bateaux des Vaiffeaux de Provence, qui toujours portent des voiles à antennes, prennent des voilures du Ponant quand ils naviguent pendant la mauvaife faifon dans les rades de l'Océan, & ne confervent leur voilure propre que pendant l'été.

Si, comme nous l'avons obfervé précédemment, on ne peut pas attribuer cette opinion conftante & invariable des Marins aux préjugés & à l'habitude, il faut que la forme des voiles latines entraîne des inconvénients néceffaires qui la faſſent proſcrire unanimement dans tout autre mer que la Méditerranée; il faut auſſi qu'elle ait des avantages conſtants qui la faſſent conſerver dans cette mer, au mépris de l'exemple des Nations qui la condamnent.

La voilure triangulaire, en général, élève le centre de voilure ; mais la voilure latine l'élève encore bien plus qu'une autre, parce que le plus grand côté du triangle eſt ſouvent en haut comme dans la fig. 3, & plus horiſontal que dans les figures 35, 36, 37 & 38, qui repréſentent des Bâtimens latins. Juſqu'à préſent, plus on a fait entrer les voiles carrées dans la compoſition des divers gréemens, plus nous avons vu baiſſer le centre de voilure ; il eſt plus avantageuſement placé dans les chaſſe-marées que dans les goëlettes, & dans les goëlettes que dans les ſloops : on le verra monter encore dans les Bâtimens à antennes ; enfin, il eſt le plus élevé dans les bateaux des mers du Sud, décrits par Cook, qui portent une ſeule voile trapeſoïdale, dont la plus grande baſe eſt en haut : la perte en ſtabilité devient ſi conſidérable dans ces bateaux, qu'elle ne peut être compenſée que par le balancier qu'on y ajoute.

Quand les voiles latines ſont coëffées ou ſont chapelle, il faut perdre la Mâture ou le Bâtiment ſi le vent eſt fort : la toile qui s'enveloppe contre le mât, empêche toujours d'amener.

Les voiles latines portent à une grande hauteur une ſurface aſſez conſidérable, & qui n'a d'autre appui que la pointe trop ſoible de la penne : elle ſert à recueillir le vent à une plus grande élévation. Quand on paſſe dans les canaux étroits de l'Archipel, ou quand on cingle ſous

les terres, il arrive fouvent que la furface de la mer n'eſt
pas agitée par le moindre zéphir, tandis que l'on fent au
haut des mâts un courant d'air capable d'imprimer au
Navire une vîteſſe fuffiſante ; la penne, qu'on élève en
abaiſſant le carnal avec ſes ourſes, porte une partie de la
voile dans ce courant, & trouve encore aſſez de force
motrice au milieu du calme le plus parfait. Cette manœuvre remplit donc à la fois deux objets importants :
elle élève ou abaiſſe le centre de voilure, en apiquant
plus ou moins la voile ; elle fert auſſi à faire fervir ou
porter la voile, quand elle femble devoir être abritée par
les côtés : les voiles hautes des Bâtimens carrés n'ont pas
la même propriété, puiſqu'on ne peut baiſſer le centre de
voilure qu'en les carguant, & perdant conféquemment
une partie de la force impulſive ; mais la longueur exceſ-
five de la vergue latine, ſes autres dimenſions trop foibles,
& qu'on ne pourroit augmenter fans rendre fa manœuvre
impoſſible, le défaut des moyens qui la pourroient foutenir contre l'effort du vent, tout concourt à faire voir
qu'elle feroit infailliblement briſée par la première bouraſque, s'il falloit tenir le vent pendant une tempête
pour fe relever d'une rive dangereuſe.

La voilure à antenne eſt la meilleure de toutes pour
les Bâtimens à rames ; les mâts font beaucoup plus courts,
puiſque dans ce ſyſtême ils ne montent pas, à beaucoup
près, auſſi haut que la voile : au lieu que, dans tous les
autres, ils s'élèvent de pluſieurs pieds au-deſſus. Le gréement n'eſt point compliqué du tout, & il tient preſque
totalement à la vergue : ainſi, quand elle eſt amenée fur
le pont, il ne reſte en l'air qu'un mât très-court, dont on

peut

peut dégréer les haubans, & qui, lui-même, peut le plus fouvent s'abattre dans un courfier. Dès-lors, l'effet des rames n'eft plus contrarié par celui du vent, qui, dans tous les autres gréemens, s'embarraffe dans les Mâtures, les manœuvres & les voiles ferlées. Il n'eft pas douteux que toutes ces confidérations puiffent, dans bien des cas, déterminer l'admiffion ou la profcription des voiles à antenne. Le trait des voiles latines eft on ne peut pas plus fimple; leur envergure eft égale à la longueur de l'antenne, déduction faite de fes bouts, qui font de 2 à 3 pieds à la penne, & de 10 à 15 pouces au carnal. Le point de bordure, quand la vergue eft tout-à-fait apiquée comme dans les Bâtimens fig. 35, 36, 37 & 38, doit tomber fur le pont au pied du mât; la vergue fe hiffe jufqu'à ce que fa poulie de driffe touche à celle de retour frappée à la tête du mât, ou au clan placé dans le mât lui même pour paffer la driffe.

Les mâts qui portent des antennes, font appelés mâts *à calcet.*

De même que le gréement le plus fimple en voilure au trait carré, confifte dans une voile unique fixée fur un mât vertical au milieu du Navire, il n'en eft pas moins compofé dans le genre des Mâtures à calcet, que celui qu'on voit, fig. 35; un mât planté au milieu ou peu vers l'avant, porte une feule voile à antenne, dont le car s'amure fur l'étrave. Dans les petits bateaux, dont c'eft ordinairement là le gréement dans la Méditerranée, le mât n'a point de haubans ni d'étais; la driffe de la voile eft leur unique foutien; mais on y applique un étai avec des haubans volants, ou qui fe filent pour faire

Q

La voile unique à antenne devient trop grande, aussi-tôt que la largeur des tartanes excède 19 à 20 pieds, & leur longueur 60 : alors on emploie la même subdivision, qui, dans les mers du Nord, fait la distinction des galiotes avec les sloops : on diminue l'étendue de la voile principale, & on y supplée en ajoutant une autre voile semblable, qu'on établit sur un mât planté vers la pouppe comme le mât de tapecul. Les Levantins donnent à cette voile auxiliaire le nom de *misaine* : quelquefois on y ajoute un hunier & un perroquet ; le tout forme une voilure plus grande, mais plus maniable, à cause de sa répartition, que celle des tartanes simples. Mais il suffit de la seule nomenclature de ce gréement pour juger qu'il a perdu tout le mérite de sa simplicité primordiale, & que certainement il ne peut être préféré à celui des grands sloops, qui ne portent des huniers & des perroquets que par des motifs particuliers.

Les tartanes qui passent dans l'Océan, & se hasardent, pendant la belle saison, à pénétrer jusqu'au canal Britannique, portent la voilure qu'on vient de décrire ; mais on supprime la grande voile à antenne, & l'on met en place une voile carrée de même étendue superficielle : on établit aussi deux ou trois focs sur l'éperon, qui, dans les Bâtimens latins, fait les fonctions du beaupré dans les autres ; il ne reste donc plus alors du système latin que *la misaine* ou le tapecul, c'est-à-dire, la voile la moins importante de toutes. Malgré la légèreté de leur construction & leur stabilité naturelle, les tartanes, avec les corrections que l'on fait à leur voilure pour les expédier dans nos mers du Nord, n'ont jamais que des qualités médiocres, & ne bourcet (même Chapitre, Table fixième) : aucun de ces fyftêmes ne donne le centre de voilure plus élevé que celui des antennes, & quelques-uns le donnent plus bas. D'ailleurs, il faut obferver que le diamètre de la vergue latine eft relativement moitié moindre que celui des vergues à bourcet, & de celles des voiles au trait carré : cela confirme ce que nous avons dit précédemment, au fujet du défaut de folidité que nous avons reproché aux Mâtures à calcet.

Si l'on ajoute une voile carrée au-deffus de l'antenne, c'eft-à-dire, fi l'on donne aux barques gréées, comme la fig. 35, un hunier au trait carré difpofé comme celui des floops (fig. 9), on aura les *tartanes* fimples : ce font des Bâtimens caboteurs très-multipliés dans la Méditerranée. Toutes les Nations maritimes, établies fur cette mer, n'emploient point d'autres Navires pour les voyages de port en port; c'eft par leur moyen que fe font les approvifionnemens de Toulon, & le tranfport des vins & des autres productions de la Provence. Les tartanes paffent quelquefois le détroit; mais leurs voyages dans l'Océan ne s'étendent pas plus loin que Cadix, fans des précautions dont on va parler tout-à-l'heure.

La Table deuxième renferme les données néceffaires pour fixer les propofitions de Mâture des tartanes, & faire connoître leur relation avec les autres fyftêmes : voilées au plus comme les floops qui le font le moins, elles ont le centre de voilure beaucoup plus élevé; le nombre des vergues eft le même; & fi leurs manœuvres font plus légères, cet avantage eft bien compenfé par leur défaut de folidité.

La voile unique à antenne devient trop grande, auſſi-tôt que la largeur des tartanes excède 19 à 20 pieds, & leur longueur 60 : alors on emploie la même ſubdiviſion, qui, dans les mers du Nord, fait la diſtinction des galiotes avec les ſloops : on diminue l'étendue de la voile princi-pale, & on y ſupplée en ajoutant une autre voile ſem-blable, qu'on établit ſur un mât planté vers la pouppe comme le mât de tapecul. Les Levantins donnent à cette voile auxiliaire le nom de *miſaine* : quelquefois on y ajoute un hunier & un perroquet ; le tout forme une voilure plus grande, mais plus maniable, à cauſe de ſa répartition, que celle des tartanes ſimples. Mais il ſuffit de la ſeule nomenclature de ce gréement pour juger qu'il a perdu tout le mérite de ſa ſimplicité primordiale, & que certainement il ne peut être préféré à celui des grands ſloops, qui ne portent des huniers & des perro-quets que par des motifs particuliers.

Les tartanes qui paſſent dans l'Océan, & ſe haſardent, pendant la belle ſaiſon, à pénétrer juſqu'au canal Britan-nique, portent la voilure qu'on vient de décrire ; mais on ſupprime la grande voile à antenne, & l'on met en place une voile carrée de même étendue ſuperficielle : on établit auſſi deux ou trois focs ſur l'éperon, qui, dans les Bâti-mens latins, fait les fonctions du beaupré dans les autres ; il ne reſte donc plus alors du ſyſtême latin que *la miſaine* ou le tapecul, c'eſt-à-dire, la voile la moins importante de toutes. Malgré la légèreté de leur conſtruction & leur ſtabilité naturelle, les tartanes, avec les corrections que l'on fait à leur voilure pour les expédier dans nos mers du Nord, n'ont jamais que des qualités médiocres, & ne peuvent fupporter le mauvais tems : elles évolueroient auffi fort mal, fi leur largeur relative n'étoit pas toujours très-grande.

Les trois colonnes de la Table feconde expriment les trois formes de gréement des tartanes : on y peut obferver que les réfultats font d'autant plus heureux, que la compofition de leurs voilures s'éloigne plus de celle des tartanes fimples, & fe rapproche davantage de celle des Bâtimens à voiles auriques ou à voiles carrées : les dangers de la navigation diminuent, & la facilité de la manœuvre croît dans le même rapport.

Avant que de paffer à un autre genre de voilure, il faut dire un mot *de l'éperon* des Bâtimens de la Méditerranée : il tient, comme je l'ai dit, lieu du beaupré des autres; c'eft une faillie de charpente établie fur l'avant du Navire, en forme de pointe ou de bec d'oifeau : delà vient que les anciens l'appeloient *roftrum ;* ils l'armoient de tranchants de fer ou d'airain, & s'en fervoient pour enfoncer le côté des Navires ennemis, quand ils les pouvoient atteindre avec affez de vîteffe : il ne fert plus aujourd'hui que de point d'appui pour amurer les voiles de l'avant; quelquefois on le prolonge avec une flèche de bois établie par deffus, & qui fert à placer les dormants des drailles & les amures des focs : cette flèche eft appelée *Berthelot.*

Deux grandes voiles à antennes portées par des mâts verticaux, placés à-peu-près comme dans tous les Navires à deux mâts, conftitue le gréement des galères fig. 36 : cette efpèce de Bâtiment, qui faifoit la principale force de la marine des anciens, n'eft plus aujourd'hui d'aucun

uſage ; quelques Puiſſances barbareſques en ont conſervé
long-tems pour exercer la piraterie dans les détroits de
l'Archipel : l'iſle de Malthe en arme encore pour croiſer
contre les Infidèles ; mais tout le monde convient qu'il
n'eſt point de Bâtiment, ſi petit qu'il ſoit, auquel la
meilleure galère puiſſe réſiſter, ſans un concours de circonſtances ſur lequel on doit peu compter.

Le gréement des galères eſt tout-à-fait commode pour
des Bâtimens à rames ; les mâts ſont plantés dans des
courſiers, & on les couche ſur le Navire quand on veut
remonter à l'aviron contre le vent : alors réduite au ſeul
volume de ſa coque, la galère obéit ſans obſtacle à
l'effort de la chiourme. Cette conſidération eſt détermi-
nante pour des pirates qui attendent leur proie cachés
ſous des rochers ou dans des criques, d'où ils s'élancent,
malgré le calme & même le vent contraire, ſur l'objet
de leur cupidité : mais il ne faut attendre des rames qu'un
ſervice momentané & très-peu durable ; on a reconnu,
par expérience, que la galère la mieux montée faiſoit,
par un calme parfait, une lieue & demie au plus pendant
la première heure, & $\frac{3}{4}$ de lieue ou une demi-lieue pendant quelques heures encore ; mais que la chiourme,
bientôt épuiſée, n'étoit plus capable, après un tems aſſez
court, de lui imprimer la moindre vîteſſe. Ce n'eſt donc
pas comme Bâtiment à rames, mais comme Bâtiment à
voiles, que les galères pourroient être utiles, excepté dans
quelques cas très-rares, & qui ne peuvent dédommager
des frais énormes qu'entraînent la conſtruction, l'entretien, l'armement de pareils Navires, & ſur-tout le très-
nombreux équipage dont ils doivent être montés. Or,

on voit par l'exemple de la galère citée dans la Table troifième, dont la Mâture eft dans les plus grandes proportions, combien on doit attendre peu de fuccès d'un pareil fyftême de voilure : en effet, avec beaucoup moins de furface que n'en donnent les autres gréemens, le centre d'impulfion eft placé comme il le feroit dans tous, fi l'on fupprimoit les perroquets ; le défaut de fubdivifion rend la manœuvre embarraffante, délicate & dangereufe ; les évolutions lentes & incertaines : le défavantage de la voilure des galères fera plus grand encore, quand elles courront vent arrière : elles orientent alors la grande voile ou *la meftre* fur un bord, & la voile de l'avant ou *la trinquette* fur l'autre bord : c'eft ce que nous avons appelé orienter en cifeaux ; les Levantins difent orienter en *oreilles de lièvre* ; fi l'on compare la furface de la voilure d'une galère ainfi difpofée avec toutes celles des autres Navires faifant la même route, on trouvera moitié de différence, & l'on ne connoît point de moyens d'y remédier.

Les chaloupes canonnières qu'on a mâtées en galère dans les ports de l'Océan, n'ont pu naviguer avec cette voilure (Voyez la Table troifième) : elles ont infiniment mieux réuffi en goëlette ou en brigantin ; & l'on n'en fera pas furpris fi l'on compare les réfultats de la Table troifième avec ceux des Tables cinquième & huitième, Chapitre 3 ; & fi l'on a enfuite égard à la plus grande folidité, ainfi qu'aux autres avantages des voilures auriques & carrées.

Les felouques, bateaux Catalans, qui fréquentent les ports de Marfeille & de Cette, font voilées comme les galères ; elles naviguent fort bien à la voile & à l'aviron ; leur forme eſt élégante, leur exécution ſoignée ; les hommes qui les montent, entendent parfaitement à les manier : tous ces moyens acceſſoires leur donnent un ſuccès particulier. D'ailleurs, je ne doute pas que la voilure de galère ne ſoit très-bonne pour des bateaux de cette eſpèce, dont les proportions ſont bornées, qui ſont extrêmement légers, & dont la fonction unique étant de naviguer de port en port, exige que l'on faſſe auſſi ſouvent uſage des rames que des voiles.

De tous les gréemens totalement compoſés de voiles latines, aucun ne réuſſit auſſi complètement que celui des chebecs, fig. 38 : il conſiſtoit primitivement dans trois mâts verticaux ou à-peu-près, portant chacun une ſeule voile à antenne ; la première colonne de la Table quatrième fait connoître la diſtribution & les proportions de ces voiles.

Les Régences d'Alger, de Tunis, de Tripoly & autres, entretiennent encore des chebecs gréés comme celui que repréſente la fig. 38 ; le Grand-Seigneur en compte auſſi quelques-uns dans ſes forces navales ; les Eſpagnols en ont armé pluſieurs très-grands & très-beaux pendant la guerre de 1778 : mais leur gréement étoit altéré : il en eſt de même de ceux que le Roi de France a fait conſtruire au port de Toulon.

Le mât de l'avant ou de trinquet eſt incliné vers l'avant ; ſa voile amure ſur l'éperon : les autres n'ont rien de particulier, ſinon que celui de l'arrière, ou appelé *miſaine* ſuivant l'uſage du Levant, eſt panché vers l'arriere : ces pentes oppoſées diſtribuent les voiles ſur

une

une plus grande longueur, & facilitent le jeu de la grande voile ou mestre. Les chébecs orientés au plus près avec leur voilure propre, telle que la représente la fig. 38, ont réellement un avantage décidé dans la belle mer, quand le vent est assez fort pour gonfler toutes les voiles, mais assez modéré en même-tems pour permettre de les porter : si les circonstances changent, c'est-à-dire, si le tems devient trop gros, la mer mauvaise, ou si l'on court vent arrière, les chébecs deviennent les plus mauvais de tous les Bâtimens.

On emploie au cabotage de la Méditerranée, des Bâtimens gréés précisément comme les chébecs, mais sur de moindres proportions : on les nomme *des barques*. *Les pinques* sont encore un autre espèce de Bâtiment du commerce, qui portent le gréement caractérique du chébec en entier, ou avec les variations dont on va parler. Tous ces Bâtimens dégréent leurs voiles à antennes, quand la mer est mauvaise & le vent forcé : ils y substituent deux voiles carrées d'une surface moitié moindre.

Pour rendre les chébecs un peu moins impropres à naviguer grand largue & vent arrière, il a bien fallu recourir à la ressource ordinaire : c'est de combiner les voiles carrées avec les voiles latines ; en conséquence ils ont un petit mât de hune qu'ils guindent à la tête du mât de mestre, & alors ils gréent une grande voile carrée surmontée d'un hunier : on met de même une voile carrée à la place de la trinquette, de sorte qu'il ne reste plus de voile latine qu'à l'arrière. La colonne deuxième de la Table quatrième expose les résultats de ce premier changement ; c'est delà que dérive le gréement des chébecs

Efpagnols : ils portent au grand mât 3 ou 4 voiles carrées, comme dans les Bâtimens carrés, excepté que le mât eſt *à pible :* on va parler tout-à-l'heure de ce genre de Mâture. Le mât de l'arrière porte une voile baſſe à antenne ſurmontée par une voile carrée : c'eſt le perroquet de fougue du Ponant ; le mât de l'avant porte, comme dans les chébecs primitifs, une ſeule voile à antenne pour le beau tems, & une voile carrée quand le vent eſt trop fort. Les chébecs ainſi mâtés ſe comportent bien ; ils ne pincent pas autant le vent que ceux qui ſont totalement armés de voiles latines, mais ils boulinent mieux encore que la plupart des autres Navires ; ils marchent bien vent largue, & paſſablement vent arrière ; ils ont ſur-tout l'avantage de s'élever très bien ſur la lame, & d'avoir des mouvemens de tangage fort doux, parce que leur proue n'eſt pas auſſi chargée que celle des Bâtimens qui portent un mât de miſaine couvert de voiles carrées, hautes & baſſes avec un beaupré, ſon bout-dehors & des focs. Ce gréement eſt repréſenté par la fig. 37 ; il nuit plus à l'effet des avirons, que celui du chébec primitif fig. 38.

Si, dans la voilure du chébec figure 37, on met à la place du mât de trinquette & de ſa voile un mât de miſaine à pible avec ſes trois voiles carrées ; ſi l'on y ajoute des focs en mettant un beaupré avec ſon bout-dehors, au lieu de la flèche & de ſon barthelot, on aura la voilure des *polacres*, Bâtiment de charge de la Méditerranée qui dérivent originairement des chébecs ; mais qui ont ſubi tant d'altérations ſucceſſives, qu'on les rangeroit maintenant bien plutôt dans la claſſe des Bâtimens au trait carré. Les polacres ne prennent le gréement qu'on vient de décrire, que pour naviguer dans l'Océan, où elles se montrent quelquefois & même dans la Manche, mais toujours avec défavantage : elles confervent la voilure latine à l'avant, quand elles ne doivent pas fortir de la Méditerranée.

Je penfe que ces détails fur la Mâture à calcet, fuffiront pour faire connoître les combinaifons de voilure latine les plus en ufage. Il en exifte d'autres fur lefquelles il feroit auffi difficile qu'inutile de s'appéfantir, parce qu'elles ont toutes un rapport très-direct avec les gréemens principaux & le plus univerfellement adoptés dans le Levant; c'eft-à-dire, avec ceux des tartanes, des galères & des chébecs, qui peuvent être regardés comme trois fources d'où découlent tous les fyftêmes imaginés & imaginables dans la claffe très-bornée des voilures latines.

Il ne refte plus, pour compléter nos recherches fur les Bâtimens de la Méditerranée, qu'à parler des Mâtures *à pible* ; c'eft ainfi qu'on appelle des mâts affez longs pour former d'une feule pièce le bas-mât, le mât de hune & celui de perroquet : c'eft là tout ce qui la diftingue des mâts dont nous avons parlé dans les autres Chapitres; on les préfère, parce que la maffe des moyens de liaifon entre ces mâts partiaux étant fupprimée, il en réfulte beaucoup de légèreté ; mais auffi les accidens font irréparables, & la manœuvre eft plus difficile & demande des Marins plus alertes, parce qu'il n'y a aucun repos depuis le pont jufqu'à la girouette.

Les dimenfions, la difpofition & la répartition des voiles, doivent toujours être les mêmes, foit que l'on emploie la Mâture à pible, foit que l'on faffe les mâts fupérieurs ifolés entr'eux & des bas-mâts : ainfi nous n'aurons ici qu'à traiter des proportions des mâts à pible, & de la groffeur des vergues qui doivent diminuer, parce que le principal but qu'on fe propofe eft la légèreté ; la longueur des mâts doit être telle, que les capelages de tous les haubans tombent à la même hauteur où ils feroient, dans le fyftême où l'on veut introduire la Mâture à pible : par exemple, fi je veux mâter à pible l'avifo du Roi, Table neuvième, Chapitre troifième, j'ajoute enfemble la longueur du bas-mât = 58 pieds ; celle du grand mât de hune = 32 pieds $\frac{1}{2}$; celle du mât de per-roquet = 24 : de la fomme 114, je retranche le ton du grand mât = 7 pieds ; celui du grand mât de hune = 4 pieds, & la flèche du mât de perroquet = 6 ; il me refte 97 pieds pour la hauteur comptée du pied du mât, à l'endroit où doit répondre le capelage des haubans de perroquet : cela détermine la longueur du mât à pible ; il auroit 103 pieds pour laiffer 6 pieds de flèche & afin de donner 97 pieds de diftance, du pied au capelage le plus élevé.

On trouvera de même la place du bas capelage ou de celui des grands haubans, fi l'on retranche de la longueur du grand mât = 58 pieds, fon ton = 7 pieds : ce capelage tomberoit donc à 51 pieds de l'extrémité inférieure du mât.

Pour avoir le capelage intermédiaire, il faut de la fomme des longueurs du bas-mât & du mât de hune = 90 pieds $\frac{1}{2}$, déduire celle des tons du bas-mât & du mât de hune = 11 : il reftera 79 pieds $\frac{1}{2}$ pour la diftance du capelage intermédiaire ou du capelage des haubans de hune, au pied du mât à pible.

On regarde dans les ports du Levant comme une loi conſtante, de donner au grand mât à pible, dans les Navires à trois mâts, une longueur égale à 4 fois & $\frac{1}{5}$ la largeur du Bâtiment, & 4 fois $\frac{1}{3}$ aux brigantins. Suivant ce principe, la hauteur du mât de la tampone, Chapitre quatrième, Table cinquième, feroit de 105 pieds, & celle du mât de l'aviſo (Table neuvième, Chapitre troiſième) feroit de 104 pieds : ce qui s'accorde aſſez avec la règle générale que j'ai expoſée.

Le diamètre des mâts à pible eſt pour les grands mâts égal à la ſoixantième ou ſoixante-deuxième partie de leur longueur; il eſt égal à la ſoixante-huitième partie de la même dimenſion pour les mâts de miſaine. Ce diamètre eſt meſuré à la hauteur du pont : nous verrons par la ſuite comment il diminue à meſure qu'il s'éloigne de ce point.

La longueur des vergues & leurs taquets doivent être réglées ſuivant les proportions dues à chaque ſyſtême; mais les diamètres ſont un peu moindres, comme d'un vingtième pour les vergues baſſes, & d'un quinzième pour les vergues hautes. Au reſte, c'eſt principalement d'après la connoiſſance de la qualité des bois qu'on emploie à faire les mâts & vergues, qu'on peut ſe permettre de réduire plus ou moins cette dimenſion : on fait preſque toujours dans les Bâtimens de la Méditerranée qui portent des voiles carrées, le mât de miſaine & le grand mât à pible, jamais celui d'artimon. Quand la longueur d'un mât à pible excède les dimenſions ordinaires des pins qui ſervent à leur conſtruction , on ajoute ou écarve deux mâts l'un au bout de l'autre. Nous verrons par la ſuite des détails ſur cette main-d'œuvre intéreſſante.

TABLE PREMIÈRE.

BATEAUX ET BARQUES A VOILES LATINES, PORTANT UNE VOILE SEULEMENT.

	Chaloupe de vaisseau du Roi.				Canot de vaisseau du Roi.				Barque de Cabotage.			
Longueur	......36 pieds ½......				......24 pieds 7 pouces...				......38 pieds.			
Largeur	......8 pieds 10 pouces..				......6.....6........				......12½.			
Mâts.	Rapp.	Long pds.	Diam. pou.	Ton. pds.	Rapp.	Long. pds.	Diam. pou.	Ton. pds.	Rapp.	Long. pds.	Diam. pou.	Ton pds.
Mât	1.811	.16	.4½	.1	1.846	.12	.4	.1	1.600	.20	.9	.1½
Vergues.		Long.	Diam.	Bouts.		Long.	Diam.	Ton		Long.	Diam.	Bouts.
Antenne	1.000	36½	5	1½ / ¼	0.957	23½	3¼	1 / ¼	1.211	46	6	2 / 2⁄5
Position du mât	0.041	pi. po. 1..6 en av. du mil.			0.088	pi. po. 2..2 en av. du mil.			0.092	pi. po. 3..6 en av. du mil.		
Surface de la voilure	1.143	369 pieds carrés			0.916	146½ pieds carrés			1.134	538½ pieds carrés		
Position du centre de voilure, relativement à la longueur	0.150	pi. po. li. 5.5..0 en ar^re du m.			0.098	pi. po. li. 2.4.10 en ar^re du m.			0.123	pi. po. li. 4.8.0 en ar^re du m.		
Hauteur du centre de voilure	1.269	11.2.10			1.141	7.5..0			0.996	12.5.3		

TABLE DEUXIÈME.

BARQUES A UN SEUL MAT, VOILES LATINES ET UN TAPECUL APPELLÉ MISAINE.

	L'Espiègle de 75 tonneaux, tartane simple.				L'Humble id de 100 tonn. avec hunier & tapecul.				L'Humble de 100 tonneaux, avec des voiles carrées.			
Longueur	......51 pieds ¼........				......62 pieds ¼........				......62 pieds ¼.			
Largeur	......18........				......20 1⁄3........				......20 1⁄3.			
Mâts.	Rapp.	Long. pds.	Diam. pou.	Ton. pds.	Rapp.	Long. pds.	Diam. pou.	Ton. pds.	Rapp.	Long. pds.	Diam. pou.	Ton. pds.
Mât principal	3.111	.56	.19	.21	2.902	.59	.22	.26	2.902	.59	.22	.26
Mât de tapecul ou de misaine					1.476	.30	.10	.6	1.476	.30	.10	.6
Saillie de l'éperon	0.196	.10			0.151	.10½			0.151	.10½		
Vergues.		Long.	Diam.	Bouts.		Long.	Diam.	Bouts.		Long.	Diam.	Bouts.
Grande vergue latine	1.333	.69	.8½	1½ / ¼	1.195	.75	.9¼	1½ / ¼				»
Grande vergue au carré	0.792	.41	.8½	.4					0.653	.41	.8½	.4
Vergue de hune au carré	0.522	.27	.5½	.4	0.510	.32	.6¼	.4	0.510	.32	.6¼	.4
Vergue de perroquet au carré					0.390	.24½	.5	.2	0.390	.24½	.5	.2
Verg. de tapecul de mis. (latine)					0.749	.47	.6	.1	0.749	.47	.6	.1
Position du mât de mestre	0.095	pi. po. 4.11 en av. du mil.			0.167	pi. po. 10.5 en av. du mil.			0.167	pi. po. 10.5 en av du mil.		
Id. du mât de tapecul ou misaine					0.242	15.2 en ar^re du mil.			0.242	15.2 en ar^re du mil.		
Surface de la voilure	1.719	1601 pieds carrés			1.753	2237½ pieds carrés			2.040	2601½ pieds carrés		
Position du centre de voilure, relativement à la longueur	0.053	pi. po. li. 2.9..0 en ar^re du m.			0.056	pi. po. li. 3.4.11 en av. du m.			0.117	pi. po. li. 7.4.4 en av. du m.		
Hauteur du centre de voilure	1.425	25.7.10			1.241	25.2..9			1.142	23.2.6		

TABLE TROISIÈME.

GALÈRES ET BATIMENS DU MÊME GENRE.

	La *Princesse*, galère.				Le *Serpent*, chaloupe canonnière.			
Longueur.	120 pieds.				70 pieds.			
Largeur.	23 ½.				16.			
Mâts.	Rapp.	Long. *pieds.*	Diam. *pouces.*	Ton. *pieds.*	Rapp.	Long. *pieds.*	Diam. *pouces.*	Ton. *pieds.*
Grand mât ou mestre.	2.298.	54.	20.	3.	2.000.	32.	12.	2 ½.
Mât de misaine ou de trinquette.	1.915.	45.	17.	2 ¾.	1.687.	27.	10 ½.	2.
Vergues.		Long.	Diam.	Bouts.		Long.	Diam.	Bouts.
Vergue de mestre.	0.891.	107.	16.	2 ½. / 1 ¼.	0.914.	64.	10.	2. / 1.
Vergue de trinquette.	0.800.	96.	15.	2 ¼. / 1.	0.857.	60.	9.	2. / 1.
Position du mât de mestre.	0.040.	pi. po. 4.10 en av. du milieu.			0.050.	pi. po. 3.6 en av. du milieu.		
Position du mât de trinquette.	0.413.	49..6 en av. du milieu.			0.404.	28.4 en av. du milieu.		
Pente des deux mâts.		0..0.				.0.0.		
Surface de la voilure.	1.747.	4926 pieds carrés.			1.864.	2088 pieds carrés.		
Position du centre de voilure, relativement à la longueur.	0.034.	pi. po. li. 4.1.5 en av. du milieu.			0.003.	pi. po. li. 0..0.3 en av. du mil.		
Hauteur du centre de voilure.	1.339.	31.5.7.			1.309.	20.11.5.		

T A B L E   Q U A T R I È M E.

C H É B E C S   A N C I E N S   E T   M O D E R N E S.

	Le *Caméléon* de 20 canons, tout en voiles latines.				Le *même*, avec ses voiles carrées.				Le *même*, n'ayant que l'avant en voilure latine.			
Longueur........	....	..118 pieds........			....				......»·			
Largeur........	....	....30........							......»·			
Mâts.	Rapp.	Long.	Diam.	Ton.	Rapp.	Long.	Diam.	Ton.	Rapp.	Long.	Diam.	Ton
		pds.	*pou.*	*pds.*		*pieds.*	*pou.*	*pds.*		*p.ls.*	*pou.*	*pds.*
Mât de mestre........	2.533.	76.	26.	7.	2.533.	76.	26.	7.	2.400.	72.	22.	8.
Mât de misaine ou trinquette...	2.300.	69.	23.	6.	2.300.	69.	23.	6.	2.300.	69.	23.	6.
Mât d'artimon ou misaine......	1.333.	40.	11.	4.	1.333.	40.	11.	4.	1.700.	51.	14½.	5 1⁄7
Grand mât de hune........					1.333.	40.	11½.	7.	1.333.	40.	11½.	8.
Mât de perroquet de fougue...									1.333.	40.	10½.	15.
Eperon................	0.187.	22.	.....	.....	0.187.	22.	.....	.....	0.187.	22.	.....	»·
Vergues.		Long.	Diam.	Bouts.		Long.	Diam.	Bouts.		Long.	Diam.	Bouts.
Gr^de vergue ou mestre (latine)..	1.017.	120.	11¼ }	4. / 1½.								..»·
Vergue de trinquette (latine)..	0.915.	108.	10½.	4.					0.915.	108.	10½.	4.
Grande vergue carrée........	.....	.....	.....	.....	0.517.	61.	12.	5.	0.542.	64.	15.	7.
Vergue du grand hunier, carrée.	.....	.....	.....	.....	0.458.	54.	10.	5.	0.407.	48.	11.	6.
Vergue du grand perroquet....	.....	.....	.....	.....	.....	.....	.....	.....	0.322.	38.	7.	3.
Vergue de perroquet de fougue.	.....	.....	.....	.....	.....	.....	.....	.....	0.322.	38.	7.	3.
Verg. d'artim. ou misaine (latine)	0.466.	55.	6.	2.	0.466.	55.	6.	2.	0.466.	55.	6.	2.
Verg. de l'av. ou trinquet. (carrée)	.....	.....	.....	.....	0.475.	56.	11.	4.	.....	.....	.....	..»·
Position du mât de mestre.....	.....	au milieu........			.....	au milieu........			0.044.	pi. po. 5..3 en ar^te du m[ilieu]		
Position du mât de trinquette...	0.407.	pi. 48 en av. du milieu			0 407.	pi. 48 en av. du milieu			0.407.	48..0 en av. du mi[lieu]		
Posit. du mât de l'ar^re ou misaine	0.407.	48 en ar^re du milieu.			0.407.	48 en ar^te du milieu.			0.367.	42..6 en ar^re du mi[lieu]		
Pente du grand mât........	.....	li. 16 par pi. en arrière			.....	li. 16 par pied en ar^re.			.....	li. 16 en arrière.		
Pente du mât de l'arrière.....	.....	16 sur l'arrière...			.....	16 sur l'arrière...			.....	16 sur l'arrière.		
Pente du mât de trinquette....	.....	18 sur l'avant....			.....	18 sur l'avant....			.....	18 sur l'avant.		
Surface de la voilure........	2.093.	7408 pieds carrés.			2.235.	7912 pieds carrès			2.896.	10252 pieds carr[és]		
Position du centre de voilure, relativement à la longueur....	0.011.	pi. po. li. 1.3.3 en av. du m.			0.077.	pi. po. li. 9.1.6 en av. du mi			0.026.	pi. po. li. 3.1.4 en ar^re du[mi]		
Hauteur du centre de voilure...	1.656.	49 8.4........			1.591.	47.8.9........			1.702.	51.0.7.		

C H A P I T R

CHAPITRE SIXIÈME.

De la manière dont les Mâts & les Vergues font fixés ou tenus dans les divers fyftêmes.

AVANT que de parler de la conftruction des mâts & des vergues, il faut connoître ce qui concerne leur *tenue*, parce que leur forme, dans plufieurs de leurs parties, en dépend immédiatement. Tout ce que nous avons dit jufqu'à préfent, détermine feulement une dimenfion, la chûte ou l'envergure : ce n'eft que d'après les données que renferme ce Chapitre, qu'on pourra juger quelles doivent être les autres dimenfions, & quelle doit être auffi la figure du mât ou de la vergue dans tous les points de fa longueur. Je fuivrai déformais une marche oppofée à celle que je m'étois prefcrite d'abord ; il falloit pour entrer en matière, & parvenir aux combinaifons des voilures les plus compliquées, commencer par expofer les plus fimples. Maintenant je vais faire connoître tout ce qui concerne la tenue des mâts dans les plus grands Vaiffeaux, voilés en carré ; parce qu'il n'y aura que des fuppreffions ou des fimplifications à faire à chaque article, pour appliquer les règles premières à toutes les autres efpèces de gréemens.

La figure 40 repréfente une grande frégate, ayant en place tous fes mâts & toutes fes vergues ; fon côté eft ouvert vis-à-vis des trois mâts verticaux, pour faire voir l'*emplan-*

S

ture de leur pied & de leur liaifon avec les ponts.

Les vergues de l'avant font chacune hiffées comme fi leurs voiles étoient déferlées; il en eft de même de toutes les vergues établies fur le mât d'artimon. Celles du grand mât, au contraire, font amenées comme on le fait dans un coup de vent, ou quand on veut ferrer les voiles : attendu qu'il a fallu faire ce deffein fur une échelle fort petite, on n'y trouvera que l'enfemble ou la place des différents objets : il faudra pour les détails recourir à des deffeins particuliers exécutés fur de plus grandes proportions.

Le pied du grand mât eft logé dans un encaiffement pratiqué au fond de la cale, & que l'on nomme *carlingue* : on le voit affez diftinctement dans la fig. 40, où l'on a exprimé deux pompes qui l'accompagnent; il y en a deux autres qui ne peuvent être vues, parce qu'elles fe trouvent dans la même projection que celles-ci.

On retrouve dans les figures 43, 44 & 45, le même encaiffement repréfenté fous différents afpects. Il eft deffiné à vue d'oifeau dans la fig. 43; la figure 44 exprime fa coupe fur un plan qui pafferoit par l'axe longitudinal du Vaiffeau, par conféquent qui coupe le mât en deux dans le fens de fa longueur : enfin, la face antérieure de la carlingue eft repréfentée par la figure 45 : commençons par celle-ci.

On y voit la *quille* & la *fauffe quille* A; le bordage extérieur B B; la *varangue* ou une partie de la membrure C C; le bordage intérieur ou le vaigrage D D; les *carlingues* E; la *fauffe carlingue* F; les *rempliffages* G G; la *porque* H H, avec la garniture qu'elle porte en fon milieu pour compléter l'encaiffement.

Outre les mêmes objets indiqués par les mêmes lettres dans la fig. 44, on voit en I le haut d'une *flafque*, & les *coins* ou *maffifs* en K.

Enfin , dans la fig. 43 on voit de plus les *taquets* LL, & les trous des pompes MM. Déterminons maintenant l'utilité de toute cette charpente.

La quille, la membrure, le bordage & le vaigrage, & les carlingues E, qu'il ne faut pas confondre avec la carlingue du mât, font partie du Vaiffeau. La fauffe carlingue F, n'eft en ufage que depuis quelques années. A peine même on commence à l'employer maintenant dans les ports du Roi autres que Breft & l'Orient : on s'eft apperçu que le fond des Vaiffeaux, après deux ou trois ans de fervice , fléchiffoit fous le pied du grand mât; la preffion qu'il exerce fur les carlingues, la membrure & la quille, augmentée encore par le *ridage des haubans,* dont on parlera bientôt, caufe dans toutes ces pièces une courbure dont la convexité regarde le fond de la mer, & qui eft fort fenfible quand les Bâtimens font abattus en carène. Sa flèche excède quelquefois trois à quatre pouces, quoique fa corde ne s'étende pas à plus de deux ou trois pieds en avant ou en arrière du mât : on fent bien que cela ne peut avoir lieu fans que les bordages des environs fouffrent, & que leur calfatage foit ébranlé : ce qui caufe des voies d'eau dangereufes ; on a voulu prévenir cet inconvénient par la fauffe carlingue FF, qui augmente la force des carlingues EE, en même tems qu'elle divife la preffion du pied du mât. On n'eft pas encore en état de juger fi le fuccès de cet expédient remplira les efpérances qu'on s'en eft formées , parce que les

S 2

Vaisseaux où il a été employé, n'ont pas assez de service pour qu'on en puisse rien conclure : s'il étoit par la suite reconnu pour insuffisant, on pourroit, au lieu d'un simple plançon, mettre pour fausse carlingue un assemblage de trois fortes pièces réunies, comme on le voit fig 46.

Sur le milieu des carlingues E E, on établiroit la fausse carlingue F F, qui auroit sur sa longueur deux à trois pouces d'arc, afin de laisser un vuide en A sous le pied du mât ; les deux côtés de cette pièce F F seroient liées avec deux pièces collatérales G G, G G, & l'assemblage de ces trois plançons seroit formé par quatre adents en forme de voussoirs *a*, *b*, *c*, *d* ; il faut que le tout ensemble ait la même largeur que les carlingues E E. Enfin, les deux pièces collatérales n'auroient pas de bouge, & porteroient par conséquent dans toute leur longueur sur les carlingues où elles seroient bien chevillées. Voici ce qui arriveroit : la pression du mât tendant à redresser la fausse carlingue F F, à cause du vuide A, il faudroit que cette pièce s'alongeât pour obéir à cette pression : or, le contact des adents *a*, *b*, *c*, *d* supporteroit tout l'effort qui nécessite le redressement de la pièce intermédiaire ; il faudroit donc, ou que les appuis des adents fussent refoulés, ce qui n'est pas possible, ou que les deux pièces collatérales s'alongeassent, ce qui l'est encore moins ; ainsi la fausse carlingue F F conservera toujours une partie de sa courbure en A : tout l'assemblage restera doué d'une certaine élasticité ; enfin la pression du mât, au lieu de s'exercer au seul point A, sera décomposée en deux efforts, l'un horisontal qui tendroit en vain à redresser la pièce F F ou alonger ses collatérales, l'autre vertical ; mais qui sera répandu & fubdivifé fur tous les points de la longueur de la fauffe carlingue.

De quelque manière qu'on établiffe la fauffe carlingue, il faut la croifer par les varangues de porques H H qui forment les bouts de l'encaiffement. Ces porques font quelquefois à deux plans ou rangs de bois, quand elles font partie des renforts du Vaiffeau : alors elles reffemblent aux membres ou couples ; quelquefois les varangues de porques ne font compofées que d'une pièce, & alors elles n'ont d'autre objet que celui de former les limites de la carlingue du mât. Dans tous les cas, auffi-tôt qu'on a mis une fauffe carlingue F (*fig.* 45), il n'eft point poffible de faire entailler la porque H H, jufqu'à ce qu'elle touche aux vaigres D D : on eft forcé de mettre en-deffous des rempliffages G G : le tout eft chevillé folidement par des chevilles chaffées par dehors le Vaiffeau & qu'on rive fur la porque H H.

La diftance entre les porques de l'avant & celle de l'arrière, figure 43, fe détermine par les conditions fuivantes qu'il eft indifpenfable de remplir.

1°. Il faut placer de chaque côté du mât deux trous M, pour loger le pied des pompes : comme ces trous affoibliffent la membrure, il faut laiffer entre-deux un membre qui refte intact fur lequel porteront les taquets L L.

2°. Les porques doivent porter fur un membre, afin que leur chevillage ne paffe pas en maille.

Il doit donc néceffairement fe trouver trois membres & quatre mailles entre les porques, ce qui donne environ 8 pieds pour un Vaiffeau de 74 canons, & 6 $\frac{1}{2}$ à 7 pour une frégate : cette diftance feroit moindre dans les Navires qui n'auroient pas quatre pompes.

Quand les porques font placées, on établit *les flafques* I,
qui formeront les côtés de l'encaiffement : on les entaille
par les bouts dans les porques, & on leur donne de la
pente vers les côtés du Vaiffeau. Leur ouverture eft réglée
de manière que la largeur, au fond du trou L, foit égale
aux deux tiers du diamètre du pied du mât, & que leur
ouverture en haut foit de deux pouces moindre que ce
diamètre. On prend pour faire les flafques des madriers de
chêne, de la plus grande largeur poffible ; leur épaiffeur
doit être fous-double de celle des varangues de porque
fur le droit. (Pour éviter de couper le difcours par les
détails de ces proportions, nous les réunirons dans des
Tables à la fin du Chapitre). Voyez Table première.

On remplit l'intérieur de la caiffe, formée par les porques & les flafques, avec des billots de bois appelés coins
ou maffifs K ; ils font armés chacun d'un anneau de fer,
par lequel on les enlève, lors des défarmemens : pour
donner de l'air à la carlingue, ils doivent laiffer au milieu
precifément la place du pied du mât.

En dehors des flafques aux deux côtés du mât, on met
pour les renforcer deux taquets L L, qui font formés
comme une varangue de porque coupée par la caiffe.

La profondeur de la carlingue doit être au moins égale
au diamètre du mât. Au refte, on laiffe aux flafques toute
la largeur qu'elles peuvent fournir.

Tout ce qu'on vient de dire de la carlingue du grand
mât, s'applique mot pour mot à celle du mât de mifaine,
excepté qu'au lieu de la fauffe carlingue, il y a une pièce
difpofée de la même manière, & qu'on appelle marfouin
(voyez le Traité de Conftruction). La carlingue du mât

de misaine peut, sans inconvénient, être plus courte que celle du grand mât, parce qu'il n'y a pas de pompes à loger entre les porques. Cependant, il arrive très-souvent qu'on lui donne les mêmes dimensions.

La carlingue du mât d'artimon est plus simple : un billot de bois de chêne A B (*fig.* 47) est entaillé sur deux baux du premier pont : on y fait un trou pour recevoir le pied du mât, auquel on donne la forme d'une pyramide quadrangulaire tronquée. Le côté de la base inférieure est égal aux deux tiers du diamètre du pied du mât. Si le billot n'est pas d'une épaisseur assez grande pour qu'il puisse être entaillé jusqu'à toucher l'illoire renversée C D, on y supplée par une pièce de remplissage ; alors l'épontille E F porte réellement le pied du mât. Sur les deux faces latérales de la carlingue, on incruste deux lattes de fer *a a*, que l'on pénètre, ainsi que le billot, par des chevilles transversales, afin de prévenir la rupture qui pourroit être causée par le jeu du mât de tribord à bas-bord.

Toutes les Nations étrangères font ordinairement descendre le mât d'artimon jusque dans la cale, & alors on lui fait un trou dans les carlingues du Vaisseau, semblable à celui que les François pratiquent dans le billot établi sur le pont. Si l'on craint que les joues de ce trou n'aient pas la force de soutenir la poussée latérale, on les renforce par deux taquets. La méthode Françoise, au reste, est préférable.

C'est de la même manière qu'on établit les mâts dans les petits Bâtimens, & sur-tout dans ceux du commerce. Une charpente énorme, comme celle des fig 1re, 2e & 3e, cauferoit trop d'encombrement dans la cale où le local eft précieux. Les Anglois ne font pas autrement les carlingues des grandes frégates, & même des Vaiffeaux de 50 canons, & jamais il ne leur arrive d'accident; ainfi les précautions que nous prenons à cet égard, pourroient être regardées dans bien des cas comme furabondantes; mais la tenue des mâts eft un objet trop important, pour qu'on fe permette d'y faire des changemens qui pourroient nuire à leur folidité.

Le pied des mâts de canots & chaloupes, & celui des Bâtimens latins, fe plante dans les carlingues même des Navires; quand on veut que les mâts s'abattent comme dans les galères, on pratique un canal dans lequel le pied du mât peut courir librement; &, s'il eft néceffaire, on remplit ce canal par un coin de bois retenu par deux chevilles de fer, comme on le voit fig. 51.

L'emplanture du beaupré fe fait d'une toute autre manière; deux forts madriers font entaillés fur les baux du premier & du fecond pont, comme on le voit en A A, (*fig.* 48): on y pratique un trou B, dans lequel fe loge le pied du beaupré, ainfi qu'on le voit dans la fig. 50, qui repréfente cette charpente de profil, ou dans le fens de la longueur du Vaiffeau; la face inférieure de la coupe du pied du mât repofe fur une pièce de bois C pofée à plat fur le bordage du pont, & que l'on nomme *couffin :* cette face eft coupée fuivant la pente du pont. Le lit fupérieur du tenon *a a* (*fig.* 50) a fon plan engendré par une fuite de ligne horifontale quant à la largeur, & parallèle à l'axe du mât quant à la longueur; les deux coupes latérales font à-plomb; l'arrière du tenon butte contre un maffif

de

de bois D, qui fait partie de l'étambrai du mât de misaine E; il reste un ressaut elliptique autour du beaupré qui s'appuye contre les flasques en *a* C, (voyez Table première).

Quand le beaupré repose par son pied sur le pont supérieur, sa carlingue est formée par deux montants A, (*fig.* 52), qui descendent jusque dans la cale : on met un traversin B ou un coussin en dessous, & un autre traversin C par dessus, quelquefois un troisième D par derrière qui sert de bitte : voilà comme sont établis les beauprés des cutters & des lougres; ils sont percés de plusieurs trous dans lesquels, & dans un trou correspondant aux montants A, on passe une cheville de fer qui se retire sans peine; alors on peut pousser le beaupré en dehors du Bâtiment, ou le ramener en dedans, & diminuer ou augmenter par ce moyen le moment des focs.

Enfin, dans les petits Bâtimens, ou bien on fait un amarrage solide sur le pied du beaupré pour le lier avec un barot, ou bien on y met un cercle de fer chevillé dans le pont, ou bien on le saisit sur un chevalet établi sur le pont, comme on le voit fig. 53 : cet usage est celui des Hollandois & de plusieurs autres peuples qui naviguent dans la Baltique.

Les mâts majeurs verticaux sont tenus à l'un des ponts par des *coins*; l'opération de placer ces coins, & de fixer par leur moyen la situation du mât, s'appelle *coincer*. Le trou pratiqué dans le pont pour le passage du mât, est nommé l'*étambrai* fig. 54 : c'est un octogone régulier; les deux faces de l'avant & de l'arrière sont formées par les baux A B, C D, ou des tringles qu'on y ajoute quand leur

T

diftance eft trop grande ; les deux faces latérales font formées par des traverfins E F, G H, qui laiffent entr'eux,
& les baux ou les tringles, un vuide terminé par un carré
parfait. On rapporte enfin aux quatre angles des *grains
d'orge* I K L M, qui achèvent l'octogone : toute cette
charpente arrafe la furface fupérieure des baux ; on borde
par deffus ; enfuite on arrondit le trou, (voyez Table
deuxième).

Quelquefois on a fait les étambrais ovales : au moyen
de cette forme & de celle que nous avons vu qu'on
donne aux carlingues, il étoit facile de faire avancer ou
reculer le mât d'une certaine quantité, en changeant ou
fans changer fa pente : ces tâtonnemens auroient pu
fournir des réfultats intéreffans ; mais il s'eft trouvé, dans
la pratique, des obftacles qui ont empêché de les répéter
& d'en tirer parti.

On voit dans la figure 55 comment le mât fe trouve
paffé dans l'étambrai : un bourrelet fixé fur le bord de ce
trou, fert à fixer une toile qui enveloppe le mât, &
empêche l'eau qui couleroit le long de fa furface, de
paffer dans les entreponts. Cette toile eft appelée *braie* :
on n'en met qu'aux gaillards, ou aux ponts les plus élevés ;
il n'y a pas moins un bourrelet autour des étambrais des
autres ponts, pour s'oppofer au paffage de l'eau.

Les coins font en place dans la figure 57 ; le trou du
mât a toujours 14 à 16 pouces de diamètre plus qu'il ne
faut dans les grands Vaiffeaux ; 10 à 12 dans les frégates,
& 6 à 7 dans les plus petits Bâtimens. La moitié de cet
excédent forme l'épaiffeur des coins, dont le trait eft
facile à faire : il eft repréfenté fig. 56 ; le plus petit des trois

cercles concentriques eſt la projeƈtion de la face intérieure des coins qui doit toucher la ſurface du mât : le rayon de ce premier cercle eſt donc égal à celui du mât ; le cercle moyen exprime le contour de la baſe des coins : il a deux pouces moins de diamètre que l'étambrai ; le troiſième, ou le plus grand cercle, donne le contour extérieur de la tête des coins : il a quatre pouces plus de diamètre que l'étambrai : cela ſuffit pour déterminer leur figure ; on fait les coins avec le même bois qu'on fait les mâts (voyez Table deuxième).

La manière de coincer les trois mâts verticaux eſt abſolument la même, & ne varie point dans les divers ſyſtêmes. On voit dans le plan général fig. 40, la coupe des coins du grand mât & du mât de miſaine : ceux du mât d'artimon répondent au gaillard, tandis que les autres ſont au pont de la batterie. Quelques Officiers veulent qu'au lieu de coincer ſeulement les mâts majeurs à la première batterie, comme cela ſe pratique dans les Vaiſſeaux, on les coince encore aux ponts les plus élevés ; il y a des raiſons pour & contre cette méthode, que j'adopterois cependant volontiers, pourvu que le plus fort diamètre du mât fût porté au pont le plus élevé ; puiſque c'eſt là que le mât travailleroit le plus : cette obſervation deviendra plus claire quand on lira le Chapitre huitième.

Dans les bateaux qui n'ont point de pont, le mât paſſe au travers d'une forte barre, ou bien il eſt retenu contre un barot par un collier de fer qui ſe ferme avec une clavette : on garnit ce collier de corde ou de toile, pour que ſes arrêtes n'offenſent pas le mât : voyez fig. 59.

Les Bâtimens ou les mâts s'amènent, comme les galères, ont leur étambrai formé comme une écoutille longue; & la traverse du côté par où le mât s'abat est amovible : cela contraint à ne pas mettre tous les mâts verticaux dans l'axe longitudinal du Navire; aussi celui de l'avant ou de *trinquette* des galères est placé sur le côté bas-bord du Bâtiment, en dehors de la coursive dans laquelle on abat le grand mât ou le *mestre*.

Le beaupré ne traverse point de pont, ou du moins il n'y est fixé en aucune manière quand il en traverse; il repose sur la tête de l'étrave dans une fourche formée par deux alonges d'écubiers : on garnit cette fourche avec du plomb, pour empêcher que les fibres du bois de chêne, qui se trouvent coupées dans cette partie, n'offensent le mât dont les fibres se présentent dans un autre sens, où elles sont bien moins capables de résistance. Ce plomb empêche aussi l'eau de pénétrer par là dans la membrure. Dans les grands Vaisseaux où la distance entre l'étrave & le pied du beaupré est assez grande, on met à moitié de cette distance une paire de fausses flasques, représentée fig. 49, & en F G (*fig.* 50). Cet établissement consiste en deux montants A & B (*fig.* 49), qui sont entaillés sur les baux du pont supérieur & du pont inférieur; ils laissent entr'eux la place nécessaire pour le passage du mât, & on les borde depuis le bordage du pont inférieur jusqu'au beaupré : voyez Table deuxième; c'est un nouvel appui qui empêche le mât de plier de haut en bas, quand sa partie saillante est tirée de bas en haut par les étais des mâts verticaux : voyez le plan général figure 40. Dans les petits Bâtimens, & particulièrement dans les sloops & les lougres, le beaupré ne porte souvent pas sur l'étrave; il paſſe à côté de cette pièce dans un collier de fer. Voyez la figure 53.

Les mâts ainſi tenus par leur pied dans les carlingues, & par un autre point de leur longueur dans les étambrais ou les fourches, ne ſont en état de réſiſter à l'effort des voiles & aux ſecouſſes qu'ils éprouvent ſouvent, que dans le cas, très-rare, où leur groſſeur relative eſt aſſez grande ; mais ſi l'on vouloit proportionner cette dimenſion dans les Vaiſſeaux d'une certaine grandeur avec la ſomme de force que les mâts doivent ſupporter, on ſe jeteroit dans l'inconvénient d'augmenter énormement leur poids. On eſt parvenu, par d'autres moyens, à remplir le même objet; ces moyens ſont les étais & les haubans. Quoique ce qui concerne ces manœuvres dormantes, ſoit plutôt relatif à l'art du gréement qu'à celui que je traite, je ne puis cependant me diſpenſer d'en parler, pour faire connoître de quelle manière chaque partie du mât eſt appuyée, conſéquemment quelle eſt la relation de la force reſpective de chacun de ces points avec celle des autres : mais je traiterai ce ſujet le plus ſuccinctement qu'il me ſera poſſible.

Les étais ſont de gros cordages qui embraſſent la tête d'un mât, & ſont attachés par l'autre bout à quelque point ſolide, toujours vers l'avant du Vaiſſeau : de ſorte que tous les étais tirent les mâts de l'arrière vers l'avant ; l'inſpection ſeule du plan général, fig. 40, fait connoître comment tous les étais ſont placés, & cela n'a pas beſoin d'explication particulière ; la diſpoſition eſt la même pour les brigantins que pour les Bâtimens à trois mâts : il ſuffit pour s'en former une idée, de faire abſtraction dans le plan général de ce qui a rapport au mât d'artimon. L'étai du mât de misaine, dans les chasse-marées qui n'ont point de beaupré, répond à la tête de l'étrave : il en est de même du grand étai des sloops. L'étai du grand mât dans les goëlettes, les kofs & autres Bâtimens du même genre, ne vient point à l'étrave comme dans le plan général : il passe à la tête du mât de misaine, afin que la voile de misaine puisse évoluer par dessous ; cela suffit pour concevoir comment doivent être passés les étais dans tous les systêmes possibles.

Les étais doivent être considérés comme des appuis inébranlables, & capables de soutenir les secousses les plus violentes : en effet, on a cherché les dimensions de ces cordages les plus convenables pour qu'ils remplissent absolument cette condition, sans laquelle la Mâture n'auroit pas de solidité. Par la même raison, il a fallu donner beaucoup de force & de tenue au mât de beaupré, parce qu'il est réellement la clef de toute la Mâture : en effet, s'il étoit rompu, le mât de misaine & celui de petit hunier & de petit perroquet n'auroient plus d'étai ; ce qui les mettroit en danger de rompre aussi, & leur rupture entraîneroit celle du grand mât de hune & de perroquet, & celle-ci seroit probablement suivie de la perte du mât de perroquet de fougue, & du mât de perruche d'artimon : cette considération fait qu'on donne une attention toute particulière à la tenue du beaupré : voyez Table troisième.

En dehors de l'étrave est une saillie très-considérable dans les grands Vaisseaux, & que l'on nomme *guibre* ou *éperon*, ou *poulaine* : outre qu'on la voit dans le plan général, elle eſt repréſentée féparément & à plus grands points, figure 58 ; un grand nombre de courbes de bois avec des chevilles de fer, très-fortes & très-multipliées, confère à cette faillie une grande folidité : c'eſt dans cette charpente que paſſe l'amarrage A, nommé *lieure du beaupré ;* il eſt formé de 8 ou 9 tours d'un cordage, appelé *guindereſſe,* & qui a fervi à *guinder* les mâts de hune, c'eſt-à-dire, à les monter à leur place : on choiſit exprès ce cordage, parce qu'il n'eſt plus fuſceptible d'alongement ; les 8 ou 9 tours qui paſſent fuccoſſivement par deſſus le mât & par dedans une mortaiſe pratiquée dans la guibre, font enfuite bridés & *genoppés,* c'eſt-à-dire, amarrés les uns avec les autres, pour qu'aucun tour ne puiſſe mollir : on met auſſi des taquets fur le mât, pour empêcher la lieure de gliſſer, ce qu'elle feroit aifément à cauſe de fa pente : outre la lieure A, on fait une autre amarrage B, nommé *la fauſſe lieure,* & difpofé de la même manière ; enfin, un troifième appui qui confolide le beaupré, c'eſt la fous-barbe C qui répond fur le mât, au point où tombent les étais & faux étai de mifaine, & par l'autre bout vient amarrer fur la guibre ; on la ride ou la ferre avec un palan ou des moques ; ces trois manœuvres tiennent, avec avantage, lieu des étais : on peut remarquer que toutes tirent le mât de haut en bas, pour contre-balancer l'effort des étais des mâts verticaux, qui tous le tirent de bas en haut.

Dans les petits Bâtimens, au lieu de la guibre, on met feulement une courbe fur laquelle fe fait la lieure : voyez fig. 61, c'eſt aſſez l'ufage du commerce pour les brics du port de 150 à 200 tonneaux ; il épargne les décorations de la poulaine qui font un objet de dépenfe confidérable. C'eft fur-tout l'ufage des Hollandois, même pour de très-grands Navires, parce que cette Nation induftrieufe a mis un impôt fur le luxe des ornemens, & fait payer fort cher l'agrément de porter un éperon chargé de fculpture, (voyez Table troifième, la groffeur des guindereffes pour lieures).

Les Navires de la Méditerranée, au lieu du beaupré, portent un morceau de bois attaché fur une courbe, voyez fig. 60, & faifi fouvent avec une lieure & une fauffe lieure : c'eft le *bartelot* ; quelquefois on y ajoute *des bras* ou *des herpes*, ce qui fait une plate-forme triangulaire fur laquelle les mateiots marchent pour manœuvrer les *ourfes* de la *trinquette* : tout cela conftitue *l'éperon* ou le *roftrum* des *latins*.

On trouvera dans les Tables troifième & quatrième de ce Chapitre, les proportions des guindereffes, des étais, des haubans, &c. : paffons à ce qui regarde ces derniers.

Les haubans foutiennent les mâts par l'arrière & par les côtés ; ils font toujours par paire ; c'eft-à-dire, que le cordage, plié en deux, forme dans fon pli un œillet qui embraffe la tête du mât au-deffus de l'origine du ton, comme on le voit fig. 42 ; les deux bouts de ce cordage tombent du même côté du mât, & forment deux haubans d'un même bord ; le bout d'en bas de chaque hauban eft plié autour d'une efpèce de poulie, nommée *cap-de-mouton* A (*fig.* 64), & replié fur lui-même, où il eft faifi par deux ou trois *bridures* B, B, B : un autre cap-de-mouton femblable, tenu à la muraille du Vaiffeau par des chaînes

chaînes de fer C D, & par deux chevilles telles que E F, fert à roidir les haubans au moyen d'un cordage nommé *ride*, qui paſſe dans trois trous dont ces caps de-mouton font percés, (voyez à la Table quatrième, les dimenſions des caps-de-mouton).

Il eſt d'uſage de faire répondre le premier hauban de l'avant vis-à-vis de l'axe du mât auquel il appartient. Comme il pourroit ſouvent gêner pour le braſſiage de la vergue, au lieu de cap-de-mouton il eſt armé d'une poulie à trois rouets, ainſi que la chaîne de hauban à laquelle il répond, comme on le voit en A fig. 62 : il eſt plus facile de mollir & de tendre cet hauban avec le garant d'une caliorne qu'avec les rides ordinaires ; il faut cependant avouer que l'on fait bien rarement uſage du hauban à caliorne, quoiqu'on ne manque jamais de l'établir à bord de tous les Vaiſſeaux de guerre.

La tenue des mâts eſt d'autant plus ſolide, que l'angle, formé par les haubans à leur réunion, eſt plus ouvert ; ainſi, pour augmenter cette ſolidité, on doit porter le dernier hauban vers l'arrière, autant que les autres conſi-dérations le peuvent permettre. On a reconnu par l'expé-rience, qu'il ſuffiſoit que le dernier hauban fût éloigné du premier, c'eſt-à-dire, du plan tranſverſal qui paſſeroit par le milieu du mât, d'une quantité égale aux $\frac{5}{9}$ de la largeur du Bâtiment dans les Vaiſſeaux à 3 mâts, & à la moitié de cette largeur dans les autres : bien entendu que l'on meſurera la largeur en queſtion par le travers du mât pour lequel on veut régler l'empature des haubans ; il faut déduire $\frac{1}{4}$ de la diſtance ainſi déterminée pour le mât d'ar-timon ; on ne doit jamais ſe permettre de diminuer la

V

distance fixée par la loi qu'on vient d'établir, mais plutôt l'augmenter quand rien ne s'y oppose. Dans les Bâtimens qui ne portent pas d'artillerie, les haubans intermédiaires se placent à distances égales; dans les Vaisseaux de guerre, il faut disposer les chaînes de hauban de manière qu'elles ne passent pas devant les sabords : cela force à les distribuer inégalement, comme on le voit dans le plan général fig. 40, & dans le plan particulier fig. 62; il est inutile d'avertir que la direction de la chaîne doit être la même que celle du hauban.

Si la tenue des mâts de l'arrière à l'avant augmente quand l'empature des haubans augmente aussi, leur ouverture, dans le sens de la largeur du Vaisseau, ne contribue pas moins à les soutenir contre l'effort des voiles orientées au plus près. Pour augmenter cette ouverture, on a imaginé de faire porter les chaînes contre une tablette B C (*fig.* 62), & que l'on voit de profil en A (*fig.* 41) : cette tablette, que l'on nomme *porte - hauban*, éloigne les chaînes du bord, & augmente par conséquent l'angle fait par les haubans à la tête du mât; la largeur des porte-haubans ne peut point passer de certaines bornes, sans qu'ils deviennent peu solides; l'expérience a déterminé leurs dimensions, comme on les trouve dans la Table cinquième.

On ne donne pas de porte-haubans aux Bâtimens assez peu élevés sur l'eau, pour que les chaînes traînent dans la mer lors des inclinaisons ordinaires : on y supplée par un bourrelet de bois de sapin, sur lequel les chaînes s'appliquent sans laisser de vuide entr'elles & le côté du Navire.

Dans les lougres & les chaſſe-marées, les haubans n'ont ni porte-haubans, ni caps-de-mouton; ils ſont terminés par un crochet qu'on ſaiſit dans une boucle chaſſée ſur le côté du Bâtiment, ainſi qu'on le voit en A B (*fig.* 65); le hauban ſe ride avec un palan : c'eſt de la même manière qu'on les diſpoſe dans les galères, & en général pour les Mâtures à calcet; & il réſulte de cette manière de tenir les mâts beaucoup de facilité pour la manœuvre, parce qu'on peut décrocher les haubans qui gênent le braſſiage; on a l'attention de multiplier les boucles, afin de pouvoir accrocher les haubans dans divers points, ſuivant les diverſes circonſtances de la navigation.

A la hauteur de la *noix du mât* (c'eſt ainſi qu'on appelle une partie du mât compriſe en deſſous du ton, & d'une longueur égale à celle du ton) les haubans des deux bords ſont bridés enſemble par un amarrage que les Marins appellent *trelingage :* on le voit par le côté du Vaiſſeau dans la figure 40, & ſuivant ſa largeur dans la figure 41; ce trelingage fait que la force des haubans agit plus ſimultanément; il a encore d'autres propriétés, dont on parlera dans la ſuite. Les vergues ne s'élèvent ordinairement pas au-deſſus du trelingage, & c'eſt là ce qui nous a ſervi à fixer la chûte des voiles, comme nous l'avons fait dans les Chapitres précédents; le hauban de l'avant n'eſt pas pris dans le trelingage : quelquefois même on en laiſſe deux ſans les y comprendre, afin de pouvoir les mollir, quand on oriente les voiles au plus près.

Quoique ces moyens ſemblent ſuffire pour établir une correſpondance intime entre la tête des bas-mâts & les côtés du Vaiſſeau; cependant il y faut encore ajouter des liaifons fupplémentaires dans quelques circonftances ; la première de ces liaifons eft appelée *candelette :* c'eft une groffe caliorne qui eft attachée à une efpèce de hauban, & dont la poulie baffe eft armée d'un fort crochet de fer ; quand la candelette ne travaille pas , on paffe fon crochet dans l'œillet de la chaîne D (*fig.* 62) ; quand on veut l'employer , on faifit ce crochet dans des boucles frappées dans diverfes parties du Vaiffeau : de forte qu'on appuie le mât, foit par l'avant, foit par l'arrière, foit par le travers , fuivant le befoin : on ride la candelette avec le garant de fa caliorne, &, par ce moyen, elle devient un étai ou un hauban additionnel. Chaque mât majeur a deux candelettes, voyez B (*fig.* 41).

On renforce encore les haubans avec les *pataras :* ce font des cordages que l'on paffe, comme les haubans, autour de la tête du mât, & dont les bouts, au lieu d'être ridés avec des caps-de-mouton, font faifis dans des anneaux E, E, E, (*fig.* 62) ; après les avoir bien roidis, on les bride les uns avec les autres ; les pataras & les candelettes font d'un grand fecours dans différentes manœuvres, en ufage dans les ports, & à la mer lors d'un combat ou pendant le mauvais tems.

La tenue des mâts fupérieurs a la plus grande analogie avec celle des bas-mâts ; c'eft-à-dire, qu'ils ont, comme ceux-ci, une carlingue, un étambrai, des étais & des haubans.

La carlingue des mâts de hune eft formée par les barres des bas-mâts, que l'on voit affemblées fig. 70 ; les pièces A B portent le nom *d'élongis ,* parce qu'elles font placées dans le fens de la longueur du Navire ; les

pièces C D font nommées *traverfins* ou *traverfières*, par
la raifon contraire ; le tenon du grand mât paffe en E,
& le trou F eft la carlingue du mât de hune (voyez Table
fixième.)

Il faut favoir que l'on donne au pied du mât de hune
la forme d'un prifme quadrangulaire dans la partie qui
doit paffer dans le trou F (*fig.* 70) : on verra dans le Chapitre neuvième les motifs qui déterminent cette configuration. La face arrière de cette partie du mât, qu'on
appelle *la caiffe*, ne touche point au bas-mât : on fe rappelle que le ton du mât majeur eft recouvert par les œillets
des haubans & des étais ; fi la caiffe du mât de hune y
touchoit, ces cordages feroient bientôt ufés par le frottement, & il n'y auroit pas de place pour en placer de
nouveaux en cas d'accident : on met donc entre la caiffe
du mât de hune & le ton du bas-mât, une diftance un
peu plus grande que le diamètre des étais ; cette diftance
eft remplie par la jumelle repréfentée fig. 71 : on voit la
face qui touche au bas-mât : elle eft creufe pour envelopper
fa convexité, & l'on y pratique des entailles pour recevoir
les cercles du mât majeur ; de même dans fa face extérieure, on fait des entailles pour recevoir des *rouftures* :
ce font des amarrages de corde qui lient la jumelle avec
le mât auquel elle appartient ; tout cela devient fenfible
par l'infpection de la fig. 69, où la jumelle O P eft en
place avec fes rouftures faites ; la coupe de fa partie
fupérieure doit fe trouver à l'origine du ton, & fa longueur eft affez arbitraire : on ne lui donne ordinairement
que deux fois $\frac{1}{3}$ la longueur du ton du bas-mât : pendant
la guerre, on la prolongeoit fouvent jufqu'au pont du

Vaisseau ; dans les petits Bâtimens & dans tous ceux du commerce, elle ne descend pas plus bas que le pied des jottereaux, dont je vais parler bientôt.

Le champ supérieur des élongis répond, comme celui de la jumelle, à l'origine du ton, voyez AB (*fig.* 69 & 70) & le milieu de ces barres tombe sur la tangente à l'arrière du bas-mât : elles y sont fixées par de fortes chevilles ; le traversin CD du milieu, fig. 70, touche à l'arrière du bas-mât ; le traversin de l'avant forme, avec les élongis & la jumelle, le carré qui doit embrasser la caisse du mât de hune (1) ; & le traversin de l'arrière s'entaille à une distance de l'arrière des élongis égale à leur largeur. Les élongis & les traversins se font en bois de chêne, de fil & bien choisi : on en trouvera les dimensions dans les Tables ; les premiers sont posés de champ, & les autres à plat ; la surface de tout l'assemblage est bien arrasée : pour ne pas affoiblir les élongis, on prend les deux tiers de l'entaille sur l'épaisseur des traversins : la courbure des traversins est arbitraire, on la règle ordinairement sur la forme des bois qu'on y employe. Maintenant il est aisé de se former une idée de la tenue du mât de hune ; il est passé dans le trou carré F (*fig.* 70), & monté comme on le voit en F (*fig.* 69), jusqu'à ce qu'une mortaise carrée, pratiquée dans son pied, soit au-dessus de l'élongis AB : on le retiendra facilement à cette hauteur, en passant

---

(1 Pour faciliter le passage du petit mât de hune, on met quelquefois une fausse barre entre le traversin de l'avant & la caisse du mat. Cette fausse barre ne passe pas les élongis ; elle est liée avec eux au moyen de deux chevilles à clavette, que l'on repousse quand on veut dépasser ou passer le mat de hune ; son trou se trouve alors élargi de la laise de la fausse barre.

dans cette mortaife une cheville ou clef de fer repréfentée fig. 72, dont les deux bouts porteront fur la barre A B (*fig.* 70); mais cette barre ne pourroit fupporter le poids du mât & l'effort de fes haubans, fi elle n'étoit fecondée par la pièce inférieure G, que l'on nomme le *jottereau* (voyez fes proportions Table huitième).

Il eft repréfenté féparément fig. 66, 67 & 68; c'eft un fort taquet, que l'on applique fur le côté du mât pour foutenir les élongis : fa partie fupérieure fait l'effet d'une courbe qui fe doit prolonger jufque deffous la clef du mât de hune; le lit fupérieur A B (*fig.* 66), doit arrafer la face extérieure des élongis ; le jottereau conferve les mêmes dimenfions, depuis fon lit fupérieur jufqu'au cordon C D (*fig.* 66), que l'on orne quelquefois d'une moulure : de là jufqu'au pied E F, fon épaiffeur devient fous-double de celle de la tête ; cette dégradation eft fenfible dans le profil repréfenté fig. 67; la partie B D, (*fig.* 66), fe doit confondre avec la tangente à l'arrière du mât ; l'angle F porte en plein fur le côté du mât, & l'angle E fur la jumelle, comme on le voit dans la fig. 69 : on conferve un repos dans le mât lui-même, en deffous de la ligne E F (*fig.* 66) fur lequel appuie le bas du jottereau.

Nous donnions autrefois beaucoup moins de largeur à la tête des jottereaux, parce qu'on regardoit comme une loi conftante de les faire de bois debout : nous avons vu les Efpagnols y ajouter une courbe, comme on le voit dans la figure 78 ; & cet exemple a déterminé la forme que nous leur donnons aujourd'hui, & qu'il eft à propos de développer. La portion A B H G (*fig.* 66 & 67) eft de pièces de bois de chêne dont le fil va fuivant A B :

on y ajoute, au moyen du tenon I, une alonge GHFE, dont le fil eft vertical ; le tout eft lié par des chevilles grillées *a b*, *c d*, *e f* (*figure* 68), qui pénètrent les deux pièces, & par deux plate - bandes de fer *g h i* & *l m*, appliquées fur le pourtour, & dans lefquelles paffent les chevilles. Pour empêcher enfuite la pièce inférieure de fe fendre, on y chaffe une & quelquefois deux chevilles tranfverfales, telles que *n o*. Quand on fait les jottereaux d'une feule pièce, il faut toujours y appliquer les deux plate-bandes de fer, & ne pas manquer de les renforcer par plufieurs chevilles tranfverfales. Avant que de paffer à d'autres objets, il faut remarquer que pour éviter le frottement des haubans fur les élongis, on les garnit par le côté d'un couffin de fapin Q (*fig.* 69), & par deffus d'un autre R appelé grain d'orge, ce qu'on voit féparément fig. 74.

Voilà donc ce qui conftitue la carlingue du mât de hune ; l'arrière eft formé par la jumelle O P (*fig.* 69), les deux côtés par les jottereaux G qui foutiennent l'élongis A-B ; l'avant par le traverfin D, ou C F D (*fig.* 70) : trouvons-lui maintenant un étambrai : c'eft le *chouquet* repréfenté fig. 82, ou celui de la fig. 83, (voyez les proportions Table feptième).

La figure 82 donne la forme d'un *chouquet* dit *à l'Angloife* : c'eft un parallélipipède rectangle formé d'une feule pièce de bois, ou de l'affemblage de deux pièces réunies par une languette à queue d'hironde, comme on le voit en A (*fig.* 84) : on y pratique un trou carré dans lequel paffe un tenon de même forme pratiqué à la tête du basmât, & le mât de hune paffe par le trou rond qui lui fert par conféquent d'étambrai : cet affemblage eft repré-

fenté

fenté dans la fig. 79, qui repréfente fa coupe faite par un plan qui paſſeroit par les axes des mâts. Les lignes ponctuées indiquent une forme adoptée par les Anglois & pluſieurs autres Nations, qui donnent au chouquet plus de longueur que nous ; ils lui mettent une épontille au moyen de laquelle fa partie antérieure appuie ſur le traverſin de l'avant. Le chuquet, repréſenté figure 82, eſt garni de deux bandes de fer qui le ceignent dans tout ſon pourtour, afin d'empêcher qu'il ne ſe fende ; il y a dans chaque bande des chevilles tranſverſales qui pénètrent les parties ſolides, compriſes en dehors des trous & entr'eux : de forts pitons chaſſés par deſſous le chouquet, & rivés ſur viroles par deſſus, ſervent à crocher les poulies, pour les guindereſſes des mâts de hune & d'autres manœuvres.

Nous avions autrefois une forme de chouquet particulière, & qui pouvoit ſervir de marque diſtinctive pour les Vaiſſeaux de la Nation, parce que les autres l'avoient proſcrite depuis long-tems : cependant comme elle a encore des partiſans, il eſt bon de la connoître : elle eſt repréſentée fig. 83 : on l'appelle *chouquet à la Françoiſe ;* le trou pour le tenon du bas-mât eſt pratiqué dans la partie la plus épaiſſe, & ne paſſe pas en travers comme dans le chouquet à l'Angloiſe : on voit en deſſus deux cannelures terminées à chaque bout par un trou ; c'eſt dans ces cannelures que paſſent les pendeurs des driſſes de la grande vergue ; la plate-bande, placée ſur la face antérieure, ſoutient deux chevilles qui pénètrent le chouquet de l'avant à l'arrière ; il faut remarquer que dans les chouquets à la Françoiſe, compoſés de deux pièces, la

X

jonction se fait en travers entre les deux trous des mâts, comme on le voit fig. 83 : au lieu qu'elle se fait en long dans les chouquets à l'Angloise, & que le plan de réunion passe par les axes des mâts : on trouvera les renseignemens nécessaires pour la coupe des chouquets & des barres dans les Tables. Dans les petits Bâtimens, comme les lougres, les cutters, les goëlettes, qui ne passent pas 15 à 18 pieds de largeur, au lieu des barres & des chouquets, on emploie souvent des cercles de fer, comme on le voit fig. 80.

Tout ce qu'on vient de dire concernant les barres jottereaux & chouquets, s'applique à tous les mâts verticaux dans tous les systêmes possibles, excepté toutefois que dans les barres fig. 70, on supprime quelquefois le traversin de l'arrière ; cela se pratique souvent au mât d'artimon, & à celui des cutters & des lougres. La tenue du bâton de foc avec le beaupré est différente ; le chouquet du beaupré, fig. 86, se monte sur le bout du mât avec la pente qu'on lui a donné dans le dessein, afin que le bout-dehors ne porte pas sur le beaupré, mais sur son côté, comme on le voit fig. 85 : moyennant cette disposition, les étais, les faux-étais & les drailles, qui tombent sur le mât dans un plan vertical, n'empêchent pas de manœuvrer le bâton de foc, c'est-à-dire, de le pousser en dehors & de le tirer en dedans ; le bout de l'arrière est contenu par un amarrage de corde, que l'on fait & défait à chaque fois qu'on change la saillie de ce mâtereau. Les faces de l'avant & de l'arrière du chouquet, quand il est en place, sont verticales, & cette condition détermine sa coupe qui sera expliquée dans les Tables.

Dans quelques ports on met le bout-dehors précisément à côté du beaupré; dans cette pofition, le chouquet fatigue plus le tenon du mât. Bien des Navires du commerce, & fur-tout ceux des peuples du Nord, ont le bâton de foc fur le beaupré ; les colliers d'étais font plus alongés, & le bâton de foc paffe au travers de ces colliers par deffous la moque. Enfin, dans les petits Bâtimens, on fubftitue au chouquet du beaupré, un cercle de fer femblable à ceux de bout de vergue, dont on parlera dans la fuite, & l'on fait paffer le bout-dehors foit par deffus, foit par à côté, foit même par deffous le mât; tous ces établiffemens font également bons : on voit ces colliers fig. 100, 101 & 102.

Revenons aux mâts de hune que nous avons laiffés pris par leur pied dans les barres, & par un autre point dans les chouquets : il y faut placer des étais & des haubans ; on voit dans la figure 40 comment les étais font paffés ; les haubans fe capèlent fur le ton comme pour les bas-mâts ; il ne s'agit plus que de les faire correfpondre à un point fixe fur lequel ils puiffent être tendus ou ridés, avec une empature foit vers l'arrière, foit vers les côtés du Vaiffeau qui leur procure une folidité fuffifante. Cet objet eft rempli par la *hune*, repréfentée fig. 87 & 88.

La hune eft une plate-forme amovible que l'on place fur les barres des bas-mâts, & qui, entr'autres ufages, fert à écarter les haubans de hune. On appelle *latte* l'affemblage d'un cap-de-mouton avec un cercle & une queue de fer, fig. 73; cette queue paffe au travers des trous, pratiqués fur le bord de la hune : un crochet *a* paffé dans l'œillet au bas de la latte, tient à une corde dont l'autre bout eft amarré fur le trelingage des bas-haubans : cet appareil conſtitue les gambes de hune que l'on apperçoit dans la fig. 40 , & que j'ai repréſenté féparément fig. 90 : d'après l'infpection de ces deux figures, on ne peut manquer de ſe faire une idée exacte de la manière dont les haubans de hune ſont liés aux lattes, ou caps-de-mouton de hune par les rides , & correſpondent avec les bas-haubans.

Dans les Bâtimens qui ne portent pas de hune, on met une tringle ſur le bout des traverſins qui en tient lieu, ou bien les lattes paſſent par des trous pratiqués dans le bout des traverſins. On voit de gros Navires Hollandois qui n'ont pas de hune; on multiplie les traverſins des barres dont le nombre eſt quelquefois porté juſqu'à ſix; de légers bordages cloués par deſſus, & qui laiſſent entr'eux des mailles ou intervalles égaux à leur largeur, forment une plate-forme aſſez commode pour les matelots ; & c'eſt dans le bordage le plus éloigné du mât, que paſſent les lattes.

Le mât de hune, établi comme on vient de le dire, n'eſt appuyé que ſur la tête ou le ton du bas-mât : *les galhaubans* ſervent à le faire correſpondre avec le côté du Vaiſſeau : ce ſont réellement des haubans qui prennent à la tête du mât de hune, & viennent rider ſur des caps-demouton tenus aux porte-haubans; ainſi nous n'avons rien à dire de particulier ſur la manière de les paſſer : mais on doit obſerver, 1°. qu'il faut qu'un des galhaubans tombe ſur le porte-hauban en arrière du dernier hauban du bas-mât, afin d'augmenter l'empature ; 2°. que l'ouverture des galhaubans ſert de limite à la largeur de la hune, comme on peut le voir par la fig. 41 : on voit encore les galhaubans dans la même figure.

Ce qu'on a dit des mâts de hune, s'applique mot à mot au perroquet de fougue : il ne nous reste plus qu'à parler des haubans du bout-dehors du beaupré : ce sont les balancines de la contre-civadière ou de la civadière. Ces vergues tenues par leurs bras avec le Vaisseau, & par leurs balancines à la tête du bâton de foc, lui servent de point d'appui ; & c'est là peut-être leur plus grande propriété dans les petits Bâtimens : faute de ce soutien, le bout-dehors du beaupré succombe souvent sous les se-cousses du grand foc.

Il faut entrer dans quelques détails sur la construction de la hune ; la figure 87 fait voir son trait, & l'on trouve dans les figures 88 & 89 les détails de sa charpente. Les dimensions des hunes sont fixées par celles des barres qu'elles dépassent de quelques pouces par l'avant seule-ment, point du tout par les côtés ni par l'arrière ; ainsi, en calculant suivant les Tables, la longueur des élongis d'un Vaisseau de 110 canons, la longueur de la hune sera fixée à 16 pieds 6 pouces de A en B (*fig.* 87) ; & en calculant la longueur des traversins, suivant la même Table, on aura 24 pieds pour la largeur CD de la hune : on décrit un rectangle sur ces dimensions, & on le par-tage en quatre parties égales par les deux perpendicu-laires AB & CD qui passent par le milieu des deux côtés opposés ; ensuite on trace au milieu un carré, dont le côté soit égal aux $\frac{7}{10}$ de la largeur CD de la hune : ce carré E F G H reste vuide, & on l'appelle le trou du chat ; c'est par là que passent les haubans, & beaucoup de manœuvres qui descendent le long du mât ; des quatre angles de ce carré aux quatre angles du rectangle, on mène des lignes.

La partie antérieure de la hune eſt arrondie, pour que
ſes angles ne déchirent pas la voile de hune : la courbure
qu'on lui donne eſt aſſez arbitraire ; les Anglois & les
Eſpagnols ſe contentent de tracer d'un rayon égal à la
demi-largeur de la hune, & porté de A en I, un arc
de cercle CLA : nous ſuivons une méthode plus compliquée : on diviſe la moitié DM d'un côté du rectangle
en ſeize parties égales, & la moitié AM du côté contigu
en autant de parties ; de la quatrième diviſion N du
côté DM, on mène des lignes tranſverſales à toutes les
diviſions du côté AM, excepté les quatre premières :
on mène auſſi des tranſverſales à toutes les diviſions
du côté NM, en partant de la quatrième diviſion du
côté AM : l'interſection de la ligne 4′ 15 avec la ligne
N 5, détermine un point de la courbe : on en obtient
un autre par l'interſection de la ligne 4′ 14 avec la
ligne N 6 ; & ainſi les autres points ſe trouvent ſuccef-
ſivement ſur les interſections des tranſverſales correſpon-
dantes. Quand on a tracé par cette méthode la rondeur
d'un des côtés de la hune, on prend ſon gabarit que l'on
rapporte ſur l'autre côté pour lui donner une courbure
ſymmétrique.

Cela fait, on diviſe en un certain nombre de parties
égales les demi-côtés du trou du chat, & les portions
du pourtour de la hune compriſes entre les perpendiculaires AB, CD : ces diviſions ſervent à mener des lignes
divergentes, telles que *a a*, *a a*, qui diviſent la ſurface de
la hune en portions à-peu-près égales : ces opérations
conſtituent *le trait de la hune*, & ſuffiſent pour qu'on
s'occupe de ſa charpente.

Sur les côtés H F & G E du trou du chat, on met un bordage de fapin qui va de l'avant à l'arrière de la hune, voyez fig. 88 A B : on place les autres bordages parallèlement à celui-ci, jufqu'à ce qu'on ait complété la largeur fixée ; & pour faire écouler les eaux de pluie, on laiffe entre ces planches un intervalle de 18 à 24 lignes.

Les bordages, tels que C D, E F, & les autres qui leur font parallèles, & complètent la longueur de la hune, font établis parallèlement aux deux autres côtés du trou du chat ; ils laiffent entr'eux les mêmes intervalles : cela forme deux plans de bois fuperpofés ; mais on entaille l'un & l'autre à moitié de l'épaiffeur des planches, afin que les furfaces fupérieures & inférieures foient planes.

Après avoir découpé le pourtour, fuivant la courbure déterminée par le trait, on y rapporte un renfort *a b c d e* (*fig.* 88) : c'eft un bordage de chêne dans lequel feront percés les trous A, A, A : pour le paffage des lattes ce renfort eft appelé *guérite :* elle eft renforcée en deffus par une bande de fer, vis-à-vis les trous des lattes.

On fait enfuite des taquets de bois de chêne ou d'orme, femblables à celui qu'on voit féparément fig. 89 ; leur axe s'applique fur les lignes divergentes *a a , a a* &c. (*fig.* 87) que l'on a menées, comme nous venons de le dire ; le gros bout recouvre la guérite, & la queue fe termine au bord du trou du chat : cela fait une liaifon très-forte entre toutes les parties de la hune. On fuit abfolument la même marche pour faire toutes les hunes, qui ne varient jamais par leur forme ni leur charpente ; mais feulement par leur grandeur & le nombre de leurs taquets, comme on le voit par les Tables. Dans les Vaiffeaux de guerre, on met une liffe de garde-corps fur l'arrière des hunes : cette liffe eft décorée de pavois dans les jours de cérémonie ; on établit auffi fur la hune des pierriers & des efpingoles pour le combat. Dans ce cas la hune, qui ne fert ordinairement que de lieu de repos aux gabiers, devient une batterie élevée fur laquelle on place de la moufqueterie : c'eft delà qu'au moment d'un abordage, on fait pleuvoir des grenades fur les ponts du Bâtiment ennemi. La partie antérieure de la hune eft garnie de paillets, & l'on y attache une manœuvre appelée *arraignée* : c'eft une affez grande quantité de petites cordes qui partent du grand étai, & viennent en divergeant s'amarrer fur la guérite de la hune : tous ces moyens réunis garantiffent le bas du hunier des frottemens qui accélereroient fa deftruction.

Pour unir la hune avec les barres, on y perce des trous $b'\,b'$, &c. fig. 87 & 88, qui répondent aux trous percés aux bouts des élongis & des traverfins ; la ligne C D qui partage en deux également la longueur de la hune, doit répondre à-peu-près vers le milieu du grand mât ; ainfi, rien de fi facile quand on a fait les barres, que de placer les trous $b'\,b'$: des chevilles de fer à œillet font goupillées par deffous les barres ; & leur œillet qui paffe par le trou b' fur la hune, eft rempli par une cheville de bois nommée *cabillot*. (On trouve dans la Table neuvième les proportions des hunes).

Les petits Bâtimens ne doivent point porter de hune ; c'eft un poidsconfidérable, malgré toutes les précautions que l'on prend pour le diminuer ; c'eft encore en quelque forte une voile toujours fubfiftante, & qui nuit beaucoup

quand

quand on court au plus près du vent, ou qui charge extrêmement la Mâture dans les tempêtes violentes. Les brigantins du commerce n'en portent jamais ; les cutters, les floops n'ont que des barres femblables à celles de perroquet, dont on va parler. Les Bâtimens à pible n'ont ni hunes ni barres : cela leur permet d'amener les voiles hautes à l'abri des voiles baffes dans un coup de vent fubit. On voit combien il doit réfulter d'avantages de la fuppreffion d'un grand nombre d'objets qui, par leur poids, nuifent à la ftabilité ; dont le volume gêne le fervice des voiles ; enfin, dont l'enfemble augmente toujours la dérive, & compromet fouvent la fûreté du Vaiffeau.

La tenue des mâts de perroquet & de la perruche d'artimon reffemble beaucoup à celle des mâts de hune, ainfi nous pafferons très-rapidement fur ce qui les concerne.

La figure 75 repréfente les barres de perroquet : le milieu des élongis répond à la face avant du mât de hune ; on y met une clef ou traverfe A B pour écarter le pied du mât de perroquet, & tenir lieu de la jumelle du bas-mât : cette clef eft entaillée dans les élongis : elle n'a que la moitié de leur hauteur ; le mât de hune n'a point de jottereaux : on laiffe à fa tête un renfort fur lequel appuie le lit inférieur des élongis, de la traverfe A B & du traverfin de l'arrière. Un autre traverfin C D forme le quatrième côté du carré F, où doit paffer le mât de perroquet ; les bouts des deux traverfins font liés enfemble par une bande de fer ; trois trous percés, l'un au milieu de cette bande, les deux autres dans la bande & les barres,

Y

serviront à passer les haubans : telle est la forme des barres de perroquet usitée au port de Brest.

Dans d'autres ports, on les fait telles que les représente la fig. 76 : au lieu de la clef AB, c'est un traversin égal aux deux autres ; & celui de l'avant porte un croissant entaillé dans ses deux bouts & dans les bouts des élongis. Alors les trous pour le passage des haubans de perroquet sont percés dans les bouts des traversins. Ces petites différences sont peu importantes, & ne méritent pas qu'on s'y arrête ; mais il faut observer que quand on veut supprimer les hunes des bas-mâts, & y mettre des barres comme celles de perroquet, il ne faut pas manquer d'y ajouter un croissant à l'avant, pour empêcher la ralingue du hunier de s'embarrasser dans les élongis.

Le mât de perroquet tient sur ses barres avec une clef de fer comme le mât de hune, ainsi qu'on le voit fig. 77 ; il passe dans le chouquet du mât de hune, qui ne diffère de celui du bas-mât que par ses dimensions, & parce qu'il n'est ordinairement armé que d'une seule bande de fer.

Les haubans du perroquet se capèlent sur sa flèche, voyez fig. 40 & 41 ; ils ne rident point avec des caps-de-mouton, mais ils passent par les trous de leurs barres, & viennent s'amarrer sur les haubans de hune à la hauteur de la noix.

Les galhaubans de perroquets viennent, comme ceux du mât de hune, rider sur les porte-haubans, ainsi qu'on le voit fig. 40 & 41 : passons à la tenue des vergues.

Nous connoissons déja les balancines A (*fig.* 92) & les bras B ; les basses vergues des Bâtimens de guerre à trois mâts, & celles des grands Bâtimens du commerce, jufqu'aux brigantins de 200 tonneaux, ont deux driffes C : mais leur groffeur & le nombre de leurs rouets varient fuivant la grandeur des Navires ; ces driffes tombent tribord & babord des barres : on y ajoute, dans les grands Bâtimens, une manœuvre appelée fufpente DD ; elle eft amarrée fur le milieu de la vergue, & capelée fur le ton du mât : on voit que, paffant fur le traverfin de l'avant, elle tend à porter la vergue en avant.

Il y a deux manières de faifir la vergue contre le mât : la première, avec *les droffes* FE, FE : ces cordages font amarrés fur la vergue auprès des poulies de driffes de chaque bord ; ils font le tour du mât, & paffent dans une groffe coffe F attachée à la vergue : on voit, par l'infpection de la figure, qu'en tirant fur les deux bouts E, E des droffes qui defcendent fur le pont, on ferre les deux tours de cordage FF, & la vergue eft rapprochée du mât ; au contraire, en molliffant les droffes, la vergue s'éloigne du mât pour venir à l'appel de la fufpente DD : cette méthode qui vient des Anglois, eft adoptée maintenant, pour le grand mât, par toutes les Nations. Les Efpagnols, pour que la fufpente agiffe avec plus d'énergie, ajoutent au traverfin fur lequel cette manœuvre paffe, un autre traverfin qui l'éloigne encore du mât. Quelques Vaiffeaux portent au moment du combat, outre les fufpentes DD, d'autres fauffes fufpentes en chaînes de fer.

Au lieu de la droffe FE, on met au mât de mifaine un collier, dont on voit le développement fig. 93 : on l'appelle *le racage* ; il eft compofé d'un certain nombre de planchettes de bois d'orme & de chêne, percées de plu-

fieurs trous également efpacés : on y paffe autant de cordages qu'il y a de trous, & dans chaque intervalle, on
enfile une pomme ; les planchettes font appelées des
bigots de racage ; les pommes doivent être un peu plus
groffes que les bigots ne font larges, afin que, quand le
racage eft appliqué contre le mât, elles feules portent &
facilitent les mouvemens de la vergue en tournant fur la
corde qui les pénètre.

La vergue d'artimon a deux driffes & un racage, mais
elle n'a point de fufpente ; elle paffe à babord du mât, &
fe hiffe jufqu'au trelingage ; fa tenue n'a rien de particulier ; c'eft avec un racage auffi que font fixées les vergues
latines ou les antennes. Le nombre des rangs de pommes
varie, fuivant la force des vergues : on en met 4 aux
racages des vergues baffes dans les grands Vaiffeaux. Je
n'infifterai pas davantage fur cet objet; ni fur les autres
manœuvres qui concourent à fixer les vergues latines :
elles ont été expliquées dans le Chapitre premier.

La vergue de civadière eft tenue à demeure fur le
beaupré, entre l'étai & le faux étai du petit mât de
hune.

Les vergues de hune ont deux driffes comme les
vergues majeures, & point de fufpente : on leur donne
un racage, qui a un rang de pommes moins que ceux
des vergues baffes ; il eft inutile d'y appliquer des droffes,
parce que les haubans de hune font toujours plus portés
vers l'arrière, & permettent mieux d'orienter que les bas-
haubans. Les vergues de hune s'amènent très-fouvent,
ainfi que celles de perroquet : il faut que les racages
courent très-librement.

Les vergues du perroquet de fougue, celles de perroquet & de la perruche d'artimon, n'ont qu'une driffe & un racage qui porte deux rangs de pommes.

La vergue de contre-civadière a fa driffe paffée dans une poulie frappée au bout du bâton de foc, & elle court fous ce mât à l'aide d'un racage femblable à ceux de perroquet.

Il n'y a aucune difficulté pour la tenue des vergues en livarde ou à balefton : elle a été fuffifamment expliquée dans le premier Chapitre ; celle des vergues à bourcet eft fimple : la driffe eft amarrée fur une entaille faite dans le corps même de la vergue pour l'empêcher de gliffer ; & un cercle de fer E (*fig. 94*), tenu par un crochet à cet amarrage, tient lieu du racage ou de la droffe. La tenue des vergues de baume ou brigantine demande plus de détail : la corne ou le pic eft foutenu par une driffe A B (*fig. 95*), & par la balancine C D E ; le bout F de la vergue eft terminé par un croiffant G E qui s'applique contre le mât, & tourne autour de lui comme fur une charnière. Pour empêcher ce croiffant de s'éloigner du mât, il faut y mettre une corde fimple ou une corde garnie de pommes E, afin de faciliter le mouvement de la vergue fur le mât. Le gui porte de même un croiffant G E, que l'on peut garnir d'une corde fimple, parce que cette vergue refte toujours à la même hauteur ; on la fait porter fur un bourrelet fixé au mât H : cette vergue a auffi fa balancine I L ; enfin, fon écoute M N fert à la foutenir contre l'effort du vent autant qu'à l'orienter. Si l'on fupprime de cette defcription ce qui concerne le gui, le refte convient parfaitement aux voiles de fenau, de goëlette, de galiote, & aux brigantines des Vaiſſeaux de guerre. Le gui des grandes voiles de houaris eſt diſpoſé comme celui des baumes.

Il faut obſerver qu'avec toutes ces voiles, la vergue ſèche ou de fortune O P ne peut avoir ni droſſe ni racage, parce que cela nuiroit à la manœuvre du pic : on y ſupplée en frappant une eſpèce de bras au tiers de la vergue en Q de chaque côté, & ce cordage paſſe par une poulie ou une coſſe fixée au premier hauban.

Il reſte peu de choſes à dire ſur la tenue des bouts-dehors des vergues ; les arcboutans ferrés ſont accrochés dans un piton frappé dans le porte-hauban, comme on le voit figure 96 ; les bouts-dehors des vergues, hautes & baſſes, ſont liés aux vergues elles-mêmes par deux cercles A & B (*fig.* 97) ; le premier, à cauſede ſa poſition, eſt appelé cercle de bout de vergue : on voit ſa forme ſéparément fig. 99 ; c'eſt un appareil en fer, d'une maſſe & d'un poids énormes ; auſſi on ne l'emploie que pour les vergues baſſes des très-grands Vaiſſeaux, & l'on préfère le cercle plus ſimple.repréſenté fig. 100 ; le rouet de bois de gayac, dont ces deux cercles ſont armés, ſert à diminuer le travail des matelots quand ils pouſſent à force de bras le bout-dehors, ſoit pour le mettre en état de recevoir la bonnette, ſoit pour le rentrer à ſon poſte ; le cercle B eſt repréſenté ſéparément fig. 101 & 102 : le premier eſt à charnière ; l'autre eſt plus ſimple, & produit le même effet. C'eſt un cercle ſemblable que, dans les petits Bâtimens, on ſubſtitue au chouquet du beaupré. Quelquefois, au lieu du cercle B (*fig.* 97), on met un croiſ-ſant de bois fig. 98, dont la partie inférieure s'applique fur la vergue, & l'autre reçoit le bout-dehors, qui, dans ce cas, eft contenu par un amarrage de corde : cette méthode eft adoptée pour les vergues hautes, dont les bouts-dehors font plus légers; l'autre extrémité des bouts-dehors eft contenue par des bras, comme on l'a vu précédemment.

Il ne faut pas s'étonner fi l'on rencontre affez fouvent, dans la pratique des ports étrangers & de ceux du commerce, des différences affez remarquables avec les ufages des ports du Roi & les dimenfions fixées par les Tables annexées à ce Chapitre. En effet, on fent bien qu'il eft facile de parvenir à fixer folidement des mâts & des vergues par bien des moyens différents : mais il faut toujours préférer ceux qui, en rempliffant toutes les autres conditions, donnent le moins de poids & le moins de volume.

TABLE PREMIÈRE.

PROPORTIONS DES CARLINGUES DES MATS.

Grand mât.

Longueur en dedans des porques.	Il y faut laiſſer l'intervalle de trois membres & quatre mailles dans les Bâtimens où l'on met quatre pompes.
Largeur au fond en dedans des flaſques	Les deux tiers du diamètre du pied du mât.
Largeur en haut en dedans des flaſques	Trois pouces moins que le diamètre du pied du mât.
Longueur des porques	Egale à celle de la maitreſſe varangue du vaiſſeau.
Epaiſſeur ſur le tour	Au moins le diamètre du mât, compris le renfort de la porque.
Epaiſſeur ſur le droit	Un pouce moins que la varangue du vaiſſeau.
Epaiſſeur des flaſques	Moitié de celle des porques ſur le droit.

Mât de miſaine.

Longueur en dedans des porques.	Il ſuffiroit que l'intervalle fût d'un membre & deux mailles, mais le plus ſouvent on le fait égal à celui du grand mât.
Longueur des porques	Egale à la longueur de la varangue qui répond au pied du mât de miſaine.
	Le reſte comme pour le grand mât.

Mât d'artimon.

Longueur de la carlingue	Elle eſt déterminée par l'intervalle entre les baux. Quelquefois on la fait entailler ſur quatre baux, & c'eſt la meilleure manière.
Epaiſſeur	La plus grande poſſible pour qu'elle puiſſe entailler juſqu'à l'hiloire renverſée, & qu'il reſte encore en deſſus des baux, une épaiſſeur égale à celle de ces baux : ſi l'on ne trouve pas de bois aſſez forts, on met une garniture en deſſous.
Largeur	Une fois ½ ou une fois ¼ le diamètre du pied du mât.
Profondeur du trou	Moitié de l'épaiſſeur de la carlingue.
Long.^r & largeur du trou au fond :	⅓ du diamètre du pied du mât.
Long.^r & largeur du trou en haut :	2 pouces moins que le diamètre du pied du mât.

Beaupré.

Largeur des flaſques en deux ou trois pièces	Deux fois le diamètre du beaupré.
Epaiſſeur des flaſques	Moitié de celle des baux du pont inférieur.
Epaiſſeur du couſſin	Elle eſt déterminée par la poſition du beaupré.
Largeur du trou	¼ du diamètre du pied du mât.
Hauteur du trou de l'avant	Egale à la largeur dudit trou.

TABLE

TABLE DEUXIÈME.

PROPORTIONS DES ÉTAMBRAIS ET DES COINS.

Grand Mât & Mât de Misaine.

Diamètre des étambrais...... { Dans les plus grands vaisseaux, 14 à 16 pouces plus que le diamètre du mât ; dans les frégates, 10 à 12 pouces ; dans les plus petits Bâtimens, 6 à 7 pouces.

Longueur des coins......... { Dans les plus grands vaisseaux, 4 pieds ; dans les frégates, 3 , & dans les plus petits bâtimens de 30 à 26 pouces.

Beaupré.

Echantillon en carré des mon- } Le même que celui des baux du pont supérieur.
tans des fausses flasques.....

Epaisseur de leur bordage..... La même que celle du bordage du pont inférieur.

TABLE TROISIÈME.

GROSSEUR EN CIRCONFÉRENCE DES GUINDERESSES ET DES ÉTAIS.

	Vaisseau de 110 can.	Vaisseau de 80 canons.	Vaisseau de 74 canons.	Vaisseau de 64 canons.	Vaisseau de 50 canors.	Frégate de 18 en batterie.	Frégate de 12 en batterie.	Gabarre de 450 tonn.	Aviso en Bric.	Lougre.	Cutter.
	pouces.	pouces.	pouces.	pouces.	pouces.	pouces.	pouces.	pouces.	pouces.	pouces.	pouces.
...esse...............	10.	9.	8.	$7\frac{1}{2}$.	7.	$6\frac{1}{4}$.	$6\frac{1}{2}$.	$4\frac{1}{4}$.	4.	4.	$4\frac{1}{2}$.
...étai...............	17.	16.	15.	14.	$13\frac{1}{2}$.	13.	$12\frac{1}{2}$.	$9\frac{1}{2}$.	8.	7.	9.
...misaine..........	16.	15.	14.	$13\frac{1}{2}$.	$13\frac{1}{2}$.	13.	$12\frac{1}{2}$.	$9\frac{1}{2}$.	8.	7.	».
...rtimon..........	10.	9.	8.	$7\frac{1}{2}$.	$6\frac{1}{2}$.	$6\frac{1}{2}$.	6.	$4\frac{1}{4}$.	».	».	».
...s mâts de hune....	$8\frac{1}{2}$.	8.	$7\frac{1}{2}$.	7.	7.	6.	6.	$4\frac{1}{2}$.	4.	$3\frac{1}{2}$.	5.
...s mâts de perroquet.	$4\frac{1}{2}$.	4.	$3\frac{1}{2}$.	3.	3.	$2\frac{1}{2}$.	$2\frac{1}{2}$.	$2\frac{1}{4}$.	2.	».	».
...perroquet de fougue.	$3\frac{1}{2}$.	$3\frac{1}{2}$.	3.	$2\frac{1}{2}$.	$2\frac{1}{2}$.	$2\frac{1}{2}$.	$2\frac{1}{2}$.	$2\frac{1}{2}$.	».	».	».
...mât de perruche...	3.	3.	$2\frac{1}{2}$.	$2\frac{1}{4}$.	$2\frac{1}{4}$.	2.	2.	».	».	».	».

Nota. Les Bâtimens cités dans cette Table & les suivantes, sont aussi relatés dans les Chapitres précédens, & l'on y trouvera leurs proportions principales & les dimensions de leur mâture. Ces Bâtimens sont : la *Bretagne* de 110, l'*Auguste* de 80, le *Téméraire* de 74, le *Sphinx* de 64, l'*Amphion* de 50 ; la *Minerve*, frégate portant du calibre de 18 liv. ; la *Calipso*, portant du calibre de 12 ; la *Tampone*, galère de 450 tonneaux ; la *Levrette*, bric ; le *Chasseur*, lougre, & la *Levrette*, cutter.

Z

TABLE QUATRIÈME.

Grosseur en circonférence des Haubans & Galhaubans, leur nombre, & diamètre des Caps-de-moutons.

	Vaisseau de 110 can.	Vaisseau de 80 canons.	Vaisseau de 74 canons.	Vaisseau de 64 canons.	Vaisseau de 50 canons.	Frégate de 18 en batterie.	Frégate de 12 en batterie.	Gabarre de 450 tonn.	Aviso ou Bric.	Lougre.	Cutter.
Nombre des haub. du g.ᵈ mât.	11.	10.	10.	9.	9.	8.	8.	6.	6.	4.	5
Leur grosseur	10 po.½	10 po.	9 po.½	9 po.	8 po.½	8 po.½	7 po.½	6 po.½	5 po.½	4 po.	5 po.
Grosseur des caps-de-mouton	16.	15.	14.	13.	12½.	12.	11½.	10½.	10.	»	10.
Nomb. des haub. de misaine.	10	9.	9.	8.	8.	7.	7.	6.	6.	4.	»
Leur grosseur	9 po.¾	9 po.½	9 po.	8 po.½	8 po.	8 po.	7 po.	6 po.½	5 po.½	4 po.	»
Grosseur des caps-de-mouton	16.	15.	14.	13.	12½.	1	11½.	10½.	10.	»	»
Nomb. des haubans d'artim.	7.	6.	6.	6.	6.	5.	5.	4.	»	2.	»
Leur grosseur	7 po.	6 po.¾	6 po.½	6 po.¼	6 po.	5 po.	5 po.	3 po.¾	»	2 po.	»
Grosseur des caps-de-mouton	10.	9¼.	8¾.	8¾.	8½	7¼.	7½.	7.	»	»	»
Nombre des haubans des mâts de hune	6.	6.	5.	5.	5.	5.	5.	4.	3.	2.	4
Leur grosseur	5 po.½	5 po.¼	5 po.	4 po.½	4 po.¼	4 po.	3 po.½	3 po.	2 po.½	2 po.	3 p.
Grosseur des caps-de-mouton	8.	8.	7½.	7.	7.	6½.	6½.	5¼.	5.	»	5½.
Nombre des galhaubans	4.	3.	3.	3.	3.	3.	3.	3.	2.	2.	2
Leur grosseur	7 po.	6 po.½	6 po.	5 po.¼	5 po.½	5 po.½	5 po.	4 po.	3 po.½	3 po.½	3 p.¼
Grosseur des caps-de-mouton	9½.	9.	8¾.	8½.	8.	8.	7¾.	7½.	7.	»	7½
Nombre des haubans du perroquet de fougue	5.	5.	4.	4.	4.	3.	3.	3.	»	»	»
Leur grosseur	4 po.	3 po.½	3 po.½	3 po.	2 po.½	2 po.	2 po.	2 po.	»	»	»
Grosseur des caps-de-mouton	7.	7.	6½.	6.	6.	6.	5¼.	5.	»	»	»
Nombre des galhaubans	3.	2.	2.	2.	2.	2.	2.	2.	2.	»	»
Leur grosseur	4 po.¼	4 po.	3 po.½	3 po.½	3 po.	3 po.	3 po.	2 po.½	»	»	»
Grosseur des caps-de-mouton	7¼.	7.	7.	6½.	6½.	6¼.	6.	5¼.	»	»	»
Nombre des haubans de perroquet & de la perruche d'artimon	3.	3.	3.	3.	3.	3.	3.	3.	3.	»	»
Leur grosseur	3 po.	2 po.½	2 po.½	2 po.	2 po.	2 po.	1 po.¼	1 po.½	1 po.¼	»	»
Nombre des galhaubans	2.	2.	2.	2.	2.	2.	2.	2.	2.	»	»
Leur grosseur	3 po.½	3 po.½	3 po.	3 po.	2 po.½	2 po.½	2 po.½	2 po.	2 po.	»	2 po.½

TABLE CINQUIÈME.

PROPORTIONS DES PORTE-HAUBANS.

		Vaisseau de 110 can.	Vaisseau de 80 canons.	Vaisseau de 74 canons.	Vaisseau de 64 canons.	Vaisseau de 50 canons.	Frégate de 18 en batterie.	Frégate de 12 en batterie.	Gabarre de 450 tonn.	Aviso ou Bric.	Lougre.	Cutter.
Grand mât	Longueur (pieds)	34 à 36	33 à 35	31 à 33	30 à 32	28 à 30	26 à 28	25 à 27	20 à 22	14 à 16	......	14 à 16
	Largeur (pouces)	44 à 48	40 à 44	38 à 40	36 à 38	33 à 34	31 à 33	31 à 32	27 à 28	18 à 22	......	18 à 22
Mât de misaine	Longueur (pieds)	30 à 33	30 à 32	28 à 30	27 à 29	26 à 27	24 à 25	23 à 24	18 à 20	12 à 13		
	Largeur (pouces)	42 à 46	40 à 42	38 à 40	36 à 38	33 à 34	31 à 33	30 à 32	26 à 28	18 à 20		
Mât d'artimon	Longueur (pieds)	20 à 22	20 à 22	20 à 21	18 à 19	16 à 17	15 à 16	15 à 16	13 à 14			
	Largeur (pouces)	36 à 38	30 à 34	30 à 32	28 à 30	24 à 25	24 à 25	23 à 24	12 à 20			

TABLE SIXIÈME.

Proportions des barres des bas-mâts & des mâts supérieurs.

Grand mât & mât de misaine.

Longueur des élongis......... $\frac{86}{1000}$ parties de la longueur du vaisseau au plus.

Longueur des traversins...... $\frac{473}{1000}$ parties de la largeur du vaisseau au plus.

Largeur ou hauteur des élongis.. $\frac{5}{72}$ parties de leur longueur.

Epaisseur des élongis......... Moitié de leur largeur ou hauteur.

Largeur des traversins......... La même que la largeur ou hauteur des élongis.

Epaisseur des traversins....... La même que l'épaisseur des élongis.

Mât d'artimon.

Longueur des élongis......... $\frac{2}{3}$ de celle des élongis du grand mât, au plus.

Longueur des traversins...... $\frac{2}{3}$ de celle des traversins du grand mât.

Les largeurs & épaisseurs sont proportionnées aux longueurs comme pour le grand mât.

Mât de hune & de perroquet de fougue.

Longueur des élongis......... $\frac{2}{3}$ de celle des traversins.

Longueur des traversins...... $\frac{1}{2}$ de celle des traversins du bas-mât, au plus.

Les largeurs & épaisseurs sont proportionnées aux longueurs, comme pour les bas-mâts.

Nota. Les élongis se font de bois droit. La courbure des traversins est arbitraire : elle se trace le plus souvent à l'œil suivant le goût de l'ouvrier, & en ayant égard à la courbure naturelle du bois, dont le fil ne doit jamais être coupé. Quelquefois on trace un quart de cercle, dont le rayon est la flèche qu'on veut donner à la courbure du traversin, voyez figure 81 ; des perpendiculaires abaissées par les points qui divisent ce quart de circonférence en quatre parties égales, indiquent les longueurs des lignes A B , C D , E F , G H , élevées sur les points qui divisent aussi en quatre parties égales les deux demi-longueurs du traversin I L ; & l'on trace la courbe I A L qui passe par les extrémités de ces lignes. Cette opération est appelée, par les ouvriers, *quart de nonante*. La flèche de la courbe n'est jamais plus grande que la demi-largeur du traversin pour les barres des bas-mâts, & que cette largeur entière pour les barres de perroquet.

Z 2

TRAITÉ

TABLE SEPTIÈME.

Proportion des chouquets pour les mâts inférieurs & supérieurs.

Chouquets à l'Angloise.

Epaisseur du chouquet........	1 po. plus que les $\frac{1}{7}$ du diamètre du mât supérieur.
Largeur	Egale à l'épaisseur du chouquet augmentée du diamètre du mât supérieur.
Longueur du massif en ar.re du trou p.r le tenon du bas-mât.	Egale à l'épaisseur du chouquet, au plus.
Longueur du trou carré pour le tenon du bas-mât........	$\frac{5}{7}$ du diamètre du bas-mât au petit bout.
Longueur du massif entre les deux trous............	Egale au diamètre du collier d'étai du mât inférieur, avec $\frac{1}{2}$ pouce ou $\frac{1}{4}$ de pouce de plus dans les petits vaisseaux, & 2 pouc. de plus dans les grands.
Longueur du trou rond pour le passage du mât supérieur.	Egale au diamètre de ce mât.
Longueur du massif en avant du trou du mât supérieur.....	Deux pouces moins qu'au massif de l'arrière.

Ces cinq longueurs ajoutées ensemble forment la longueur du chouquet.

Chouquets à la Françoise.

Epaisseur à l'avant..........	La moitié du diamètre du mât supérieur.
Epaisseur au fort............	Double de la première.
Longueur & largeur........	Le triple du diamètre du mât inférieur au petit bout.

Les trous sont placés comme dans le chouquet à l'Angloise.

Proportions & trait du chouquet de beaupré.

On commence par tracer le tenon A du beaupré, fig. 86, par son centre A; on mène une ligne A B, qui fasse, avec l'horison, ou bien avec la face supérieure du trou A, qui est horisontale, un angle de 45°. La base cd est perpendiculaire à cette ligne, ainsi que celle ef; les distances gh & ik de ces bases aux trous, ainsi que l'épaisseur du chouquet, sont égales aux $\frac{2}{7}$ du diamètre du bâton de foc; l'intervalle no entre les trous, mesurés verticalement, est d'un demi-pouce plus grand que le diamètre du collier d'étai de misaine; le trou ni est éloigné d'un pouce ou dix-huit lignes de la ligne A B : enfin le ravallement pe prend du milieu de la longueur du chouquet à la ligne A B, & les distances des trous aux côtés du chouquet sont égales aux distances des mêmes trous à ses bases. Il faut prendre, avec attention, la pente du beaupré pour que l'équerrage des trous soit exact, & que les deux faces du chouquet soient verticales. On garnit son pourtour d'une bande de fer, & on y passe des chevilles transversales, comme dans les autres chouquets, pour l'empêcher de se fendre.

TABLE HUITIÈME.

PROPORTIONS DES JOTTEREAUX.

Longueur du lit fupérieur.... { Telle qu'ils portent en plein la clef du mât de hune: il faut pour cela deux fois environ le diamètre du bas-mât, mefuré à l'origine du ton.

Longueur du lit d'en bas......$\frac{7}{15}$ de la longueur du lit du haut.

Longueur du jottereau de haut { La moitié de la longueur du ton du mât, au plus: en bas................ } les $\frac{4}{7}$ au moins.

Epaiffeur au lit fupérieur......La même que l'épaiffeur des élongis.

Epaiffeur au lit d'en bas.......$\frac{7}{16}$ de l'épaiffeur au lit d'en haut.

La largeur de la pièce fupérieure dont le fil eft horifontal ne peut être trop grande. La courbure ou doucine doit commencer, en deffous du lit fupérieur, à une diftance égale au moins à la largeur ou hauteur des élongis.

TABLE NEUVIÈME.

PROPORTIONS DES HUNES.

	Vaiffeau de 110 can.	Vaiffeau de 80 canons.	Vaiffeau de 74 canons.	Vaiffeau de 64 canons.	Vaiffeau de 50 canons.	Frégate de 18 en batterie.	Frégate de 12 en batterie.	Gabarre de 450 tonn.
	pieds.	pieds.	pieds.	pieds.	pieds.	pieds.	pieds.	pieds.
de l'av. à l'ar^{re} de la hune.	16 à 17	15 à 16	14 à 15	13 à 14	12 à 12$\frac{1}{2}$	12 à 12$\frac{1}{2}$	11$\frac{1}{2}$ à 12	10 à 11$\frac{1}{2}$
..r d'un bord à l'autre....	..24...	..23...	..22...	..20...	..18...	..16$\frac{3}{4}$..	..15$\frac{3}{4}$..	13 à 14
..du chat en carré........	...8$\frac{1}{2}$..	...8$\frac{1}{2}$..	...7$\frac{3}{4}$..	...7...	...6$\frac{1}{3}$.	...6...	...5$\frac{1}{2}$..	...5...
	pouces.	pouces.	pouces.	pouces.	pouces.	pouces.	pouces.	pouces.
..eur du bordage........	...2$\frac{1}{2}$..	...2$\frac{1}{2}$..	...2$\frac{1}{4}$..	...2$\frac{1}{4}$..	...2...	...1$\frac{3}{4}$..	...1$\frac{1}{2}$..	...1$\frac{1}{2}$..
..eur de la guérite.......	...3...	...2$\frac{3}{4}$..	...2$\frac{1}{2}$..	...2$\frac{1}{4}$..	...2...	...2...	...2...	...2...
..r de la guérite........	..10...	...9$\frac{1}{2}$..	...9...	...8$\frac{1}{2}$..	...8...	...7$\frac{1}{2}$..	...7...	...6...
..eur des taquets fur le droit.	...3...	...3...	...3...	...2$\frac{1}{2}$..	...2$\frac{1}{2}$..	...2$\frac{1}{2}$..	...2$\frac{1}{4}$..	...2...
..re des tacquets........	..32...	..32...	..32...	..28...	..28...	..24...	..24...	..16...

CHAPITRE SEPTIÈME.

Des Bois propres à faire des Mâtures.

Toutes les espèces de bois qui portent une longueur suffisante, ne peuvent pas être employées à faire des Mâtures ; il faut encore, dans ce nombre, choisir celles qui réunissent dans le plus haut degré trois qualités principales : la flexibilité, l'élasticité, la légèreté ; la première sert à décomposer les secousses violentes que les mâts souffrent dans une mer agitée ; la seconde, à restituer les mâts dans leur direction première quand ils ont plié momentanément pour céder à l'orage ; enfin, la troisième contribue à la stabilité du Vaisseau.

Le genre d'arbres qui possède ces trois qualités dans le degré le plus éminent, est celui que les Naturalistes rangent sous la désignation générale de résineux conifères : tels sont les pins, sapins, mélèses, cèdres & autres ; parmi lesquels on donne la préférence à ceux qui sont d'une plus belle venue, dont la pesanteur spécifique est la moindre, dont la fibre est la plus longue, la plus coriace & la plus capable de résister à la torsion entre les doigts.

Le Nord est en possession de fournir des Mâtures à la plupart des Nations maritimes de l'Europe : c'est dans les vastes forêts de la Pologne, de la Lithuanie, de la Russie, de la Norvège, que croissent les pins énormes qu'on vend dans nos ports ; le Grand-Seigneur a des Mâtures affez belles, qu'on tire par la mer Noire des frontières de la petite Tartarie.

L'effence que l'on préfère dans la Marine Royale, eft celle que les Ruffes exploitent dans les forêts de l'Ukraine & de la Livonie : ces pins defcendent la Dwina par Dromes ou Braquins, & font mis en vente au port de Riga ; il en paffe auffi au port de Memel par le Niemen ; mais on les eftime moins, & ils ne font ordinairement employés qu'en planches, bordages ou billons.

Les Anglois ont fait beaucoup de tentatives pour naturalifer chez eux les efpèces d'arbres propres à faire des Mâtures. Les terres du Lord Wyndham, dans la province de Kent ; celles du Lord Weimouth, à Longleet ; de M. Guife, dans le Buckinhamfire ; ont été le théâtre de ces épreuves : mais le fuccès n'a pas été heureux.

M. du Hamel du Monceau ayant obtenu de M. le Duc de Choifeuil des graines originaires des pins de Riga, les cultiva foigneufement dans fes terres de Champagne, & réuffit à les faire profpérer ; elles ont produit auffi des arbres qui promettent beaucoup dans les terres arides de Oiffel-fur-Seine auprès de Rouen ; on en voit encore de beaux dans les environs de Breft : mais tous ces arbres ayant été cultivés avec foin, & fe trouvant à préfent dans la vigueur de la jeuneffe, ne peuvent manquer d'avoir un port fuperbe : il feroit indifcret d'en conclure que des plantations en grand duffent également réuffir.

Les exploitations des forêts de la nouvelle Angleterre, donnèrent lieu d'efpérer que la Grande-Bretagne trouveroit des reſſources aſſez abondantes dans ſes Colonies, pour ceſſer d'être tributaire des peuples du Nord; mais les plus belles eſpèces d'arbres à Mâture du nouveau Monde, n'ont pu encore être miſes en comparaiſon, pour les qualités, avec celles des bords de la Baltique; cependant, j'ai vu des mâts ſuperbes que l'on avoit coupés dans les forêts de la Virginie, & leur bonté paroiſſoit preſque égaler la beauté de leur forme & la grandeur de leurs dimenſions; peut-être plus d'attention dans le choix des arbres, plus de ſoin lors de leur tranſ-port, un meilleur traitement dans les dépôts, les met-troit-il en état de ſoutenir la concurrence avec les pins des Ruſſes; peut-être, en ſuppoſant que la ſupériorité de ceux-ci fût irrévocablement décidée, la différence des prix pourroit compenſer cette conſidération avec avantage.

Nous avons des arbres propres à faire des Mâtures ſur notre propre territoire: il en a été tiré beaucoup des Pyrénées; il en exiſte auſſi dans les Alpes. Le ſommet de ces montagnes qui s'élève dans les nues, eſt preſque tou-jours couvert de neige; mais la nature ſe plaît à mettre en oppoſition avec cet aſpect hideux, toutes les richeſſes de la végétation qu'elle déploye dans les vallées & ſur le revers des collines: des pins & des ſapins énormes y croiſſent au milieu de mille autres eſpèces de végétaux, & s'y repeuplent d'eux-mêmes. Le Cardinal de Richelieu fit des tentatives à la fin du dernier ſiècle, pour employer ces bois au ſervice de la Marine Royale: les frais d'ex-ploitation ne furent pas couverts par les produits, parce qu'il n'y avoit pas de chemins pour l'extraction des arbres,

poin

point de rivières navigables pour flotter les trains, point d'ouvriers accoutumés à ce genre de travail pénible & dangereux. Des Particuliers enfuite continuèrent, pour leur compte, ces travaux que le Gouvernement avoit interrompus : ils réuflirent moins encore, parce qu'ils trouvèrent les mêmes obftacles, & qu'ils avoient moins de moyens : ainfi tout languit jufqu'en 1758 ; alors il fe forma dans le Béarn une Compagnie qui réunit les fonds qu'exigeoit une pareille entreprife : elle obtint du Minif- tère les priviléges & les fecours néceflaires : de forte qu'avec fon induftrie & fes autres avantages, elle tira quelque parti des conceflions qui lui avoient été faites ; mais en 1765, le Roi fe chargea des exploitations ; il envoya fur les lieux des Officiers d'adminiftration & des Ingénieurs qui mirent les chofes fur le pied où elles font aujourd'hui.

Il falloit, pour parvenir aux forêts qui produifent les arbres à Mâtures dans les Pyrénées, franchir des rochers efcarpés, & qui dominent fur des précipices effrayants ; on a creufé dans le roc vif, & fouvent dans le marbre, des chemins de trois à quatre mille toifes de longueur, pour parvenir, avec une pente réglée, au pied de la forêt, qui fe trouvoit quelquefois élevée de 17 à 1800 pieds au- deflus de la plaine ; tantôt on efcarpoit avec la mine, tantôt on remblayoit à 100 pieds de profondeur ; ici l'on ouvroit un paflage au travers des montagnes, ailleurs on jetoit des ponts fur des ravins larges de 15 toifes, & non moins profonds : par-tout il falloit contourner les finuo- fités, afin de fe ménager la pente & les alignemens nécef- faires pour le charroi des pièces les plus longues. Quand

A a

on eut coupé les arbres qui bordoient les chemins, il fallut en abattre fur les montagnes voifines : on les faifoit glifler à force de bras fur des tronçons d'arbres jetés en travers ; quelquefois on les manœuvroit avec des palans pour les conduire, de pente en pente, jufqu'au chemin pratiqué pour les voitures : chaque attelier exigeoit de nouveaux procédés, parce qu'il préfentoit de nouvelles difficultés : partout il a fallu déployer autant d'énergie que d'intelligence, autant de perféverance que d'induftrie. Les plus intéreffans de ces travaux ont été exécutés fous la diréction de M. le Roy, Ingénieur des ports & arfenaux de la Marine ; il faut, pour fe former une idée de leur immenfité, lire l'excellent Mémoire compofé par cet Ingénieur, où il décrit ce qui s'eft fait, par fes ordres, pour l'exploitation de plufieurs forêts & le tranfport des mâts à l'entrepôt de Bayonne.

Les Mâtures que nous tirons de Riga, font des pins de l'efpèce défignée par les Naturaliftes en ces termes :

« *Pinus filveftris , foliis brevibus, glaucis, conis parvis, albicantibus, vel pinus filveftris Genevenfis vulgaris* ».

« Pin foreftier à feuilles courtes, d'un verd clair, qui porte des cônes petits & blanchâtres, ou pin foreftier de Genève ordinaire ».

Ce qui le diftingue parmi les autres efpèces de pins, c'eft que fes feuilles longues de 2 pouces $\frac{1}{2}$ à 3 pouces partent toujours deux à deux de leur gaîne : ces feuilles font fort aigües par le bout, & portent en deffus une cannelure affez profonde qui règne dans toute leur longueur ; les cônes ont un pouce & demi de longueur, & autant de diamètre ; ils préfentent la pointe en haut, & contiennent 25 à 30 graines.

Les mâts des Pyrénées font des fapins de l'efpèce la plus multipliée en France; ils doivent leur énorme croif-fance à la bonté du fol & à leur expofition; auffi les inégalités du terrein ont la plus grande influence fur leurs qualités, qui font très-variables.

Il faut beaucoup d'ufage pour connoître fur pied les bois de toutes les efpèces; mais il en faut bien plus encore pour diftinguer, par la fimple infpection, les qualités & les vices des arbres à Mâture. Tout le monde fait que la tige doit être droite & bien filée fans branches; la tête bien vivace garnie de beaucoup de feuillage & de fruits; le pied dépourvu de végétaux parafites, comme la mouffe, les agarics, ou lichens & autres; les racines vigoureufes & faines; le fol fec & exempt des plantes qui annoncent un fond marécageux, comme les joncs, les lierres, les cochléaria, &c.; mais il faut, à ces notions générales, joindre bien d'autres connoiffances particulières qui ne peuvent être que le fruit de l'expé-rience.

Les mâts ne font apportés dans les ports que long-tems après leur coupe; ils font alors dépouillés de leur écorce & de la plus grande partie de leur aubier; le pied eft travaillé à huit pans dans une longueur de 10 à 15 pieds; le refte eft arrondi comme la forme naturelle de l'arbre a permis de le faire. Les Officiers chargés de les vifiter, & de juger s'ils font ou non propres au fervice, les font d'abord *ébouter*, c'eft-à-dire, qu'on donne aux deux bouts quelques coups de hache pour découvrir le grain du bois : il doit être fin & ferré, rempli de sève, ce qu'on reconnoît par fa couleur; fi elle eft rouffe & brillante, uniforme dans le pourtour des couches qui annoncent la croiſſance annuelle, dégradée inſenſiblement depuis le cœur juſqu'à l'aubier, l'arbre promet une longue durée.

Des taches ou une teinte plus foncée dans les couches éloignées, que dans celles plus voiſines du cœur, annoncent un arbre vicié ; il faut que l'odeur ſoit celle de térébenthine affoiblie ; ſi elle eſt mêlangée de la ſaveur de l'amande, c'eſt un ſigne de dépériſſement : il eſt à ſon comble, ſi l'odeur que le bois exhale eſt tant ſoit peu fétide : on n'exige pas autant de ſève au petit bout qu'au pied, le grain du bois y eſt plus blanc & plus ſec ; mais il faudroit cependant le rejeter, ſi les fibres paroiſſoient n'avoir plus cette humeur qui les lie entr'elles.

Après s'être aſſuré de la qualité de l'arbre par l'inſpection de ſes coupes, on examine ſa forme extérieure : d'abord on meſure ſa longueur en pieds François ; enſuite on prend avec un compas courbe ſon diamètre au ſixième de la longueur en partant du pied ; ce diamètre eſt meſuré & eſtimé en *palmes* : c'eſt une longueur de 13 lignes de notre pied de Roi ; on meſure enſuite le diamètre au petit bout, & cette ſeconde dimenſion doit être priſe à la longueur du *mât proportionné*. Pour entendre la valeur de cette expreſſion, il faut ſavoir que l'on exige qu'un mât brut ait en longueur au moins trois fois autant de pieds que ſon grand diamètre a de palmes : ainſi la longueur d'un mât proportionné qui auroit 22 palmes, ſeroit de 66 pieds ; & quoiqu'il en eût davantage, c'eſt à cette diſtance de 66 pieds comptés du gros bout, qu'il faudroit meſurer le petit diamètre : on exige que celui-ci ſoit au moins les deux tiers du grand, c'eſt-à-dire, de 14 palmes $\frac{2}{3}$ pour un mât de 22 palmes.

Si le mât n'avoit pas la longueur ou le petit diamètre requis, c'eſt-à-dire, ſi le mât de 22 palmes avoit ou moins de 66 pieds de longueur, ou moins de 14 palmes $\frac{2}{3}$ à 66 pieds du gros bout, il ne ſeroit reçu que comme ayant moins de palmes, c'eſt-à-dire, qu'il paſſeroit pour un mât de 21 palmes; &, dans ce cas, il ne lui faudroit que 63 pieds de longueur, & 14 palmes de diamètre à cette longueur de 63 pieds : on dit que les mâts à qui l'on fait ſouffrir cette réduction dans les recettes, *tombent*.

Les mâts ſont payés aux fourniſſeurs d'après un marché qui exprime leurs dimenſions en palmes, & leur valeur relative; ainſi l'on ne payeroit réellement, ſuivant cette condition, que le ſolide compris ſous la longueur & les deux diamètres fixées, & que nous avons déſignées en expliquant la qualification de mât proportionné; mais, dans ce cas, il ſeroit de l'intérêt des fourniſſeurs de retrancher tout ce qui eſt étranger à ce ſolide, & le réduire à ſes vraies dimenſions : or, cette ſouſtraction ſeroit infiniment contraire à l'économie dans l'emploi; pour la prévenir & dédommager le vendeur, du bois excédent que ſes mâts contiennent & des frais plus grands qu'il a fallu faire pour l'exploitation, le tranſport & le frêt, on lui accorde une indemnité réglée d'après une opération ſimple, dont voici le principe : on a cubé tous les mâts proportionnés, depuis 13 juſqu'à 30 palmes, & l'on a déterminé la valeur du pied cube pour chacun, conformément au prix du marché paſſé avec le vendeur; enſuite on a calculé l'augmentation qui réſulteroit ſur le cube pour chaque mât, encore en fuppofant trois cas différents : le premier, une augmentation d'une palme en groffeur du grand diamètre ; le fecond, une augmentation d'une palme au petit diamètre ; & le troifième, une augmentation d'un pied en longueur : enfin, on a fixé la valeur du pied cube, compris dans l'augmentation qui réfulte de ces trois fuppofitions différentes, fur le prix du pied cube de chaque mât proportionné, d'où il a été facile de conclure la valeur due pour chaque mât relativement à l'augmentation d'une palme au gros ou au petit diamètre, ou bien d'un pied fur la longueur : c'eft ainfi qu'on a dreffé le tarif des *excédens* qui eft en ufage dans les ports. Les prix des mâts ont varié depuis ; mais on ne l'a pas changé, parce que la différence auroit été peu fenfible.

Je donne à la fin de ce Chapitre un tarif qui exprime la valeur des mâts, à trois époques différentes, avec celle des excédens en groffeur & en longueur.

Quoiqu'un mât ait les dimenfions requifes, & que l'infpection de fes coupes annonce du bois de bonne effence, il peut encore arriver qu'il ne foit pas propre au fervice : on l'examine avec attention dans tous les points de fa longueur ; des Charpentiers dolent fur tous les nœuds avec une herminette : ces nœuds, quand ils font petits & pleins de bois fain, ne peuvent être fufpects. Quand on trouve un trou dans le milieu ou fur le pourtour, on le fonde avec une tarière fine ; fi l'on en retire une terre noire, & qu'après avoir pénétré à fix ou huit lignes, on trouve le bois fain, cela ne peut être regardé comme un vice ; mais fi la pourriture paffe quinze à dix-huit lignes de profondeur, l'arbre eſt gâté. Les nœuds encore doivent être très-diſtans les uns des autres ; trois gros nœuds qui ſe trouveroient ſur le pourtour du mât à la même hauteur, ont été regardés pendant long-tems comme un motif de proſcription irrévocable : la diſette fait qu'aujourd'hui l'on ne rebute pas auſſi légèrement ; mais on ne pourroit employer qu'en mâts d'aſſemblage des arbres qui ſeroient criblés d'une trop grande quantité de nœuds.

Il eſt bon de ſavoir que les Marchands ont l'adreſſe de placer une cheville de bois, nommée *tapon*, dans des trous de pourriture, de ſorte qu'on les prend pour un nœud : quelquefois le rapprochement du tapon avec le pourtour du trou eſt ſi exact, qu'on ne peut, ſans beaucoup d'attention, s'appercevoir de la ruſe : auſſi - tôt qu'on la ſoupçonne, il n'y a qu'à faire frapper ſur les nœuds avec le marteau de l'herminette ; les tapons, s'il y en a, s'enfonceront, & le ſon du marteau indiquera du vuide.

Il faut encore obſerver, 1°. ſi les arbres n'ont pas une courbure trop forte pour faire les mâts d'une ſeule pièce : il faut abſolument du bois bien droit ; ceux qui ſont compoſés d'un certain nombre d'arbres, peuvent en admettre de courbes, mais il ne faut pas que la flèche de leur courbure paſſe un trentième de leur longueur ; 2°. ſi les fibres longitudinales ſont droites, c'eſt-à-dire, ſi l'arbre n'a pas été tors ſur pied, ce qui arrive aſſez ſouvent ; on reconnoît la direction des fibres par celle des petites fentes ou gerçures que l'action du ſoleil produit ſur la ſurface du bois ; 3°. s'il n'y a point de taches ſur le pourtour de l'arbre qui annonce du double aubier, de l'entr'écorce ou quelqu'autre défaut : on fonde ces taches, & l'on parvient avec l'herminette jufqu'au bois fain ; on le reconnoît quand des coupeaux minces comme du papier ont encore de la confiftance ; on les tord entre les doigts comme pour en faire une corde ; les fibres doivent réfifter pendant les trois ou quatre premiers tours, & ne fe rompre que l'un après l'autre & avec bruit ; fi tous fe caffent en même tems & jettent une efpèce de poufîière, le bois eft échauffé ou commence à fe pourrir : on en voit quelquefois qu'on tortille fans jamais les pouvoir rompre, & c'eft l'indice d'un bois de la meilleure qualité.

Cette vifite fert à fixer la valeur des mâts, & à les claffer : on les rebute quand ils font pourris ou trop dépourvus de sève, ou criblés de nœuds fur-tout vers le pied : car il y en a néceffairement un grand nombre près du petit bout ; s'ils font exceffivement tors, fi leurs fibres longitudinales font difpofées en élice, fi l'aubier eft trop épais, ce font encore des motifs de profcription. Quand ces défauts ne font pas affez marqués pour mettre un arbre hors de fervice, on le reçoit en réduifant une partie de fa valeur : tantôt on retranche totalement ou feulement une partie des excédens ; quelquefois on fait tomber le mât d'une ou deux palmes : ces réductions font fixées par une commiffion, & n'ont lieu qu'autant qu'elles font agréées par le fourniffeur ou fon repréfentant, qui eft le maître de retirer le mât s'il le croit mal jugé, & de le garder pour fon compte.

Claffer les mâts, c'eft leur affigner une deftination ; les mâts de 24 palmes & au-deffus, quand ils font de belle forme & peu noueux, font des mâts de hune pour les

Vaiffeaux

Vaiſſeaux du premier rang : s'ils ont quelques défauts, on en fait des mèches d'aſſemblable de bas-mâts pour les mêmes Vaiſſeaux ; les arbres de 21 à 24 palmes feront des mâts de hune pour les Vaiſſeaux des rangs inférieurs, ou des jumelles d'aſſemblage s'ils ſont défectueux ; les mâts de moindres dimenſions en groſſeur & bien filés, feront des mâts ou des vergues d'artimon ; ceux qui, ſur une moindre longueur, ont un grand diamètre, feront des jumelles d'aſſemblage pour beaupré : ainſi chaque forme poſſible trouve ſon emploi : cet article ſera plus facile à entendre quand on aura lu le Chapitre neuvième, où l'on expoſera le travail des mâts d'aſſemblage.

Il faut obſerver que la deſtination dont on vient de parler, n'influe en aucune manière ſur le véritable emploi des mâts bruts ; il arrive ſouvent qu'on tire un parti bien plus avantageux d'un arbre qu'on ne ſe l'étoit promis en le claſſant lors de la recette, parce que les vices qui l'avoient fait condamner à un ſervice moins utile, diſparoiſſent dans le travail : on ne doit donc regarder le claſſement des recettes, que comme un ſimple apperçu qui peut faire connoître à-peu-près la nature des approviſionnemens, & ſervir à déterminer le genre & l'eſpèce des arbres néceſ-ſaires pour compléter les aſſortimens ; mais on pourroit, dans bien des circonſtances, faire une erreur très-forte, ſi l'on vouloit calculer avec préciſion les reſſources de la Marine d'après les inventaires de ſes dépôts.

On grave ſur chaque arbre ſes trois dimenſions, c'eſt-à-dire, ſa longueur totale, ſon grand & ſon petit diamètre : on y ajoute une lettre de convention, qui déſigne le nom du fourniſſeur ; enfin, une ou deux autres lettres qui annoncent l'ordre chronologique des recettes, & par conféquent font connoître l'ancienneté des bois dans les dépôts.

Pour conferver les mâts, on les plonge dans l'eau ou dans la vafe ; on regarde affez communément ces élémens comme les caufes premières de la putréfaction, & cependant les voici employés comme un préfervatif : quelques réflexions feront difparoître l'incompatibilité apparente de ces deux affertions.

S'il étoit poffible de tenir du bois au fec, de manière que la sève ou les fucs qu'il contient ne fermentaffent pas, & qu'il fût en totalité plongé dans une athmofphère invariable, c'eft-à-dire, dont le degré de féchereffe ou d'humidité, de condenfation ou de raréfaction, fût conftamment le même, ce bois dureroit à l'infini, parce que fes parties n'ayant aucun mouvement entr'elles, ne fe doivent pas ufer. En effet, ce qui caufe la pourriture, ce n'eft autre chofe que le mouvement alternatif des fibres du bois qui font fucceffivement tendues par l'humidité, relâchées par la féchereffe, agitées de mille manières différentes, par l'effet de la fermentation : or, quand un corps poreux eft plongé dans l'eau, il abforbe au bout d'un certain tems la quantité de fluide néceffaire pour remplir fes pores, & enfuite il ne participe plus qu'au mouvement de raréfaction & de condenfation auquel les molécules de ce fluide font foumifes, & ce mouvement eft renfermé dans des limites bien plus étroites que celui qu'on obferve dans l'air ; ainfi les fibres du bois fubmergé ont un jeu refpectif bien plus borné, par conféquent bien moins capable d'altérer leur folidité particulière & leur liaifon réciproque. Les bois plongés dans l'eau font enveloppés de l'athmofphère la moins variable, & jouiffent par conféquent dans le plus haut degré des avantages qu'auroit celle dont les variations feroient abfolument nulles.

Il faut avouer cependant que la diffolution des fucs propres altère un peu la conftitution des bois fubmergés, & l'on remarque ordinairement que les arbres dont la sève eft la plus foluble, dépériffent le plus promptement dans l'eau ; c'eft ainfi que les fapins des Pyrénées perdent plus promptement leurs qualités dans les dépôts que les pins de Riga ; le chêne de Hambourg ou de Pruffe s'y conferve moins auffi que le chêne de Provence ou d'Italie.

On emploie différents moyens pour contenir les mâts dans l'eau ; les Armateurs de St-Malo les enterrent dans le fable au moment de la mer baffe, & ils font fubmergés après deux heures de flot ; l'enveloppe de deux pieds de fable qui les recouvre, fuffit, avec quelques piquets battus de diftance en diftance, pour les contenir.

Dans les ports de la Méditerranée, particulièrement à Toulon, les pins font arrangés par dromes ou trains : on attache par deffus avec des cordes quelques traverfes de bois de fapin de 5 à 6 pouces d'équarriffage ; on charge enfuite le tout avec des pierres pour faire plonger les mâts, de manière qu'ils foient recouverts de trois ou quatre lignes d'eau. Le déplacement des traverfes & des poids qu'on a mis fur le train, empêche que la totalité ne s'enfonce, & l'on veille avec foin pour les décharger à mefure que l'eau que les mâts abforbent les fait caler.

Dans les ports de l'Océan, on choifit pour établir les

dépôts, des anfes que les baffes marées des vives eaux laiffent à fec, ou des foffes dans lefquelles on puiffe introduire à volonté, foit de l'eau de mer, foit de l'eau douce : on croit que la première eft meilleure pour la confervation du bois; l'autre a la propriété de faire périr les vers.

Les *travées* ou *parquets* qui contiennent les mâts, ont de longueur 62 pieds entre les piquets A B, C D des extrémités, (voyez fig. 103 qui repréfente un parquet, vu fuivant fon élévation, & fig. 104 ou le même parquet eft repréfenté à vue d'oifeau); la largeur en dedans des piquets eft de neuf pieds à un bout, & de 8 pieds 4 à 5 pouces à l'autre : on bat fur les alignemens déterminés par ces dimenfions, 14 piquets de hêtre de chaque côté de la travée : on en fait 5 piles difpofées comme on le voit fig. 104; ils s'élèvent de 6 à 7 pieds au-deffus du fol, & ont autant de fiche que le terrein le permet; fi l'on craint que la pouffée verticale, que le fluide exerce fur les mâts, ne foit capable d'arracher les pieux, on y fait des entailles à la fiche, comme on le voit en A B (*fig.* 103). Quand le fond eft tenace & pénétrable, on chaffe les piquets le gros bout en bas; & pourvu qu'ils aient autant de fiche que de faillie, on peut compter fur leur folidité.

. Chaque travée doit contenir cinq mâts de différentes grandeurs, que l'on affortit de manière à remplir l'efpace compris entre les files de pieux, avec le moins de perte poffible : il eft effentiel qu'il n'y ait pas de jeu, parce que le battement des mâts, foulevés par les vagues, ébranleroit les piles, & finiroit par les arracher. La force que les cinq mâts en repos, mais foulevés par la pouffée de l'eau tranquille, exerce pour arracher les traverfes, peut être eftimée à 46 mille livres l'un dans l'autre : mais cette force augmenteroit dans un très-grand rapport, s'ils étoient agités par les lames.

Les mâts étant faifis par les côtés entre les 28 pieux qui les retiennent, il faut les empêcher d'être foulevés par la mer montante; c'eft la fonction des traverfes E E, &c. (*fig.* 104) que l'on nomme des clefs : elles font engagées, comme on le voit, entre les piquets des piles, & retenus par des cabrions F G, F G, &c. (*fig.* 103 & 104), fous lefquels le bout des clefs eft tenu & ferré par des coins, qu'on voit fig. 104. Quand on veut vider une travée, on retire les cabrions F G, qui ne font liés aux piles que par des gournables ou chevilles de bois, & l'on enlève les clefs. Ces opérations étant faites au moment de la baffe mer, les mâts abandonnés à eux-mêmes font emportés par le flot, & fortent aifément du parquet, puifqu'il a quelques pouces plus de largeur à un bout qu'à l'autre : c'eft par une manœuvre contraire qu'on remplit les travées.

Quand le fond eft mou, les mâts s'enfonceroient de plus en plus, & finiroient par être affez couverts de vafe pour que leur extraction fût très-difficile : on prévient cet inconvénient par les *lambourdes* H I, H I, &c. fig. 104 : ce font des pièces de bois que l'on met à plat en forme de chantiers en travers des parquets : elles font prolongées fous plufieurs travées contigües, autant que la longueur des bois le peut permettre, & elles portent fur une tringle appelée *liffe*, qui eft chevillée avec des gournables fur tous les piquets, & qui règne d'un bout à l'autre de chaque travée, voyez L M fig. 103 & 104 : au moyen de cette charpente, le lit des lambourdes arrasé avec le fol, retient les mâts à la hauteur defirée, tandis que la lifle L M, qui ne peut enfoncer fans que tous les pieux enfoncent, foutient toutes les lambourdes.

Les dépôts de Mâture d'un grand arfenal font diftribués en parquets femblables à ceux qu'on vient de décrire : on les aligne tous, afin que la même file de pieux ferve pour deux travées contigües; il faut qu'avant le tiers du flot, tous les mâts foient recouverts d'eau; le foleil alors ne pourra pas, même en été, deflécher la couche de limon que la mer aura bientôt dépofée fur le bois, & il s'entretiendra dans une fraîcheur falutaire. La charpente des parquets, toujours couverte de vafe & d'eau, dure très-long-tems, de forte que la dépenfe de l'entretien eft peu confidérable, & que celle de conftruction qui l'eft beaucoup, n'eft heureufement pas fouvent répétée.

Le plus grand fléau des dépôts de Mâture, ce font les vers marins : on n'y connoît encore aucun remède, que de couvrir les bois d'eau douce. La difpofition heureufe des fofles de Rochefort, permet de l'employer fouvent: aufli ces animaux deftructeurs n'y font pas de grands ravages. Une partie du port de Breft en eft infectée; mais le fuperbe établifement qu'on vient de faire à l'anfe de Keruon, & qui peut contenir l'approvifionnement de 10 ans, paroît tout-à-fait exempt de ces infectes pernicieux ; & la digue que l'on y conftruit, permettra d'y introduire l'eau douce pour les détruire, fi malheureufement ils y pulluloient par la fuite.

TARIF

Du prix des Mâts & des excédents.

Proportions des Mâts en palmes.	PRIX des Mâts en 1755.	PRIX des Mâts en 1772.	PRIX des Mâts en 1782, en guerre.	PRIX du pied excédent sur la longueur.	PRIX de la palme excédente au gros bout.	PRIX de la palme excédente au petit bout.
palmes.	liv.	liv.	liv.	liv. f. d.	liv. f. d.	liv. f. d.
...29...	..3680..	..3100..	..4721..	.9..18..6.	.84..1..9.	.60.12..6.
...28...	..3335..	..2870..	..3975..	.8..19.11.	.76.14..0.	.54.18..9.
...27...	..3064.	..2550..	..3523..	.8...5..3.	.70..0..3.	.50..9..6.
...26...	..2438..	..2150..	..3011..	.6..12..8.	.60.15..7.	.40.10..6.
...25...	..2173..	..1760..	..2508..	.6...0..7.	.54.13..5.	.36..9..3.
...24...	..1725..	..1445..	..2267..	.5..12..0.	.51..7..7.	.34..4..9.
...23...	..1440..	..1185..	..1891..	.5...3..9.	.47.12..9.	.31..4..0.
...22...	..1171..	...915..	..1651..	.4..11..0.	.42..9..1.	.28..6..6.
...21...	...920..	...715..	..1395..	.3..19..8.	.35.15..5.	.25..4..3.
...20...	...805..	...554..	..1178..	.3..11..9.	.33.13..6.	.22..9..6.
...19...	...704..	...420..	...985..	.3...3..3.	.28.13..7.	.19..2..3.
...18...	...583..	...309..	...858..	.2..16.11.	.25..7..0.	.16.18..0.
...17...	...473..	...255..	...697..	.2..12..0.	.22..6..2.	.14.17..3.
...16...	...346..	...160..	...581..	.2...9..2.	.20..2..9.	.13..8..0.
...15...	...313..	...128..	...386..	.2...1..8.	.16.16..0.	.11..3..9.
...14...	...286..	...110..	...315..	.1..16..5.	.14..4..8.	..9..9..9.
...13...	...264..	....85..	...214..	.1..11.10.	.11.18..8.	..7.19..6.
Mâtereaux. palmes.	liv.	liv.	liv.	liv. f. d.	liv. f. d.	liv. f. d.
...12...	...120..	....64..	...150..	.1...6..0.	.8...7..0.	.5..10..9.
...11...	....72..	....60..	...120..	.1...4..4.	.8...0..7.	.5...7..6.
...10...	....60..	....50..	...100..	.1...1..7.	.6..10..9.	.4...7..6.
....9...	....46..	....40..	....80..	.0...0..0.	.0...0..0.	.0...0..0.
....8...	....40..	....25..	....60..	.0...0..0.	.0...0..0.	.0...0..0.
....7...	....30..	....25..	....40..	.0...0..0.	.0...0..0.	.0...0..0.

CHAPITRE HUITIÈME.

De la force extérieure des Mâts & des Vergues dans les divers systêmes.

Nous allons maintenant considérer la Mâture des Vaisseaux sous un nouveau rapport : il s'agira, 1°. de déterminer quelle doit être la force de ses parties, pour qu'elles soient capables de la résistance due à la somme d'efforts qui tend à la rompre ; 2°. quelle doit être la forme des pièces qui la composent, relativement à leur destination. C'est ici qu'il faut rapporter les colonnes qui expriment les diamètres des mâts & des vergues, les tons des premiers & les bouts ou taquets des autres. Dans les quatre Chapitres où j'ai développé les divers systêmes de voilure, j'ai déja dit qu'on ne les avoit réunies à celles qui exprime les longueurs des mâts & des vergues, que pour ne pas diviser ce qui a rapport à chaque gréement particulier.

Nous savons donc déja par les Tables quelle doit être, dans tous les systêmes, le rapport de la grosseur à la longueur des mâts : ce rapport a été déterminé par une très-longue expérience ; mais je ne dissimulerai pas qu'il ne peut être encore cité comme une chose irrévocable : en effet, on sent bien qu'outre qu'il dépend des efforts que la Mâture doit supporter, & que ces efforts sont augmentés ou diminués dans des Vaisseaux semblables par mille

circonstances

circonſtances diverſes, il dépend encore de la nature des bois dont les qualités ſont très-variables ; ainſi ces règles feront, comme preſque toutes celles qui ont été expoſées juſqu'à préſent, modifiées par le Conſtructeur, qui feul peut apprécier les données de toutes eſpèces qu'il doit combiner.

On peut remarquer que la groſſeur des mâts majeurs eſt relativement plus grande dans les Vaiſſeaux que dans les frégates, quoique la partie ſaillante des bas-mâts des frégates ſoit plus longue que dans les Vaiſſeaux. Cette dimenſion ſera diminuée encore dans les Bâtimens du commerce, & plus enfin dans les Bâtimens de plaiſance ; il ſeroit injuſte d'attribuer ces différences au haſard ou à la routine : au contraire, il eſt évident qu'elles ſont le fruit de la réflexion. Les mâts des Vaiſſeaux & des frégates ſont faits de pluſieurs arbres réunis par l'Art ; il leur faut plus de groſſeur, pour avoir autant de ſolidité, que les mâts des petits Bâtimens qui ſont d'une ſeule pièce. Les Vaiſſeaux ſont faits pour ſe battre en ligne, & les frégates pour avoir une marche ſupérieure : il faut conférer à la Mâture des premiers une ſolidité très-grande, & ſacrifier un peu de cette qualité pour augmenter la ſtabilité des frégates, & leur permettre de porter plus de voiles dans les chaſſes ; c'eſt par les mêmes raiſons qu'on trouvera peu de variation dans le rapport des groſſeurs aux longueurs des mâts de hune dans les Bâtimens de toute eſpèce, parce que les mâts de hune rempliſſent par-tout les mêmes fonctions.

Il eſt d'uſage de faire les mâts ronds : cette forme eſt indiquée par la nature qui l'a choiſie, par préférence, pour tous les grands végétaux qu'elle expose au choc des vents, & le raisonnement confirme ce choix. En effet, quand une vergue de voile carrée (je cite à dessein celle qui oriente le moins favorablement) est bordée au plus près, l'action du vent agit sur le mât suivant la ligne B A (*fig.* 105); si l'on vire de bord, l'action du vent s'exercera suivant C D ; il faut, dans le premier cas, que la plus grande force du mât ou la plus grande largeur de ses coupes soit en A B ; dans le second, qu'il soit en C D ; & comme la vergue peut affecter toutes les situations possibles entre les deux extrêmes représentés dans la figure, il faudra que cette plus grande largeur se trouve encore dans toutes les lignes telles que E F, qui seront perpendiculaires à ces diverses positions de la vergue : or, il est bien clair que la forme circulaire est la seule dans laquelle toutes les lignes, telles que A B, C D, E F, soient égales : on peut conclure encore de ce qui précède, que les portions C E A & B F D sont toujours celles qui souffriront le plus d'efforts, & par conséquent où il faudra conférer la plus grande solidité quand les mâts seront faits d'assemblage.

Le raisonnement qui nous a conduits à donner aux mâts la forme circulaire, ne peut s'appliquer au beaupré dont l'effort se fait toujours dans un même sens, & de bas en haut ; ainsi sa forme ne sera pas la même que celle des mâts verticaux, eu égard à cette considération.

Les vergues travaillent ordinairement plus de haut en bas que dans tout autre sens : on pourroit donc leur donner une forme ovale ; en effet, j'en ai vu une qui étoit travaillée d'après ces principes (1); mais plusieurs raisons déterminent à les arrondir comme les mâts: 1°. les cercles de fer qui lient les vergues d'assemblage, seroient trop difficiles à faire & à bien ajuster; 2°. on change les vergues de côté quand elles ont pris du pli, cela ne seroit plus possible si elles n'étoient pas rondes; 3°. la différence qui doit exister entre le grand & le petit axe de l'ellipse, qui formeroit les coupes des vergues ovales, est fort petite, & les avantages qu'on retireroit de cette forme, ne compenseroient pas la difficulté qui résulteroit dans la pratique d'un trait peu conforme à l'usage & plus compliqué; 4°. enfin, on y supplée en rapportant en dessus ou en dessous des vergues, quand elles annoncent trop de foiblesse, une jumelle qui produit précisément le même effet que si, dans leur construction, elles avoient eu les coupes elliptiques.

De même que par la comparaison très-légitime des mâts avec les arbres, nous avons jugé que la nature nous indiquoit la forme circulaire comme la plus convenable, elle nous dit encore que les mâts doivent diminuer de grosseur à chaque point de leur longueur, à mesure que ce point s'éloigne de l'étambrai où sont les coins: c'est ainsi que la grosseur d'un arbre diminue vers la cime, & que son plus gros diamètre est à la racine. M. Bouguer a fourni aux calculs analytiques les données de ce problême, & est parvenu à des résultats qui sont très-peu conformes aux procédés en usage dans la Marine : or

---

(1) On s'y conforme aussi très-scrupuleusement pour la construction des vergues latines, comme on le verra dans le Chapitre suivant.

l'expérience a décidé cette grande queſtion tout-à-fait à l'avantage de la pratique ; la ſolution du Géomètre eſt erronée, parce qu'il a conſidéré les mâts comme tenus par leur pied ſeulement, abſtraction faite des haubans & des étais, & qu'il n'a pas eu d'égard à l'effort que fait le pied du mât de hune pour faire plier le bas-mât à l'origine du ton, quoiqu'il ait tenu compte de l'effort des voiles hautes ſur le bas-mât ; mais ces deux efforts ſont très-diſtincts, & produiſent des réſultats bien différents. Enfin, la figure qu'il donne aux vergues ne peut pas leur procurer une ſolidité ſuffiſante, parce qu'il n'a pas fait entrer dans le calcul l'action des ralingues, quand on borde les voiles & celles des bras, quand on les oriente, ou quand le vent les agite, ni celles des bout-dehors des bonnettes : toutes ces abſtractions l'ont conduit à rendre les mâts & les vergues beaucoup trop menues par le petit bout.

Une longue expérience a fixé les diamètres qui conviennent au petit bout des mâts & aux bouts des vergues, ainſi qu'on le voit dans les Tables première & ſeconde annexées à ce Chapitre ; & cette relation eſt adoptée pour ainſi dire, ſans aucune variation, par toutes les Nations maritimes, ce qui donne lieu de préſumer qu'elle eſt à-peu-près la meilleure poſſible.

Il ne s'agit plus que de trouver les diamètres intermédiaires qui appartiennent aux différents points de la longueur des mâts & des vergues, compris entre ceux pour leſquels les grands & les petits diamètres ſont fixés : cela ſe fait par une opération fort ſimple, & dont voici le détail. La figure 106 repréſente un mât de beaupré que l'on a fait court & gros, pour rendre plus fensible la courbure de fes côtés : le grand diamètre eft en A B ; le petit diamètre I K eft égal à $\frac{1}{2}$ A B, fuivant la Table première ; d'un rayon égal à $\frac{1}{2}$ A B, on trace deux arcs de cercle A E I O & B F K N (*fig.* 107), dont les centres font aux deux extrémités de la ligne A B égale au demi-diamètre du mât : du milieu P de cette ligne, on prend de chaque côté P L & P M égales au quart du petit diamètre I K, & l'on a par conféquent en élevant les perpendiculaires I L & K M, I K = L M = $\frac{1}{2}$ I K (*fig.* 106) ou le demi-petit diamètre du mât.

Cela fait, on divife la longueur du mât comprife entre fon plus grand diamètre A B (*fig.* 106) & le petit bout en un certain nombre de parties égales, & l'on divife l'efpace compris entre I K & A B (*fig.* 107) en un même nombre de petites parties égales : ainfi les lignes C D, E F, G H menées par ces divifions, & comprifes entre les arcs de cercles, font les rayons qui appartiennent aux divifions marquées fur le mât, fig. 106, par les mêmes lettres, & qui répondent aux divifions de la fig. 107. Si, par les extrémités A C E G I & B D F H K, (*fig.* 106) on mène une ligne courbe, l'efpace compris entre ces deux courbes étant fuppofé tourner autour de l'axe P Q, formera par fa révolution le mât de beaupré demandé. Le diamètre C′ D′ du pied eft toujours celui qui répond au quart de la longueur comprife entre le grand diamètre & le petit bout. Si l'on vouloit avoir des diamètres intermédiaires, on multiplieroit les divifions, ainfi qu'on le voit par les lignes ponctuées *a b*, *c d*, qui, prifes toutes deux entre le grand diamètre & le pied du mât, d'un côté, & le grand diamètre & la première divifion, de l'autre côté, font déterminées, quant à leur longueur, par la ligne *a b*, (*fig.* 106), menée parallèlement aux lignes A B & C D dans le milieu de la diftance qui fépare ces lignes.

C'eft précifément de la même manière qu'on détermine les diamètres intermédiaires entre le grand diamètre & celui du bout des vergues de toutes les efpèces: la ligne A B (*fig.* 107) eft toujours moitié du grand diamètre ; les arcs font tracés avec cette ligne comme rayon & des points A & B pris pour centre ; les lignes P L & P M font toujours égales au quart du petit diamètre de la vergue : de forte que la ligne I K eft la moitié de ce petit diamètre ; on fe contente ordinairement de quatre divifions, ainfi qu'on les a faites dans la fig. 106. Les Charpentiers coupent des broches de bois fur les longueurs A B, C D, &c. pour leur fervir de mefure ; cela fait qu'ils appellent broches les longueurs que ces mefures repréfentent, & même le lieu du mât où ces longueurs conviennent : il eft bon de prévenir de cette expreffion dont on fe fervira quelquefois par la fuite : la ligne A B eft la première broche, celle C D eft la feconde, ainfi des autres, jufqu'au petit diamètre qui fait la cinquième, & la deuxième broche fert pour le pied du mât. Quand on veut avoir des diamètres intermédiaires entre les broches, on fe contente, dans la pratique, de prendre un moyen proportionnel arithmétique entre deux broches confécutives.

Il ne fuffit pas de favoir décrire la forme extérieure des pièces qui compofent la mâture d'un Vaiffeau ; il faut encore connoître les méthodes par lesquelles on parvient à dégager ces formes dans un arbre brut qui contient le solide cherché, mais enveloppé dans des masses de bois superflues dont il faut se débarrasser : c'est la partie vraiment méchanique du métier des ouvriers de la Mâture ; mais néanmoins elle offre encore des détails intéressans, & donnera matière à exposer des procédés ingénieux.

On commence par mettre le mât brut en chantier, & on le visite pour tâcher de faire disparoître dans le travail les vices naturels qu'on y pourroit découvrir ; ensuite on trace sur la partie supérieure une ligne. qui indique l'axe de ce mât : voici comment on y parvient. On pose une règle A D, (*fig.* 108) horisontalement sur le mât brut & perpendiculairement à son axe ; ensuite on laisse tomber de chaque côté deux fils à plomb, comme B C, que l'on rapproche jusqu'à ce que tous deux touchent la côté du mât ; & l'on marque sur le mât le point E qui indique sur la règle le milieu de la distance comprise entre les deux fils à plomb : il est évident que si l'on supposoit une ligne verticale passant par le point E, elle rencontreroit l'axe de l'arbre. On répète cette opération dans dix à douze points de sa longueur, ce qui donne d'autres points F, G &c. placés aussi dans le plan vertical qui passeroit par l'axe de l'arbre : il ne reste plus qu'à réunir tous ces points avec la ligne où le cordeau des Charpentiers, & alors on a ce que les ouvriers appellent le milieu du mât.

Cette ligne du milieu P Q (*fig.* 109) étant tracée, on y fait la distribution des broches comme dans la fig. 106 ; & ayant porté sur chacune la longueur qui lui appartient, on fait des entailles appelées *coches,* assez profondes pour qu'un fil à plomb rafant le fond de ces entailles qui doit être dans un plan vertical, touche au bout de la broche ; c'eft ce qu'on voit en C', A, C, E, G, I (*fig.* 109) : il eft clair que le fond de ces entailles eft tangent à la furface extérieure du mât fait ; ayant pris quelques diamètres intermédiaires ou fimplemenr des moyens arithmétiques entre les fix diamètres primitifs, on a un affez grand nombre de points donnés pour enlever le bois inutile entre les broches fur cette face ; on en fait autant du côté D' B D F H K ; alors on retourne l'arbre fur une des faces travaillées ; on prend la ligne du milieu, & l'on travaille les deux autres côtés comme on vient de le dire pour les deux premières.

Lorfque ces opérations font faites, le mât cherché eft contenu entre quatre furfaces courbes dans leur longueur, & dont les lignes du milieu feulement appartiennent au mât qu'on vient de dégager. Un arbre réduit à cet état eft *équarri* : cette expreffion ne doit pas être prife à la rigueur, car on n'équarrit jamais les arbres à vives arrêtes, à moins qu'ils ne foient couverts d'une couche d'aubour trop forte : les coupes tranfverfales, au lieu d'être des quarrés parfaits, ont la forme repréfentée fig. 110, dont les quatre points cardinaux A, B, C, D appartiennent feuls au mât cherché, parce qu'ils font dans les lignes du milieu des quatre faces dans lefquelles il eft enveloppé : ces lignes doivent toujours être marquées très-exactement, parce qu'elles dirigent tout le travail.

Il faut maintenant faire du quarré imparfait repréfenté fig. 110, un octogone, c'eft-à-dire, faire que le mât, au lieu d'être compris entre quatre furfaces tangentes

gentes à fon pourtour, foit compris entre huit furfaces également tangentes : pour cet effet, du point cardinal A on porte à droite & à gauche une longueur égale aux $\frac{5}{12}$ (1) du diamètre du mât, pris à l'endroit auquel appartient cette coupe, & l'on fait la même opération fur chaque broche & fur chacune des quatre faces. Si l'on mène des lignes par la fuite des points ainfi déterminés, elles feront les arrêtes du conoïde à huit faces, ainfi qu'on le voit fig. 110 ; & l'on n'aura qu'à faire fauter avec l'herminette les quatre folides ou prifmes triangulaires, tels que celui dont on voit la coupe en E F G H (*fig.* 110), dont les arrêtes font déterminées par les lignes tracées fur les quatre faces primordiales, & auxquelles appartiennent les points F & E, diftans, comme on vient de le dire, des $\frac{5}{12}$ de A B, par rapport aux lignes du milieu des quatre faces primitives.

Pour faire avec le conoïde à huit faces un conoïde à feize faces, on divife en quatre parties égales la largeur de chacune des faces du premier : les lignes menées par la divifion la plus prochaine de chaque arrête, font l'arrête du conoïde à feize côtés, comme on le voit fig. 111 ; il s'agit donc d'enlever huit folides à bafe triangulaire, tels que celui dont on voit la coupe en *e f g*.

C'eft encore en divifant en quatre, chaque face du conoïde à feize faces, & opérant comme on vient de le dire, qu'on en feroit un conoïde à 32 côtés. On ne pouffe jamais le travail plus loin, même pour les

---

(1) Le rapport de 5 à 12 eft bien inexact ; celui de 23 à 60 vaudroit mieux : rigoureufement ce feroit 38181 : 100000. (*Note de l'Editeur*).

Vaiffeaux des premiers rangs; on fe contente du conoïde
à feize faces pour la plupart des mâtures & pour toutes
les vergues.

L'*opération* qu'on vient de décrire eft appelée le *palmage* des mâts. L'adreffe du chef d'attelier confifte à diriger le palmage & l'équarriffage de manière à faire partir
les vices; il faut quelquefois, pour cela, porter la ligne
du milieu plus d'un côté de l'arbre que de l'autre, pour
éviter une couche d'aubier qui fe trouve accidentellement
plus épaiffe, ou quelqu'autre défaut : il en réfulte qu'il
y a beaucoup de bois à enlever d'un côté, tandis qu'on
ne touche prefque pas ailleurs : dans ce cas, & toutes les
fois que le bois à couper peut être de quelque utilité,
on le fait enlever à la fcie; ces rognures fervent à faire
des coins de mâts, des bordages de hune, des allonges
de jumelles, des couffins de jotteraux, des grains d'orge,
& autres ouvrages de cette efpèce.

Tout ce qu'on a dit du tracé, de l'équarriffage, du palmage des mâts, s'applique mot à mot aux vergues, dont
on détermine les diamètres & que l'on dégage dans les
mâts bruts du bois excédant qui les enveloppe, par les
mêmes procédés qu'on vient d'expofer. On finit d'enlever
les arrêtes & de polir la furface des mâts & des vergues
avec le couteau à deux manches ou la plane & la varlope;
mais il faut ménager des renforts dans certaines parties :
cela dépend de la deftination des mâts & des vergues, &
conféquemment les règles qu'on peut donner à ce fujet,
varient fuivant les genres de gréement.

Tous les mâts majeurs verticaux qui doivent être furmontés par des mâts de hune, ont une forme régulière

& font parfaitement arrondis dans toute la longueur comprife entre le pied A B C D (*fig.* 112) & une certaine diftance G F en deffous du ton. La longueur A C de la pyramide tronquée A B C D, qui forme le pied du mât & doit être logée dans la earlingue, eft égale au diamètre du mât : la bafe A B de cette pyramide eft le quarré infcrit dans le cercle A B : l'autre bafe C D eft un quarré dont le côté eft d'un tiers moindre. Quelquefois on donne au pied du mât un ou deux pouces de plus, fuivant la longueur du vaiffeau ou de l'avant à l'arrière, que d'un bord à l'autre. On taille cette pyramide quand le mât eft totalement arrondi.

La portion G I E F refte octogonale ou à huit pans ; elle doit porter les jotteraux, & c'eft pour que l'application de ces pièces foit plus exacte qu'on n'arrondit point le mât. La longueur G F eft donc déterminée par celle des jotteraux. Quand le mât, lors du palmage, a été travaillé à huit pans, on trace une ligne fur fon pourtour pour marquer le ton G I, & une autre pour marquer l'extrémité inférieure des jotteraux F E, & l'on ne touche plus à l'intervalle compris entre ces lignes.

Le ton I′ K G I eft arrondi chez nous comme le refte du mât : les Anglois le laiffent à huit pans ou même quarré, en émouffant feulement fes arrêtes ; la difficulté d'y appliquer des cercles, nous empêche de fuivre cette méthode.

Les dimenfions du tenon L I′ K M font fixées par celles du trou du chouquet. (Voyez Chap. 6, Table 7.)

Dans les petits bâtimens on laiffe la forme quarrée à la portion G F E I : cela difpenfe d'y rapporter une jumelle pour écarter la caiffe du mât de hune ; mais il faut pour cela que le mât brut foit beaucoup trop gros au petit bout.

Les bas-mâts qui ne doivent pas être furmontés par des mats de hune, ont un bout de flèche A B (fig. 113) qu'on laiffe à huit pans , & l'on conferve un renfort ou une noix B C en deffous de cette flèche pour fupporter le capelage ; c'eft dans cette noix qu'on perce les clans. Nous donnerons, en parlant des mâts de hune, la manière de faire la noix. La forme repréfentée fig. 113 eft celle de tous les mâts de Bateaux ; le pied eft toujours comme dans la fig. 112.

Les mâts à calcet, fig. 127, ont la tête quarrée ; la longueur AB, quand ils portent une gabie , n'eft jamais moindre que de quatre pieds $\frac{1}{2}$; elle eft ordinairement triple du gros diamètre du mât : quand le mât eft équarri, on ne fait le palmage qu'en deffous du point B; on perce dans cette tête deux clans pour les driffes. La gabie eft une efpèce de corbeille faite en lattes fort légères, & qui fert à repofer les matelots & à leur faire une affiète folide quand ils montent en haut pour parer les manœuvres. Le mât eft rond depuis le pied de la gabie jufqu'au niveau du pont ou à l'étambrai ; de là jufqu'au pied il eft à huit pans : on laiffe de la force à cette partie, afin d'augmenter fon poids & que le mât foit mieux balancé quand on l'abat dans fon courfier : abftraction faite de cette raifon , il feroit fort inutile de donner plus de force au pied des mâts que par la méthode expofée précédemment, & qui affigne pour diamètre du bas la feconde broche : jamais on n'a vu les mâts fatiguer en deffous des étambrais ; cependant il eft paffé en ufage dans la Méditerranée de

faire toujours la portion des mâts comprife dans la calle
à huit pans, même pour les Bâtimens qui n'ont pas
de courfier ; cela permet de diminuer le nombre ou
la force des haubans, & peut contribuer à la légéreté du
gréement.

Les mâts de beaupré ont une forme particulière ; celle
du pied, fig. 114, eft déterminée par la carlingue, dont
on a donné la defcription dans le Chapitre fixième ;
affez fouvent on laiffe plane fa face fupérieure, & voilà
comme cela fe pratique : on travaille d'abord le mât à
quatre pans ou quarré ; on marque la longueur A C du
tenon qui eft fixée par celle du chouquet (Voyez Chap. 6,
Table 7) ; on porte enfuite de C vers B une longueur
égale à la huitième partie de celle du mât : la face qui
forme le deffus du mât dans cette longueur ne doit plus
être touchée : ainfi le palmage ne fe fera que fur les trois
autres, & la coupe du mât fera telle qu'on la voit en M ;
du point B jufqu'au point D, le mât ayant été travaillé
à huit pans ; on épargne les trois faces fupérieures, & la
figure du mât dans cette partie eft conféquemment telle
qu'on la voit dans la coupe N : cette configuration augmente la folidité du mât, & fatisfait par conféquent aux
obfervations qu'on a faites à cet égard ; le refte, depuis D
jufqu'au pied, eft arrondi tout-à-fait : c'eft la portion du
mât qui eft en arrière de la fourche, ou bien qui refte
dans l'intérieur du Vaiffeau. Dans le commerce, on laiffe
affez fouvent le pied du beaupré quarré jufqu'à la liure :
c'eft un très-bon ufage, en ce qu'il empêche le mât de
fe tordre, & qu'il le fait appuyer bien plus folidement
dans fa fourche. On laiffe auffi la même forme au pied

des beauprés de cutters & de lougres qui, comme celui
de la fig. 52, peuvent être pouſſés hors du Vaiſſeau ou
reſter en dedans en courant entre les montans qui forment
leur carlingue.

Dans les grands Bâtimens on met une courbe E F G
(*fig.* 114) ſur le bout du beaupré; elle ſert à y établir un
pavillon dans quelques circonſtances, & ſur-tout à porter
des cordes qui ſont fixées par l'autre bout ſur le gaillard
du Vaiſſeau & forment un ſoutien au *garde-corps* pour
les matelots qui vont manœuvrer les focs ; on établit
auſſi ſur les deux faces latérales des pièces de bois C B,
à qui leur forme a fait donner le nom de *violons :* c'eſt
une platte-forme ſur laquelle les marins ſe placent pour
travailler à ſerrer les voiles. La courbe & les violons ſont
ajuſtés ſur le mât dans les fig. 85 & 91. La longueur des
violons eſt $\frac{1}{12}$ de celle du mât ; leur largeur eſt le tiers
de leur longueur, & leur épaiſſeur $\frac{1}{8}$ de leur largeur : leur
forme ſe trace à volonté ; il ſuffit qu'il y ait aux deux
bouts, & au milieu, une place où l'on puiſſe paſſer les
clous.

Le mât de hune fig. 115, a ſon pied terminé par
une caiſſe carrée, ainſi que je l'ai dit précédemment :
on laiſſe donc au pied de ce mât toute ſa force quand
il eſt équarri ; le côté de la caiſſe doit être égal au
diamètre du bas-mât meſuré à l'origine du ton : ſi l'arbre
fournit des dimenſions ſuffiſantes, on en profite ; ſinon
des calles ajoutées ſur la face antérieure & ſur les faces
latérales, jamais ſur celle de l'arrière, ſuppléent au bois
qui manque ; on perce dans la caiſſe deux clans pour le
paſſage de la guindereſſe. Le diamètre des rouets de fonte

qu'on met dans ces clans est égal au côté de la caisse,
ou au diamètre du bas-mât pris à l'origine du ton ;
on dessus & en dessous on laisse un vuide plus grand d'un
pouce que le diamètre de la guinderesse, & cela détermine la grandeur des clans, qui ont toujours un pouce
$\frac{1}{4}$ dans les plus grands vaisseaux, & dans les moindres,
un pouce, de pente par pied vers l'arrière : ils se percent
de tribord à babord ; la cloison qui les sépare est égale
en épaisseur à la moitié de la largeur des clans, & cette
largeur est d'un demi-pouce plus grande que le diamètre
de la guinderesse ; l'angle antérieur & inférieur du clan
de l'avant doit répondre à peu-près au milieu de la largeur de la caisse ; enfin, on creuse, dans le mât, des rigoles
suivant le prolongement des clans pour le passage de la
guinderesse, qui, sans cela, ne permettroit pas que le mât
passât entre les barres ; l'épaisseur du bois qui reste en
dessous des clans, est égale à la moitié du diamètre de
ces clans, & la longueur de la caisse en dessus des clans
est égale à leur diamètre entier.

Quatre pouces plus haut que la partie supérieure des
clans, on perce le trou pour le passage de la clef du mât
de hune ; ce trou, dont les dimensions fixent la force de
la clef, a six pouces de hauteur & cinq de largeur dans
les Vaisseaux de 110 canons ; cinq sur quatre, dans ceux
de 74 & 64, & les Frégates ; quatre à cinq sur trois, dans
les Corvettes & les plus petits Bâtimens. Le plan de l'arrière du trou de la clef doit être en avant du clan le
plus prochain, au moins à la distance de la largeur de ce
clan. Quelquefois la calle qui complète le pied du mât
de hune fait la face avant du trou de la clef, mais jamais

la clef ne doit porter fur cette calle : il faut que toute
fon épaiſſeur ſoit logée'dans le mât. Le haut du trou de
la clef eſt garni d'une plate-bande de fer : on met auſſi
des dés de fer ou de fonte à l'eſſieu des rouets de guindereſſe. Le ravallement de la caiſſe commence à la hauteur du trou de la clef ; il n'y auroit pas d'inconvénient
à prolonger ce renfort, qui n'eſt pas ſuperflu dans cette
partie du mât : elle ſouffre toujours beaucoup, & tous
les mâts de hune ſont éclatés ſur le trou de leur clef.

Les Anglois font autrement, le pied de leur mât de
hune ; la partie où nous faiſons la caiſſe, reſte carrée
avec les arrêtes ſeulement émouſſées, ou pour me ſervir
du terme téchnique, *chamfreinées*, depuis le trou de la
clef, juſqu'à l'emplacement du chouquet : il eſt à huit
pans ; le clan d'en bas eſt percé à la même hauteur que
l'un des nôtres, & ſon plan eſt dans la diagonale qui paſſe
de l'arrête antérieure de babord à l'arrête poſtérieure de
tribord ; l'autre clan eſt percé au-deſſus du trou de la
clef, dans un plan perpendiculaire au premier ; ſa diſtance
au-deſſus de la clef, eſt d'une demi-fois ſon diamètre :
voyez fig. 117.

Pour former la noix des mâts de hune A B (*fig.* 115)
on porte au pied du ton, en A, la troiſième broche
ou le diamètre du mât à moitié de ſa longueur, & cela
détermine le renfort de la noix qu'on laiſſe à ſix pans,
juſqu'à une longueur A B égale à la moitié du ton ; les
diamètres du mât, par-tout ailleurs, n'en ſont pas moins
réglés ſuivant la méthode ordinaire de réduction ; le renfort A B tient lieu des jottereaux & ſert d'appui aux
barres de perroquet ; le ton A C eſt carré, ſes arrêtes
émouſſées :

émouſſées : on garnit le bout C d'une frette ou cercle de fer en deſſous du tenon.

On traite les mâts de perroquet comme les mâts de hune ; leur pied eſt armé d'une caiſſe, ſuivant la méthode françoiſe, avec un clan ſeulement (*fig.* 116), & tout cela ſe règle préciſément comme pour le mât de hune ; ſi l'on ſuit l'uſage des Anglois, il n'y a que le clan d'en bas à percer : les manœuvriers préfèrent cette dernière forme à l'autre, parce que les guindereſſes ne ſe croiſent pas, ou, ſuivant leur expreſſion, ne font pas d'étrive ; la noix ſe fait encore comme on vient de le dire : ſouvent on y perce un clan pour la driſſe ; la flèche eſt ronde & terminée par une pomme : quelquefois on y perce un clan pour la driſſe de catacouas ; tout cela ne peut ſouffrir de difficulté d'après les détails où je ſuis entré pour les autres mâts. On fait, dans quelques ports, un talon ou crochet A au pied du mât de perroquet : on veut, par cette ſaillie, l'empêcher de s'élever & de ſortir du trou qui embraſſe ſon pied dans les barres : cette pratique n'eſt pas généralement adoptée ; elle paroît être une précaution ſurabondante.

Quand les mâts de hune portent une flèche, & ne ſont pas ſurmontés par celui de perroquet, on les fait comme le mât de perroquet (*fig.* 116) : on prend encore cette forme pour les mâts des ſloops & autres Bâtimens où l'on grée une voile haute ſur la flèche, en conformant le pied comme dans la fig. 112 ; les mâts de perroquet de fougue n'ont jamais qu'un clan : ils ſont d'ailleurs travaillés comme la fig. 115, quand il y a mât de perruche ; & comme la fig. 116, quand ils ont une flèche.

E e

Il ne peut y avoir de difficulté pour les Mâtures à pible ; il faut feulement avoir l'attention de conferver une noix réglée comme comme celle A B (*fig.* 115) à chaque capelage.

Le bout-dehors du beaupré eft ordinairement rond d'un bout à l'autre ; on fait une entaille au petit bout pour placer les amarrages des drailles & de diverfes poulies : les bâtons de foc des grands Vaiffeaux ont un clan auprès du pied. Voyez fig. 118.

Le mât de pavillon, ou gaule d'enfeigne, eft rond d'un bout à l'autre & terminé par une pomme : tous ces détails ne valent pas qu'on s'y arrête, paffons aux vergues.

La fig. 119 repréfente la moitié d'une grande vergue ou d'une vergue de mifaine ; en portant les diamètres dans les différens points de toutes les vergues, on augmente la grande broche de 18 lignes pour les plus grandes, & de 6 pour les plus petites : cela forme le renfort du point de fufpenfion ; il s'étend jufqu'à deux fois & demie, le diamètre de la vergue de chaque côté ; ainfi l'on a une portion prifmatique longue de cinq diamètres de la vergue & d'un diamètre un peu plus grand que celui fixé par les états. Cette portion refte ordinairement à huit pans ; on y rapporte, dans les grands Vaiffeaux, une fourrure A B (*fig.* 120) en bois de fapin ; elle eft percée de trous, dans lefquels paffent les amarrages des driffes & de la fufpente ; cela garantit ces amarrages du frottement des manœuvres courantes qui tombent en avant de la vergue ; la fourrure A B ne fe met qu'aux grandes vergues & à celles de mifaine.

Au bout du renfort A B commence le conoïde qui forme la moitié de la vergue : Voyez fig. 119. On porte en C D la moitié de la longueur deſtinée pour les bouts ou tacquets , & que l'on trouve dans les Tables des proportions de Mâtures. Le point C eſt celui où la voile doit être amarrée ; il limite donc l'envergure de la voile inférieure & la bordure de la voile ſupérieure.

On conſerve, aux vergues baſſes, un renfort ou tacquet C (*fig.* 119) pour cet effet ; quand la vergue a été équarrie, on épargne au point C les quatre arrêtes dans une longueur égale au diamètre de la vergue en cette partie ; le bout C D ſe travaille à huit pans ou carré ou rond ſelon la forme du cercle de bout de vergue : le reſte B E eſt arrondi parfaitement ; on voit que d'après ces opérations il reſte au point C quatre ſolides triangulaires ſur les quatre points cardinaux de la vergue qui ſoutiendront parfaitement l'amarrage de l'envergure de la voile baſſe & de la bordure du hunier.

La vergue de hune, fig. 121, a ſon renfort comme la vergue baſſe en A B ; la partie B C juſqu'aux tacquets eſt arrondie comme dans les autres vergues auſſi : mais les tacquets ſe font différemment. On ſait que, pour diminuer la ſurface des voiles, on plie ſur la vergue une portion de leur chûte , ce qu'on appelle prendre des ris ; les huniers ont trois bandes de ris ; & comme leur forme eſt celle d'un trapèſe , ils augmentent d'envergure à chaque fois qu'on ſupprime ou qu'on ſerre une de ces bandes : les huniers ont donc quatre envergures différentes, & il leur faut par conſéquent quatre tacquets à chaque bout de la vergue ; voilà comment on trace ces tacquets ; on prend, dans les

Tables, la moitié de la longueur qui leur est destinée, ce qui donne la longueur C D ; ensuite on partage C D en quatre parties égales, ce qui détermine la base des quatre tacquets. Quand la vergue est équarrie on épargne les deux arrêtes qui se doivent trouver dans un plan horisontal lorsqu'elle sera en place, & ces arrêtes forment les tacquets ; on donne à leur ravallement la moitié de leur longueur : la forme du petit bout est encore déterminée par celle des cercles pour les bouts-dehors des bonnettes (1).

Les vergues de perroquet, celles de civadière & de contre-civadière & perruche d'artimon, se travaillent comme les grandes vergues basses, parce qu'elles n'ont pas besoin de plusieurs tacquets, attendu que les voiles de perroquet n'ont pas de ris, il en est de même des vergues de catacouas ; quand les voiles doivent porter un moindre nombre de ris, on diminue d'autant le nombre des tacquets, dont la distribution se fait toujours de la même manière : ainsi les vergues de perroquet de fougue ont trois rangs de tacquets, parce que cette voile a deux bandes de ris ordinairement.

La vergue d'artimon, ainsi que les vergues latines qui ne se font pas d'assemblage, a son renfort A B (*fig.* 122) à huit pans ; le bout B C du carnal est rond & terminé par une entaille C pour soutenir l'amarrage

---

(1) Dans les petits Bâtimens les vergues de hune n'ont que trois tacquets, quoique les huniers ayent toujours trois bandes de ris : mais la première & la seconde empointure ne diffèrent pas assez pour qu'elles ne puissent s'amarrer au premier tacquet ou au tacquet d'envergure.

des oftes. La penne A D eft ronde; auffi on y pratique des tacquets fur une face feulement, & ils fe trouvent en deffus de la vergue quand elle eft en place : ces tacquets ne fervent pas feulement à prendre des ris; mais à porter plus loin le point d'envergure de la voile, quand fa têtière s'eft allongée par le fervice : ils font au nombre de fix dans les plus grands Bâtimens, & de quatre dans les plus petits, & ont ordinairement un pied ou dix pouces de longueur.

On voit dans les fig. 96 & 97 la figure des arc-boutans ferrés & des bouts-dehors de bonnettes; ces pièces font rondes d'un bout à l'autre, & portent à leur extrémité une entaille pour amarrer leurs bras.

Pour completter ce qui concerne les vergues des Bâtimens à trois mâts, il nous refte à parler de la vergue de tangon, dont il n'a pas encore été queftion. Cette vergue ne fert, fur les Vaiffeaux, que comme un bout-dehors; elle eft pofée fur le gaillard d'avant: la mifaine & fes bonnettes amurent fur fon extrémité; pour cet effet on pouffe la vergue en dehors du vaiffeau quand les circonftances l'exigent. A ne la confidérer que fous ce point de vue fa forme feroit affez indifférente; mais comme on lui donne les dimenfions de la vergue de fougue & de celle de hune, il la faut travailler comme celles-ci pour qu'elle puiffe les remplacer dans l'occafion.

Les guis ou vergues baffes de brigantine, fig. 123, font ronds dans toute leur longueur : il arrive affez fouvent qu'on n'y fait pas de renfort A B au point où l'écoute eft frappée. On conferve quatre ou fix tacquets au bout de l'arrière : trois fervent pour les ris qui fe prennent

en bas dans les baumes ; les autres fervent à porter plus
loin le point de bordure de la voile quand elle eft allongée
par le fervice : le petit tenon du bout fert à l'amarrage
de la balancine ; on garnit fouvent le bout d'une frette
de fer ; on y met un cercle de bout-dehors , quand
on porte une bonnette de brigantine. La figure 123 repréfente la vergue vue par le côté ; les tacquets doivent être
en deffous quand elle eft en place : les croiffans C D s'a-
juftent fur la face qu'on voit dans la figure & celle qui lui eft
oppofée ; on y conferve, pour cet effet, une portion
carrée C D qui a de longueur fix fois le plus grand diamètre de la vergue : les croiffans, faits de bois d'orme,
s'y appliquent ; on y paffe quatre à cinq chevilles & on
cercle le tout comme on le voit pour le pic, fig. 124.

Le pic eft rond dans toute fa longueur ; on fait une
entaille au bout pour l'amarrage de la balancine : celui
qui doit porter le croiffant eft carré.

Les vergues à bourcet ou de chaffe-marée, fig. 125 ,
ont , à leur point de fufpenfion, un renfort où l'on conferve affez fouvent une des arrêtes du carré fur la face
inférieure de la vergue : cela fait un appui pour la driffe,
parce qu'on y fait une petite coche A pour l'empêcher
de gliffer : il n'y a qu'un tacquet à chaque bout, & fouvent
même il n'y a qu'une entaille affez foible pour amarrer le
point de la voile : le renfort eft à huit pans ou rond.

Les livardes font rondes dans toute leur longueur ; on
fait aux deux bouts un petit tenon : celui d'en haut pour
entrer dans un œillet pratiqué à l'angle de la voile ; l'autre
pour s'engager dans l'herfe qui retient le pied du balefton.

Ces détails fuffiront fans doute pour déterminer la forme

extérieure des mâts & des vergues dans tous les fyftêmes de voilure poffible , & même pour conduire avec précifion les ouvriers dans le développement de ces formes ; j'ai cru devoir paffer fous filence des particularités qui ne me paroiffent pas offrir d'utilité bien réelle , par exemple la courbure des mâts de hune des cofs , des galiotes & autres Bâtimens du Nord ; la forme des pics du tapecul adoptée pour les dernières , & différentes autres fingularités qui tiennent plus à ce qu'on appelle le goût , c'eft-à-dire , au caprice , qu'à des avantages bien conftans. Au refte , il fera bien facile de fentir , en voyant ces formes extraordinaires , quel en a été le motif , & quels procédés on doit employer pour les exécuter , fi le bien qui doit en réfulter entre en compenfation avec le travail qu'elles exigent.

J'ai paffé légèrement fur la forme des vergues latines , parce que ce qui les concerne trouvera mieux fa place dans le Chapitre fuivant.

T A B L E P R E M I È R E.

Rapport du petit au grand diamètre des mâts, & détermination du lieu où le grand diamètre doit être placé.

Grand mât & mât de misaine.	Le petit diamètre est les $\frac{4}{7}$ du grand diamètre ; dans les Mâtures à calcet, il est la moitié du grand. Le grand diamètre doit répondre au pont où sont les coins, & si l'on coince à plusieurs ponts il doit répondre au plus élevé.
Mât d'artimon.	Le petit diamètre est les $\frac{7}{12}$ du grand. Le grand diamètre répond au pont où sont les coins.
Beaupré.	Le petit diamètre est la moitié du grand. Le grand diamètre tombe sur l'étrave.
Les deux mâts de hune.	Le petit diamètre est les $\frac{5}{12}$ du grand. Le grand diamètre pour tous les mâts supérieurs, répond au chouquet qui les lie avec les mâts inférieurs.
Le mât de perroquet de fougue.	Le petit diamètre est les $\frac{5}{12}$ du grand, quand il y a un mât de perruche : sinon il se règle comme les mâts à pible.
Les mâts de perroquet & de perruche.	Le petit diamètre est le $\frac{1}{3}$ du grand.
Bâton de foc. . . . . Le petit diamètre est les $\frac{4}{7}$ du grand.	

Nota. 1°. Quand les mâts majeurs ne sont pas surmontés par des mâts de hune : le petit diamètre est la moitié du grand, excepté dans les Mâtures à calcet, où il est les $\frac{4}{7}$ à cause des clans & de la gabie dont la tête est chargée. 2°. Quand les mâts supérieurs sont de la même pièce que les mâts inférieurs, comme dans les Mâtures à pibles, ou dans celles qui portent les perroquets sur les flèches des mâts de hune, il faut donner, aux différentes parties de ces mâts, les diamètres qu'ils auroient dans les autres systêmes : ainsi, un mât de perroquet de fougue dont la flèche porteroit la perruche, auroit à son capelage $\frac{5}{12}$ de son grand diamètre & au bout de sa flèche $\frac{1}{3}$ de ces $\frac{5}{12}$ ou $\frac{5}{36}$ du grand diamètre.

TABLE DEUXIÈME.

Rapport du petit au grand diamètre des vergues, & détermination du lieu où le grand diamètre doit être placé.

Vergues des voiles carrées.

Toutes les vergues des voiles au trait carré ont, pour diamètre, au bout les $\frac{2}{7}$ du grand diamètre, & celui-ci répond au milieu de leur longueur où est leur point de suspension : quelquefois on fait le petit diamètre des vergues basses égal à la moitié du grand.

Vergues des Baumes ou Brigantines.

Les cornes ou pics ont leur petit diamètre égal à la moitié du grand, & celui-ci touche au mât : c'est-là son point de suspension.

Les diamètres aux deux bouts du gui font égaux entr'eux, & ont les $\frac{7}{12}$ du grand diamètre ; celui-ci est placé au point où l'écoute fera frappée, c'est-à-dire, qu'il répond à la barre du couronnement du Navire, quand cette vergue est en place.

Vergues à Bourcet.

Ces vergues, qui font suspendues par le tiers ou le quart de leur longueur, ont le même diamètre aux deux bouts : il est égal à la moitié du grand. Le grand diamètre tombe au point de suspension.

Vergues des voiles à Baleston.

Les guis de houaris fe traitent comme ceux des brigantines. Les livardes ont leur gros diamètre au bout d'en bas : le diamètre à l'autre bout est la moitié du grand.

Vergues latines.

Le grand diamètre est au point de suspension qui est fort variable ; le diamètre au bout du carnal est les $\frac{2}{3}$ du grand ; celui du bout de la penne en est le $\frac{1}{7}$.

Les vergues d'artimon font suspendues par le tiers de leur longueur à-peu-près ; & c'est-là qu'on met le grand diamètre : celui du bout de l'avant en est les $\frac{3}{5}$, celui de l'arrière, la moitié de ces $\frac{3}{5}$, ou les $\frac{3}{10}$ du grand diamètre.

Arcboutans ferrés.

Le grand diamètre est au tiers de la longueur, & le petit diamètre est les $\frac{3}{5}$ du grand.

Bout-dehors des bonnettes.

Le grand diamètre est au bout qui regarde le milieu du Vaisseau & le petit diamètre est le $\frac{2}{3}$ du grand.

F f

CHAPITRE NEUVIÈME.

De la compofition des Mâts & des Vergues de plufieurs pièces ou d'affemblage.

LA nature ne forme point d'arbres capables de faire feul les bas-mâts de la plupart des Bâtimens de guerre. Les pins qui paffent 80 pieds de longueur font rares, & l'on n'en voit prefque jamais qui portent trente palmes de groffeur. Il a fallu donc fuppléer par l'art au défaut des productions de la nature, & cet art eft celui de l'affemblage des mâts.

Si l'on fuppofe un certain nombre de pièces de bois ajuftées l'une contre l'autre avec foin & tenues folidement dans une bafe inébranlable, tandis qu'une force A B, (*fig.* 128) tend à les rompre, il ne faut pas croire que la réfiftance avec laquelle ces pièces raffemblées s'oppofent à la force A B, ne foit qu'égale à la fomme des réfiftances dont chacune feroit capable féparément. Pour que l'affemblage plie, il faut que la poutre A C s'allonge, ou que la poutre D E fe raccourciffe; & l'un de ces effets ou tous les deux auront néceffairement lieu avant fa rupture, fi les pièces contigües ne peuvent glifler l'une fur l'autre. Plus la poutre A C fera éloignée de la poutre D C, plus l'allongement de la première doit être grand, pour que l'autre plie d'une quantité donnée; par conféquent, plus la réfiftance de A C fera grande.

Si maintenant on recouvroit les quatre poutres avec une pièce qui fût capable de fournir les rectangles A D E C, il est évident qu'à quantité de matière égale, cette pièce résisteroit plus que chacune des poutres dont on vient de parler, parce que la constitution de ses fibres ne lui permet pas de plier sur le côté D E, puisque cela ne se pourroit faire sans un allongement considérable du côté A C; lequel allongement est encore plus impossible quand la liaison des parties a été opérée par la nature, que quand elle a été produite par la main des hommes En appliquant ces notions générales à la matière dont nous traitons, il sera facile d'en conclure que si D E représente l'avant d'un mât, il faut mettre les pièces les plus grosses ou les plus capables de résistance en A C ou sur l'arrière dans les mâts verticaux qui ont toujours de la propension à plier ou s'*arquer* vers l'avant, & en-dessous pour les beauprés qui prennent toujours du pli de bas en haut. On conclura encore que les pièces latérales, quoique plus minces, produiront cependant, à cause de leur largeur, un très-grand effet.

Quoi qu'il en soit, on auroit tort d'attendre d'un mât d'assemblage la même solidité que d'un mât formé d'un seul arbre. Si quelquefois des compositions de charpente annoncent une force relativement plus grande que celle des pièces isolées, ce n'est pas que la liaison factice l'emporte sur la contexture des fibres ligneuses, c'est que, par la disposition de quelques parties du système, on les fait travailler dans un sens plus favorable. Voilà pourquoi les sommiers d'assemblage, ceux de décharge, les baux de deux ou trois pièces, supportent en pliant moins, un

effort plus confidérable que des poutres d'égales dimenfions ; mais fi l'on continuoit d'augmenter la charge, les
poutres fimples romproient long-tems après les poutres
compofées : c'eft donc la rigidité feule & non la force
abfolue qui eft augmentée ; de même les mâts d'une pièce
plieront davantage, mais ils cafferont moins que des mâts
de plufieurs pièces. Par la même raifon encore, plus on
augmentera le nombre des pièces compofantes, plus on
perdra fur la folidité. Les affemblages les moins compliqués font donc préférables, & des vues particulières
font le feul motif qui puiffe faire négliger cette confidération. L'affemblage le plus anciennement connu eft celui
des beauprés de quatre pièces.

Le beaupré d'un Vaiffeau de 74 canons auroit 62 pieds
de longueur & 33 po. de diamètre. Si on le fuppofe coupé
dans le fens de fa longueur par deux plans perpendiculaires
entr'eux & qui paffent par fon axe, il fera divifé en quatre
folides égaux, & les coupes de ces folides feront telles
qu'on les voit dans la figure fig. 129, où elles font indiquées par les lignes A B, C D. Dans quelque endroit que
l'on fuppofe le mât coupé perpendiculairement à fa longueur, la forme des quatre portions compofantes feroit
toujours la même que celle qu'on voit dans la fig. 129, où
la coupe eft fuppofée faite fur la partie du mât dont le
diamètre eft le plus grand : c'eft ce qu'on appelle *le gros
du mât.*

Mais ces quatre portions compofantes glifferoient l'une
fur l'autre quand le mât feroit follicité à fe plier par
l'effort des étais. On s'oppofe à ce mouvement par le
moyen d'une certaine quantité d'*adents* alternativement

faillants & rentrants, que l'on pratique fur les faces contigües, & l'on voit ces adents fur la coupe repréfentée fig. 129 : nous en parlerons plus amplement par la fuite; il faut feulement favoir maintenant que la faillie des adents étant de deux pouces, il faut ajouter cette épaiffeur à chaque face des pièces compofantes où l'on doit en pratiquer. ·

Cela détermine la groffeur de l'arbre qui doit faire chaque pièce compofante; fon centre feroit au point 3 (*fig.* 129) & il devroit avoir au moins 23 palmes, ce qui, fuivant le tarif, fuppofe une longueur de 69 pieds; mais on fe rappelle que pour faire des mèches d'affemblage de beaupré, nous avons deftiné, en parlant des recettes, les arbres qui ont de l'excédent en groffeur : ainfi l'on peut éviter de faire de la perte quand les dépôts font bien affortis.

Ayant trouvé quatre mâts de 63 à 64 pieds de longueur, de 23 à 24 palmes au gros bout (car il faut bien une palme de plus pour les défournis & autres défauts) on dreffera parfaitement deux de leurs faces F A & F D; enfuite on fera la divifion des broches, & l'on portera de F vers A & de F vers D la moitié feulement de la longueur de ces broches; on y ajoutera deux pouces pour les adents & quelque chofe pour le parage : cela déterminera les arrêtes A & D; ce qui fuffit pour faire l'équarriffage comme il a été dit dans le chapitre précédent; à l'exception qu'ici les deux faces, dont A G, D G font partie, font courbes, tandis que les deux autres font planes. Quand les adents feront faits & les quatre pièces affemblées, les furfaces courbes formeront par leur réunion quatre faces tangentes au mât cherché, qu'il fera facile de dégager par les procédés qu'on a décrits, c'eſt-à-dire, par le palmage.

On entrevoit déja qu'on ne fait pas des mâts d'aſſemblage ſans une perte de bois immenſe; mais auſſi tous les arbres étant entamés & dépouillés de leur aubier, on en reconnoît les vices, & on les fait diſparoître dans l'emploi; de ſorte qu'on eſt plus ſûr de la bonté d'un mât d'aſſemblage que de celle d'un mât ſimple, dont le cœur peut être gâté ſans qu'on puiſſe le reconnoître.

La figure 130 repréſente la coupe du pied du mât de beaupré dont nous nous occupons, & la fig. 131 eſt celle du petit bout; il ne peut y avoir aucune difficulté pour cet aſſemblage, qui n'eſt ni le plus économique ni le plus ſolide, quoiqu'il ſoit le plus anciennement & le plus généralement adopté : on ne doit l'employer que pour les Frégates & autres Bâtimens de moyenne grandeur : mais pour les gros Vaiſſeaux on doit préférer le ſuivant.

On voit dans la fig. 132 les trois coupes d'un beaupré, compoſé de quatre pièces, dont deux principales timbrées 1 & 2, & deux autres d'une moindre force, appelées jumelles, & timbrées 3 & 4.

Les pièces 1 & 2 ſont formées de mâts de 24 palmes chacune, pouvant, au gros, fournir un quarré de 18 pouces; ainſi, en prenant ſur chaque pièce deux pouces pour les adents, & les réuniſſant enſemble, elles formeront une largeur de 36 pouces, qui ſera réduite à 34 quand les adents ſeront engrainés : ce pouce d'excédent ſur le diamètre de mât cherché ſera enlevé dans le palmage. La face par laquelle les deux pièces 1 & 2 se touchent, est plane & suit l'axe du mât. Si toutefois une des deux pièces fournissoit plus que l'autre, on en profiteroit, & cela ne nuiroit en aucune manière à la solidité de l'assemblage ; mais il faudroit mettre la plus forte dessous, c'est-à-dire, au n°. 2. Quand un des arbres a de la courbure, il faut lui marier un arbre qui ait une courbure égale, & opposer les concavités des deux arcs ; il en résulteroit que les adents tendroient à se dégager : mais les cercles s'opposent à cet effet, & la réaction des deux pièces se détruisant réciproquement, le mât restera droit.

Les deux autres faces des arbres 1 & 2, qui font partie de la surface apparente du mât, se travaillent d'après les broches : si ces arbres donnent une largeur égale, il faut porter à chaque division la moitié de la broche qui lui appartient, en comptant de l'arrête suivant laquelle se fait la réunion de ces deux pièces ; si les deux arbres sont inégaux, on retranchera la différence de la largeur qu'ils fournissent de la demi-longueur de la broche, pour l'appliquer au plus petit, & on ajoutera cette différence au palmage de l'autre.

Les deux faces des pièces principales 1 & 2 qui se marient avec les jumelles latérales 3 & 4, sont planes ou courbes ; mais sans s'astreindre à suivre, pour régler leur courbure, la dégradation des broches, on conserve autant d'épaisseur qu'on peut aux pièces principales dans toute leur longueur, afin de diminuer celle de ces jumelles latérales ; il faut seulement que l'épaisseur des jumelles, au petit bout, soit au moins de trois à quatre pouces, sans y comprendre les adents. Il est aisé de déterminer l'épaisseur des jumelles dans tous les points de la longueur, puisqu'avec celle des pièces principales, elles complettent les broches; leur largeur est donnée par les arrêtes des pièces principales qui font partie de la face extérieure du mât.

Dans la composition représentée fig. 132, il faudroit pour faire les jumelles latérales, des arbres de 24 palmes; mais on en retireroit des côtés propres à faire des jumelles pour des mâts d'une moindre force, & c'est en cela que consiste l'économie de cet assemblage. Si au lieu de prendre pour pièces principales, des arbres de 24 palmes, on en prenoit de 25, un seul pin de 24 fourniroit les deux jumelles en le sciant en deux, & alors le beaupré ne seroit formé que de trois arbres.

Lorsque les deux pièces principales 1 & 2 (*fig.* 132) fournissent une épaisseur suffisante, on conserve sur les bords un ressaut *a, b, c, d,* de sorte que la partie du pourtour du mât indiquée par ces lettres est faite aux dépens des pièces principales, tandis qu'elle devroit l'être aux dépens des jumelles : on dit alors que les pièces 1 & 2 *paient* pour les autres : ce ressaut est appelé rablure; il diminue de quelques pouces la largeur de la jumelle, & permet d'y employer des arbres d'une moindre valeur.

Quand même il se trouveroit un défourni dans la jonction des arrêtes de deux pièces composantes, comme on le voit à la coupe du pied représentée fig. 132 en A, cela ne nuiroit pas à la solidité de l'assemblage, pourvu que ce défourni n'atteignît pas les adents : on le remplit par des *grains d'orge;* ce sont des tringles de bois triangulaires dont on voit la coupe en A, & qui remplissent l'intervalle

que

que laiſſe ce défourni : ces grains d'orge n'ajoutent pas à la ſolidité du mât, mais ils empêchent l'eau & les ſaletés de s'arrêter & de ſéjourner entre les plans de jonction des pièces compoſantes : on voit ſouvent des mâts porter quatre grains d'orge de vingt à trente pieds de longueur & de quatre à cinq pouces d'épaiſſeur, ſans que cela diminue leur force.

Les pièces principales 1 & 2, ou un plus grand nombre qui formeroient une portion du mât renfermée entre deux plans, & comprenant l'axe du mât, ſont appelées la première couche. La jumelle 3, ſoit qu'elle ſoit d'une pièce ou d'aſſemblage, forme la deuxième couche, & l'autre la troiſième couche. Les détails dans leſquels je ſuis entré ſur les deux premières combinaiſons, me permettront de paſſer plus rapidement ſur les autres.

On voit un beaupré formé de ſix pièces, dont les trois coupes ſont repréſentées fig. 133; la première couche eſt, comme dans la fig. 132; de deux arbres; mais les deux jumelles ou la deuxième & la troiſième couche ſont chacune de deux pièces; on prend cette compoſition pour les beauprés des Vaiſſeaux du premier rang, parce qu'il faudroit des arbres énormes pour fournir les jumelles : en effet des arbres de 27 palmes, tels qu'il les faut pour faire les pièces 1 & 2, ne donneront d'épaiſſeur à la première couche que 21 pouces, & la largeur des deux autres couches ſeroit dans ce cas de 36 pouces : or il n'exiſte pas d'arbre qui la puiſſe fournir; on la compoſe donc de deux pièces ayant chacune 19 pouces, & que l'on tire de deux arbres de 24 palmes. Il ne peut y avoir la moindre difficulté pour cet aſſemblage, qu'en ce qui concerne la jumelle. Ayant donc tiré des mâts bruts de 24 palmes, des folides qui aient une face plane pour fe réunir, on les regardera, lors de la réunion faite, comme une couche d'une feule pièce que l'on traitera comme on l'a dit pour l'affemblage repréfenté fig. 132.

Comme les mâts de 27 palmes font infiniment précieux & rares, on fait quelquefois la première couche du beaupré des Vaiffeaux du premier rang de trois pièces, & alors ce mât eft compofé de fept mâts de 25 palmes chacun. Ce nouvel affemblage repréfenté fig. 134 ne diffère de celui de la fig. 133 que par la première couche : or cette couche eft facile à faire ; il faut feulement avoir attention de conduire les plans de jonction des pièces qui la compofent, de manière que leur réunion fe faffe au milieu des pièces 4, 5, 6, 7 qui forment les deux autres couches : cela s'appelle *doubler les joints*.

Si l'on compare les affemblages repréfentés par les fig. 129, 132, 133 & 134, on trouvera que le premier eft le moins économique & le moins folide, parce que la jonction C D rend le mât peu capable de réfifter à l'action des étais qui tirent dans ce fens & tendent à féparer les pièces 1 & 4.

Celui de la fig. 132 eft le plus fort de tous, parce que les jumelles latérales produifent le plus grand effet : il ne demande que les mêmes arbres, & rend des ôtées très-utiles.

L'affemblage de la figure 133 emploie des arbres de moindre valeur : mais il a un grand défaut ; les joints ne font pas doublés ; celui des jumelles tombe fur celui de la première couche.

Enfin, pour les grands Vaisseaux, il faut absolument employer la composition représentée fig. 134, qui perd des qualités par sa complication, mais dont la distribution est néanmoins parfaitement bien entendue.

Dans les mâts de beaupré d'assemblage, toutes les pièces composantes règnent ordinairement d'un bout à l'autre ; il n'y auroit cependant aucun inconvénient à mettre des alonges au pied, pourvu que ces alonges n'allassent pas plus loin que la fourche : on verra par la suite comment on les lie avec les pièces dont elles font partie. Dans les mâts dont nous allons parler, les pièces composantes ont leur origine & se terminent à différens points de la longueur ; mais avant que de passer à ces nouvelles combinaisons, il faut dire quelque chose du cerclage des mâts, des alonges & des paumes.

Les cercles des mâts se font avec d'excellent fer d'Espagne ; les barres dont on les forme ont 36 lignes de largeur au moins, & 42 au plus ; l'épaisseur est de 4 à 5 lignes : on les applique chauds sur le mât ; & pour cet effet il y a dans l'attelier de la Mâture un chauffoir où ils sont exposés à un feu de bois ; on leur y fait contracter autant de chaleur qu'ils en peuvent prendre sans rougir : alors on les apporte sur l'attelier & on les capèle sur le mât, en commençant par celui du gros qui doit passer par le pied du mât. Tous les cercles ont $\frac{3}{4}$ de pouce de diamètre moins que la broche où ils se doivent arrêter ; & c'est à force de bras qu'il faut ou refouler le bois, ou alonger le fer de manière à gagner ces $\frac{3}{4}$ de pouces : pour cet effet on chasse le cercle avec une masse de fer nommée *billard*, qui est mue par huit ou dix hommes :

ce font ordinairement des forçats. On billarde par les deux côtés à-la-fois ; & la correspondance des coups de cette espèce de bélier conduit le cercle avec la plus grande justesse jusqu'au point où il est destiné : s'il casse, on le remplace par un autre, & on le soude à la forge pour être employé ailleurs. On voit fig. 183 des forçats qui billardent un cercle ; cette opération demande beaucoup d'adresse chez celui qui conduit le gros bout du billard : il pourroit être blessé grièvement s'il manquoit d'atteindre son but.

Quand le cercle est rendu au gros du mât, on place successivement les autres, en laissant toujours entr'eux trois pieds d'intervalle ; il doit y en avoir un à l'origine du ton & un au-dessous du chouquet ; on évite qu'il s'en rencontre par le travers des ponts : cela gêneroit le passage des coins ; enfin on n'en met pas au mât d'artimon à la hauteur du gaillard & cinq pied au-dessus, parce que cela feroit affoler les boussoles de l'habitacle. Pour passer les cercles on soulève le mât avec des anspects ou leviers ; il se trouve toujours assez de monde sur les chantiers pour manœuvrer ainsi les mâts les plus gros.

On ne met d'alonge, comme nous l'avons vu, qu'en dessous des ponts pour les mâts verticaux, ou en arrière de la fourche pour les beauprés ; & l'usage a consacré pour la configuration de ces alonges des loix dont on ne s'écarte pas.

Soit A B (*fig.* 135) la hauteur du pont, E F le pied du mât, & B D une jumelle d'assemblage qui n'a point assez de longueur pour descendre jusqu'au pied ; pour y suppléer par une alonge, on prendra les $\frac{2}{3}$ de l'épaisseur de cette jumelle *a b* (*fig.* 136) & l'on y pratiquera un repos qui aura conféquemment ', de la même épaiffeur. Ayant enfuite mené *c d*, à la moitié de la diftance BF (*fig.* 135), on portera en *c e* le tiers de l'épaiffeur de la même jumelle, ce qui donne la coupe *a e c* de l'alonge, qui, par ce trait, recouvre la pièce qu'elle fupplée de la moitié de fa longueur, & a la même force & la même configuration qu'elle. La face *a e*, ainfi que celle de l'alonge qui doit y être appliquée, auront des adents, & doivent par conféquent conferver dans le premier équarriffage, chacune deux pouces d'épaiffeur plus que celle que demande le trait.

La fig. 137 fait voir comment dans les couches on arrange le bout des pièces compofantes : la pointe A eft le petit bout d'un arbre, dont le gros bout eft vers le ton du mât, & qui vient fe perdre près du pied ; cette pièce A ne conferve là que deux pouces d'épaiffeur & deux pouces fur chaque face pour les adents, en tout fix pouces ; il eft évident que ce qu'on lui donneroit de plus étant pris aux dépens des pièces latérales qui, dans cette partie, font toute la force de l'affemblage, ne pourroit que les atténuer.

On ne donne auffi que deux pouces d'épaiffeur au petit bout des pièces qui viennent fe terminer à la furface extérieure des mâts, comme on le voit fig. 138 & 139. La jumelle dont on voit le profil fig. 139, doit être appliquée dans l'efpace vuide *a b c d e f* (*fig.* 138) ; la partie *a b c d* eft coupée en portion d'octogone, & fe doit toujours trouver fous un cercle ; on ne fait pas ici les adents de deux pouces d'épaiffeur : celle de la pièce, fig. 139, ne pourroit les foutenir, & elle n'a pas befoin d'être retenue aufli puiffamment; il fuffit d'un pouce de faillie: ainfi le bout de la jumelle n'a que trois pouces à trois pouces $\frac{1}{2}$ d'épaiffeur.

La forme *a b c d*, (*fig.* 138) eft ce qu'on appelle une *paume*: quand il s'en rencontre plufieurs à la même hauteur, le même cercle les recouvre; mais fi l'on eft obligé de les faire toucher en différens points, il faut avoir attention que leurs diftances foient toujours ou de trois pieds ou d'un multiple de trois pieds, afin que les cercles foient diftribués également. Il fe trouve dans certains affemblages des paumes en différens points de la longueur des mâts, & l'on fuit toujours la même règle pour leur conformation, foit qu'elles regardent la tête ou le ton, foit qu'elles regardent le pied.

Avec ces notions préliminaires, il fera facile de marcher à grands pas dans la defcription des affemblages plus compliqués. Les fig. 140, 141 & 142 repréfentent celui d'un grand mât pour un Vaiffeau de 74 canons. Comme il doit avoir 104 pieds de longueur, ce qui ne permettroit pas d'en faire le développement fans augmenter l'étendue de la planche, je les ai tracés fur deux échelles, l'une pour les longueurs, l'autre pour les diamètres: celle-ci eft fextuple de la première; cela donne les moyens de mettre plus de détail dans les coupes; & des cottes rapportées fur les plans de longueur & fur ceux des coupes, défigneront toujours les dimenfions avec exactitude.

Le grand mât d'un Vaiffeau de 74 canons doit avoir 34 pouces de diamètre au gros. Si l'on fait la réduction des diamètres par le quart-de-nonante, ainfi qu'il a été dit dans le chapitre précédent, on trouvera pour la seconde broche qui donne le diamètre du pied 33 pouces $\frac{1}{2}$; la troisième broche a 31 pouces $\frac{1}{3}$, la quatrième 27 pouces $\frac{3}{4}$, & la cinquième ou le diamètre du petit bout 22 pouces $\frac{1}{3}$: comme la différence de la première broche à la seconde n'est que de six lignes, qui, étant réparties sur une longueur de vingt pieds, formeroient une diminution très-peu sensible dans les ouvertures des cercles en faisant le palmage, on augmente la broche du gros de trois ou quatre lignes.

La première couche est représentée dans la fig. 140; deux arbres, 1 & 2, de 23 palmes, forment le pied : on porte leurs aboutissemens, *a* & *b*, aussi loin qu'il est possible, mais en ayant l'attention de les faire tomber sous un cercle. Ces arbres de 23 palmes peuvent fournir un carré de 17 pouces $\frac{1}{2}$; mais en ménageant les segmens dans les faces qui seront en contact, on y retrouvera l'épaisseur nécessaire pour les adents : ainsi les arbres 1 & 2 fourniront la largeur requise au gros & au pied, mais ils ne la fourniront plus à la deuxième broche; c'est aux arbres 3 & 4, qui, par leur réunion, forment la largeur du ton, qu'il est réservé d'y suppléer en portant leurs aboutissemens en *c* & en *d*; on se rappelle quelles doivent être les épaisseurs des pièces aux aboutissemens : ces deux arbres sont de 22 palmes.

Le trait de ces quatre pièces est aisé, puisque leurs faces contigües sont planes, & que les faces verticales sont douées d'une courbure déterminée par les broches : ainsi nous pouvons maintenant considérer cette première couche comme formée d'un seul arbre ; règlons ses épaiffeurs qui doivent avoir une relation conftante avec les diamètres du mât cherché.

Nous avons dit que les arbres 1 & 2 fourniffoient chacun un carré de 17 pouces $\frac{1}{2}$, qui, après les adents faits avec la plus exacte précifion, pourroient compléter, par leur réunion, le gros diamètre du mât; il feroit poffible de faire deux autres couches femblables à la première, & qui, par leur réunion auffi, compléteroient le mât dans toute fa longueur & fon pourtour, mais les joints ne feroient pas doublés ; cette confidération oblige de multiplier les couches, & pour cet effet on réduit les épaiffeurs de la première comme il fuit: au gros 14 pouces ; à la feconde broche 13 $\frac{3}{4}$; à la troifième broche 13 ; à la quatrième 12 ; à la cinquième ou au petit bout 9 pouces ; c'eft ce qu'on voit dans les coupes jointes à la fig. 140, & dont le centre fe trouve vis-à-vis des broches auxquelles elles appartiennent ; l'épaiffeur des pièces qui compofent cette première couche permet de conferver des faillies fur les côtés, pour fuppléer au défaut de largeur des autres couches ; cela forme la cavité ou *rablure* qu'on obferve dans la fig. 140, & qui eft indiquée dans les coupes.

La deuxième couche eft repréfentée fig. 141 : elle fe termine à la hauteur de la quatrième broche ; les deux arbres 5 & 6 qui la forment ont 20 palmes ; ils peuvent fournir un carré de feize pouces dans leur gros, & par conféquent faire, après leur réunion & les adents prélevés, une largeur de 30 pouces : mais ils ne portent pas une longueur fuffifante ; ainfi on leur ajoute les alonges, au moyen de quoi la largeur & l'épaiffeur de la feconde couche jointes à la première, fourniront l'épaiffeur né-

ceffaire

cessaire pour compléter le mât depuis le pied jusqu'à quelques pieds au-dessus du gros ; mais passé ce terme, l'épaisseur seroit insuffisante ; ainsi l'on pratiquera une rablure *a b c d* (*fig.* 141) dans la face supérieure de cette seconde couche, & cette rablure sera remplie par la pièce timbrée 9 dans les coupes, & dont le contour est indiqué par des lignes ponctuées dans la fig. 141.

Tout cet assemblage vu par le côté, quand le mât est fait, a la forme représentée fig. 142, la moitié de la première couche est indiquée par les chiffres 2, 4 qui répondent aux mêmes côtés dans la fig. 140, & désignent les mêmes pièces composantes : dans la seconde couche on retrouve l'arbre timbré 6 dans la fig. 141, avec son alonge B ; cette couche est terminée à la hauteur de la quatrième broche : enfin la troisième broche est formée d'une pièce timbrée 9 dans la fig. 141.

Si on retourne cet ensemble pour ajouter sur l'autre face de la première couche une seconde & une troisième couche semblables à celles dont on vient de parler, le mât sera complet ; il ne restera plus qu'à le dégager du bois inutile, par la méthode connue du palmage, qu'il est bien facile d'appliquer à la coupe M (*fig.* 141) où les couches sont vues avec leur forme carrée.

On retrouve dans les coupes attachées à la fig 141, les arbres indiqués dans les autres, & la composition totale du mât ; les mêmes numéros répondant toujours aux mêmes arbres, il est aisé de suivre la correspondance de ces coupes entr'elles & avec les plans de longueur. On voit dans ces coupes que les pièces composantes timbrées 9 & 10 sont très-courtes & très-minces ; aussi un

H h

mât de 22 palmes, refendu par son milieu les fournit toutes deux.

En récapitulant ce que nous avons dit sur cet assemblage, on verra que le mât d'un Vaisseau de 74 canons ainsi composé, emploie deux mâts de 23 palmes (1 & 2), deux de 22 palmes (3 & 4), quatre de 20 palmes (5, 6, 7 & 8) enfin un de 20 palmes scié en deux (9 & 10); ainsi ce mât est composé de neuf pins, & de dix pièces principales ou de quatorze morceaux, en comptant les alonges.

Cette combinaison a ses avantages & ses inconvéniens; chaque arbre y est employé dans toute sa force, & la pièce la plus considérable n'a pas de grandes dimensions. La solidité n'est pas équivoque; le gros du mât & son ton sont formés par deux pièces principales très-fortes, & qui se présenteront de la manière la plus avantageuse, parce que le plan de la première couche sera dans l'axe du Vaisseau : chacun des mâts composans fait partie du pourtour dans les points où il doit faire le plus d'effort, & porte là ses plus grandes dimensions : ainsi, outre qu'il y fait un effet plus sensible pour la solidité, on doit moins craindre encore que ces pièces ne s'échauffent ou pourrissent : malheur fort ordinaire à celles qui sont enveloppées de tous côtés. Enfin, vers la tête du mât, qu'il faut toujours renforcer le plus qu'on peut, les joints de la première couche sont bien doublés par les quatrième & cinquième couches, ou par les pièces 9 & 10.

Il faut convenir qu'il se fait une perte de bois immense, & que le travail est très-long à cause de la multiplicité des adents; mais on doit passer par-dessus ces considérations pour employer des mâts de 20 à 24 palmes, qui sont très-communs, tandis que ceux de plus gros diamètre sont infiniment rares. On pourroit aussi objecter que le joint des pièces (6 & 5) (8 & 7) qui forment la seconde & la troisième couche, tombe sur celui des pièces (1 & 2) (3 & 4) qui forment la première ; mais on auroit tort d'en concevoir de l'inquiétude, parce que des mâts ainsi composés ont fait toute la guerre dernière sans jamais donner aucune marque de foiblesse.

On ne reprochera pas le défaut dont on vient de parler à l'assemblage suivant, quoiqu'il soit plus compliqué ; il s'agit de faire le grand mât d'un Vaisseau de 80 canons avec des arbres semblables à ceux que nous venons d'employer : la longueur de ce mât seroit de 112 pieds & son diamètre de 36 pouces.

Il n'y aura pas de difficulté pour les 2e, 3e, 4e & 5e couches ; nous avons trouvé plus d'épaisseur qu'il n'en falloit à toutes celles du mât représenté fig. 140, 141 & 142. Ainsi, en diminuant un peu la profondeur des rablures & ménageant les épaisseurs des arbres, on trouvera facilement de quoi composer les couches représentées fig. 141 ; mais la première couche, ou la fig. 140, manquera nécessairement de largeur si l'on n'y emploie des mâts de 24 palmes au moins. Au défaut de ces arbres, on la peut faire de 3 pièces par le pied & deux par le ton, ou bien de 3 pièces aussi pour le ton, si les deux pièces ne donnent pas une largeur convenable. Dans le premier cas, l'arbre du milieu monteroit aussi haut que sa longueur pourroit le permettre : rien même n'empêcheroit de lui donner une alonge par le pied ; dans le second, il faudroit écarver deux arbres ensemble, de moitié de leur longueur à-peu-près, pour les faire régner d'un bout à l'autre de la première couche : le pied d'un de ces arbres feroit au petit bout & l'autre au pied du mât : le refte fe feroit comme pour le mât du Vaiffeau de 74 canons. Les coupes de la première couche reffembleroient à celle de la fig. 134, où les trois pièces compofantes font indiquées par les numéros (1, 2, 3). Je n'infifterai pas davantage fur cette compofition, où il faut remarquer que les deux joints de la première couche font parfaitement doublés par les deux pièces de la deuxième & de la troifième : un mât fait ainfi, feroit compofé de dix ou onze arbres & de feize morceaux.

Il fuffira de regarder avec attention les fig. 143, 144 & 145, & les fig. 146, 147 & 148, & de comparer les numéros des plans de longueur qu'elles expriment, pour comprendre les affemblages que les figures repréfentent.

La fig. 143 eft la première couche d'un mât de quinze arbres ou pièces principales : elle eft formée de cinq arbres, dont les longueurs font cotées fur le deffin ; on rapporte par-deffus & par-deffous une autre couche repréfentée dans la fig. 144 : chacune d'elle eft auffi formée de cinq arbres ; celui du milieu 6 & les deux latéraux 7 & 8 font recouverts dans leur écart par les arbres 9 & 10 ; moyennant cette difpofition, que l'on conçoit à l'infpection de la fig. 145, qui repréfente la moitié du mât affemblé, les joints du premier plan ne fe confondent pas avec ceux du deuxième & du troifième : il eft inutile de dire qu'on peut mettre des alonges à plufieurs des arbres qui forment le pied, particulièrement à celui côté n°. 1, qui doit avoir une grande longueur.

On trouve dans les fig. 146, 147 & 148 un mât formé

de 17 arbres ou pièces principales ; la première couche, fig. 146, est composée de cinq pièces disposées à-peu-près comme celles du mât de quinze arbres ; mais les deux autres couches sont composées de trois plans, ou rangs de bois différens, qui s’écarvent en se recouvrant l’un l’autre, ainsi qu’on le voit dans la fig. 148 : ce mât a 118 pieds de longueur & 38 pouces de grand diamètre ; il faut que la pièce 11, qui, avec sa semblable & les pièces 5 & 4 de la première couche, forme le ton du mât, soit considérable en grosseur ; il est vrai qu’on peut conserver dans la première couche une rablure qui diminue sa largeur ; mais indépendamment de ce secours, l’arbre 11 doit, dans tous les cas, donner au moins 21 pouces d’équarrissage au pied, ce qui suppose un mât de 25 palmes, & par conséquent un arbre précieux.

La manière dont les trois plans 7, 9 & 11 (fig. 148) se recouvrent, donne à cet assemblage une très-grande rigidité ; elle permet en même-temps d’employer des arbres qui auroient de l’excédent en grosseur, sans perte ; car on peut porter les écarts de ces recouvremens à divers points de la longueur du mât, sans nuire à sa solidité, pourvu que l’on mette à grande distance les uns des autres, ceux qui se trouvent à la surface.

On peut conclure de ces descriptions rapides, mais qui ne peuvent manquer d’être entendues à l’aide des planches ; on peut conclure, dis-je, que tout l’art de l’assemblage des mâts consiste à répartir les arbres composans, de manière que leurs écarts soient toujours recouverts par le milieu des pièces latérales ; à répartir les plans de jonction des arbres ou des couches composantes, de manière que leur réunion

foit, autant qu'il eft poffible, recouverte par le milieu
des pièces fuperpofées ; à varier, par conféquent, les
directions de ces plans & leurs difpofitions refpectives,
pour parvenir à ce but effentiel. Il fembleroit qu'avec ces
principes on pût faire un mât auffi multiple qu'on le vou-
droit, & lui conférer encore une affez grande folidité ;
mais nous touchons aux bornes que la pratique a pofées
à ces combinaifons : je crois bien qu'il ne feroit pas im-
poffible de les franchir encore ; & dans un cas d'abfolue
néceffité, il ne faudroit pas craindre de le faire : cependant, je ne crains pas de le répéter, le motif feul d'une
abfolue néceffité peut juftifier l'emploi des complications
qui excèdent celle du mât de dix pièces.

Je ne pafferai pas auffi rapidement fur la combinaifon
repréfentée fig. 149 & 150 ; elle mérite qu'on s'y arrête,
parce que c'eft la plus hardie de celles qui aient été exécu-
tées jufqu'à préfent : on la doit à M. Barbet, ancien
Maître Mâteur du Port de Breft. Le port étant approvi-
fionné de mâts très-longs, mais d'un foible diamètre,
il falloit faire le grand mât d'un Vaiffeau de 116 canons ;
cet habile Artifte trouva le moyen de faire un affemblage
très-folide avec 21 arbres, dont les plus gros n'avoient
que 24 palmes, & il réuffit complètement, puifque le mât
de mifaine du même Vaiffeau, conftruit d'une manière
analogue, a fait la guerre dernière en fervant de grand mât
au Vaiffeau la Bretagne, & n'a jamais donné la moindre
inquiétude fur fa folidité.

La longueur du mât en queftion eft de 123 pieds, &
fon diamètre de 41 pouces ; les cinq broches font 41

pouces, 40 pouces 2 lignes, 37 pouces 10 lignes, 33 pouces 9 lignes, & 27 pouces 4 lignes.

La première couche, repréfentée par les lignes pleines dans la fig. 149, eft formée de fept arbres, dont on voit la diftribution en fuivant les pourtours des pièces timbrées des fept premiers numéros : il eft facile d'en fuivre la correfpondance dans les coupes ; & l'on ne trouvera que trois de ces arbres au pied, tous les fept un peu au-deffus du gros, fix au milieu de la hauteur du mât, & deux feulement au petit bout.

La feconde couche eft formée de cinq arbres ; elle complète le pied du mât & fon ton, comme on le voit fig. 150 & dans les coupes ; le pourtour de cette couche eft exprimé par des lignes ponctuées *a c d b* (*fig.* 149) : c'eft la furface qui doit s'appliquer fur la première couche ; l'autre furface, fur laquelle on appliquera la cinquième couche, eft exprimée par les lignes ponctuées *e f g h :* dans la fig. 150 on retrouve la feconde couche, qui eft formée par les arbres timbrés (9 & 11), lefquels numéros répondent aux mêmes arbres dans la fig 149 & dans les coupes ; le bas de la feconde couche, formé des trois arbres (8, 9 & 10), eft marié avec deux arbres feulement (11 & 12) qui partent du petit bout du mât : l'écart des arbres (9 & 11), & celui des arbres (10 & 12), n'eft pas dans un plan perpendiculaire aux faces des couches, comme le font tous les autres joints : il feroit tombé fur le plan de réunion de la première couche ; on a fait cet écart dans l'épaiffeur des pièces, au lieu de le faire dans leur largeur, & il a été conduit comme on le voit en *a b c d* (*fig.* 150) ; &, dans la coupe du gros, on a fait la même chofe dans les deux affemblages des arbres (1 6 & 1 8) (1 7 & 1 9) : mais il faut remarquer une particularité dans cette feconde couche ; les arbres (8 , 9 , 10 , 11 & 12), qui la forment, laiffent un vuide *i k l m* (*fig.* 149) qui eft rempli par la quatrième couche : auffi l'on voit dans la coupe qui répond à cette partie, que la quatrième couche (13 & 14) paffe au travers de la feconde (11 & 12), & vient s'ajufter avec les arbres (5 & 2) qui appartiennent à la première couche.

Au moyen de cette diftribution le mât eft formé comme il fuit.

	Longueur.	Largeur.	Epaiffeur.	Palmes.
	pieds.	*pouces.*	*pouces.*	
Première couche N°. 1.............	...63...	...16...	...16...	..21.
N°s. 6 & 2e.........	...85...	...16...	,..16...	..24.
N°s. 2 & 5e.........	...86...	...16...	...16...	..,24.
N°s. 4 & 7e.........	...86...	...12...	...15...	..23.
2e.& 3e. couches N°s. 9 , 10 , 16 , 17e.	...72...	...13...	...13...	..22.
N°s. 8 & 15e........	...71...	...13...	...13...	..21.
N°s. 11 , 12 , 18 , 19e.	...92...	...12...	...12...	..24.
4e. & 5e. couches N°s. 13 , 14 , 20 , 21e.	...92...	...12...	...15...	..24.

On voit que tous les arbres dont cet affemblage réfulte, ont de grands excédens en longueur, & cette confidéra-tion a déterminé la diftribution de fes parties : fi l'on étoit forcé d'y employer des pièces d'un plus grand dia-mètre, en laiffant la première couche comme dans la fig. 149 ; on compoferoit les quatre autres à-peu-près

comme

comme pour les mâts de 10 arbres ou ceux de 15 & 17, dont on a vu les affemblages dans les fig. 143, 144, 145, 146, 147 & 148.

Si les dépôts étoient fuffifamment approvifionnés de pièces de gros diamètres & de grandes longueurs, ou bien fi des vues particulières portoient à facrifier l'économie dans l'emploi des arbres d'une forme rare, à celle du tems & de la main-d'œuvre, on n'affembleroit pas les mâts par couches, ainfi que nous l'avons fait jufqu'à préfent ; on préféreroit les affemblages *à mèche* dont nous allons parler.

Les mâts *à mèche* font ceux dont le ton eft formé par le gros bout feulement d'un arbre dont le petit bout vient fe perdre vers le pied du mât ; il eft accompagné de jumelles prenant leur origine du pied, & fe perdant avec une paume au bas du ton ou à peu de diftance en deffous ; quand la mèche fait dans toute fa longueur partie du contour du mât, l'affemblage eft appelé *à mèche extérieure* ; on l'appelle affemblage *à mèche recouverte*, fi cette pièce eft enveloppée par des jumelles dans toute fa longueur, excepté fur le ton.

On voit dans les figures 151 à 158 tous les détails de l'affemblage à mèche extérieure pour le grand mât d'une Frégate.

La fig. 151 repréfente le mât fait & cerclé, garni de fes jottereaux, de fa jumelle, des cercles, des rouftures, & les tenons du petit & du gros bout font finis.

La fig. 152 repréfente la mèche ; fon gros bout forme le ton, & elle porte des paumes en A pour recevoir les jumelles : comme elle ne fournit pas une longueur fuffifante, on y fupplée par l'alonge *a*.

On voit dans la fig. 153 cette même pièce, timbrée 1, ajuſtée avec ſon alonge *a*, & les adents faits pour recevoir la jumelle 2 (*fig.* 154) dont le petit bout ſe loge dans la paume A (*fig.* 152) & dont le gros bout double le joint de ſa mèche & de ſon alonge *a*.

Ces pièces ſont réunies dans la fig. 155, & l'on y a pratiqué les adents pour recevoir les deux autres jumelles 3 & 4 qui doivent compléter le mât : ces jumelles ſont repréſentées ſéparément dans les fig. 157 & 158, où l'on voit leur plan de réunion garni de ſes adents ſaillans dans la jumelle 3, & rentrant dans l'autre ; on les a réunies enſemble dans la fig. 156, qui repréſente la face par laquelle elles ſe doivent marier aux pièces 1 & 2, raſſemblées dans la fig. 155 : on diſtingue dans ces deux figures les files d'adents reſpectifs qui contiendront l'aſſemblage ; enfin on retrouve toutes ces pièces dans les coupes.

Il n'eſt pas difficile de ſe faire une idée du travail des quatre pièces qui compoſent le mât fig. 151, avec tous les détails que les figures 152 à 157 expriment : ce mât auroit 84 pieds de longueur & 26 pouces de diamètre ; les longueurs des broches ſont 26 pouces, 25 pouces $\frac{3}{4}$, 24 pouces $\frac{1}{2}$, 22 pouces, & 17 pouces $\frac{1}{3}$; il faut pour faire la mèche, un mât de 23 à 24 palmes, pour qu'il puiſſe fournir 18 pouces au petit bout : ſi ſon excédent en longueur ne ſuffit pas, on y met l'alonge *a* ; les trois jumelles ſont faites de mâts de 21 à 22 palmes.

C'eſt ainſi que l'on fait les mâts d'artimon des grands Vaiſſeaux : pour ceux de 74 canons, il ne faut qu'un mât de 20 palmes, qui fera la mèche 1 (*fig.* 159) ; un mât de 19 palmes fait la jumelle de l'avant 2 ; enfin un arbre,

auſſi de 19 palmes, ſcié en deux, fait les jumelles 3 & 4 :
on n'a deſſiné que les coupes du pied, du gros & de l'origine du ton, & cela doit ſuffire pour l'intelligence de cet
aſſemblage, qui ne diffère de celui du mât de frégate fig. 151
à 158, qu'en ce que la jumelle 2 eſt relativement beaucoup plus forte dans le mât d'artimon, & qu'elle paie
pour les jumelles latérales : dans l'un & dans l'autre, le
côté du mât formé par la mèche, doit être vers l'arrière
du Vaiſſeau.

On peut faire un mât à mèche extérieure de 3 pièces,
comme on le voit fig. 160; mais cette compoſition exige
trois arbres auſſi gros que la mèche, & par conſéquent
elle eſt employée rarement ; elle eſt cependant économique en tems, & pourroit être adoptée dans les cas
où l'accélération du travail eſt la conſidération la plus
importante.

Les mâts à mèche recouverte ſont compoſés de 5, 7
ou 9 pièces, ſans compter les alonges : on pourroit faire
des mâts plus compliqués dans le même ſyſtême ; mais
il vaut mieux alors les compoſer par couches : l'aſſemblage de ſept pièces eſt regardé comme le meilleur ; il
doit cette préférence à l'économie qu'il permet d'admettre dans le choix des arbres ; car il ne peut pas être
plus ſolide qu'un autre moins compoſé.

Ces trois aſſemblages ſont repréſentés dans les fig. 161,
162 & 163 ; la fig. 161 exprime les trois coupes faites au
pied, au gros & un peu au-deſſous du ton, pour le grand
mât d'un Vaiſſeau de 80 canons à mèche recouverte &
compoſé de cinq pièces : la mèche 1 ſeroit un arbre de
28 palmes, auquel il faudroit une alonge qui prît au tiers

de fa longueur, à compter du pied ; les 2 jumelles 3 & 2, qui forment l'avant & l'arrière du mât, font des arbres de 24 à 25 palmes : enfin, les jumelles latérales 4 & 5 réfulteroient d'un mât de 28 palmes au moins, fcié en deux. On voit donc que cet affemblage n'eft point admiffible pour des mâts d'une pareille grandeur : en effet, on ne l'emploie ordinairement que pour des mâts de frégates ou des Vaiffeaux de 50 canons, au plus.

L'affemblage de fept pièces fig. 162 exige toujours une mèche de 28 palmes ; mais les fix jumelles peuvent être faites avec des mâts de 22 à 23 palmes : elles font toutes égales en force dans tous les points de la hauteur ; ainfi le mât peut être placé fur le Vaiffeau dans toutes fortes de fens indifféremment.

On fera l'affemblage de neuf pièces, fig. 163, avec des arbres moins forts : mais la mèche eft toujours la même ; on met des alonges au pied des jumelles, & on regarde la folidité comme fuffifante quand ces alonges ne s'élèvent pas plus haut que l'étambrai où ce mât eft coincé, & quand la moitié des jumelles ont la longueur néceffaire pour defcendre jufqu'au pied du mât.

Le travail de ces mâts eft facile à comprendre : on commence par équarrir la mèche & l'ajufter avec fon alonge ; enfuite on place les jumelles 2 & 3 (*fig.* 161 & 163) : cela fait une efpèce de couche fur laquelle on rapportera les jumelles 5 & 6 pour le mât de cinq pièces, & l'affemblage des jumelles 4, 5 & 6 d'un côté, & 7, 8 & 9 de l'autre, pour le mât de neuf pièces.

Dans la fig. 162 on forme la première couche de la mèche & des jumelles 3 & 2, & l'on rapporte enfuite l'affemblage des jumelles 6 & 7 d'un côté, & 4 & 5 de l'autre : ainfi ce travail reffemble à celui des mâts par couches.

Les affemblages des vergues font moins multipliés & moins compliqués : on ne les compofe jamais que de deux, de trois, de quatre & de fix pièces.

La vergue de deux pièces, BADE (*fig.* 164) a 76 pieds de longueur & 16 pouces de diamètre : on la compofe de deux arbres qui puiffent fournir au gros un carré de 17 pouces & une longueur de 57 pieds, ou les $\frac{3}{4}$ de celle de la vergue. Les écarts qui fe terminent en A & B dans une paume, tombent à 19 pieds, ou à la moitié de la demi-longueur de la vergue; & le plan de jonction fera vertical quand cette vergue fera en place fur le Vaiffeau.

Les écarts des pièces qui entrent dans cette combinaifon, ont donc moitié de la longueur de ces pièces : ainfi l'on retrouve ici la loi prefcrite déja pour les alonges; les épaiffeurs aux bouts ne font pas cependant égales au tiers de celle des pièces où font les paumes : cela les affoibliroit trop ; on donne au petit bout des écarts trois pouces au plus, fur lefquels on prend encore neuf lignes pour les adents.

On travaille d'abord les deux arbres carrés, fuivant la méthode de réduction ; enfuite on fait l'écart, & on affemble les pièces compofantes ; après quoi on procède au palmage, comme on l'a expliqué dans le Chapitre précédent ; la correfpondance des numéros dans les fig. 164, 165 & 166 & les coupes, doit faire entendre parfaitement cet affemblage : il faut obferver que le plan de jonction qui a été placé horizontalement dans les coupes, afin d'établir plus de rapport entr'elles & les fig. 165 & 166, devroit être vu verticalement, comme il eſt indiqué par l'arrête des plans de réunion A B (*fig.* 164).

La forme des adents diffère dans cet aſſemblage de celle des adents des mâts ; mais nous reviendrons ſur cet objet : paſſons à la vergue de trois pièces.

Si l'on vouloit faire avec des mâts de 22 palmes la grande vergue d'un Vaiſſeau de 64 canons, qui a de longueur 88 pieds, & 21 pouces de diamètre, on trouveroit bien dans ces deux arbres la longueur néceſſaire pour la compoſer de deux pièces : en effet, il ne faut à chacune que 66 pieds ; ils fourniroient bien auſſi le diamètre de la vergue dans un plan perpendiculaire à celui de leur jonction ; mais il manqueroit quelque choſe à ce diamètre, ſuivant le plan de jonction ; car des mâts de 22 palmes peuvent, au plus, fournir un carré de 16 pouces : dans ce cas, on écarve les deux pièces principales timbrées 1 & 2 dans la figure 167 & les deux coupes qui lui appartiennent, de manière qu'elles forment la vergue complète par-deſſous ; & on laiſſe un vuide en deſſus terminé par deux paumes F G, éloignées de trois ou ſix pieds des paumes A & B, afin qu'elles tombent ſous un cercle.

La vergue de quatre pièces eſt compoſée de la même manière : la jumelle 3 (*fig.* 167) devenant trop forte quand les pièces principales 1 & 2 ſont de beaucoup trop foibles, on pratique une rablure ſemblable à celle F G ſur l'autre face de la vergue, dont les coupes ſont telles qu'on les voit fig. 168.

Les fig. 169 à 173 repréſentent la compoſition de ſix pièces : la grande vergue d'un Vaiſſeau de 110 canons,

dont on voit une partie fig. 169, a de longueur 110 pieds,
& 27 pouces de diamètre ; les deux pièces principales timbrées 1 (fig. 169) & 1 & 2 dans les coupes, auront 73 pieds
de longueur, ce qui peut être fourni par des mâts de 24 à
25 palmes : on prendra les gros bouts de ces arbres pour
faire les tacquets de la vergue, & les petits bouts feront
écarvés au milieu, où ils pourront fournir un carré de dix
à onze pouces, mais plus fort dans le plan perpendiculaire
à celui de leur jonction que fuivant leur jonction même :
les quatre jumelles qui complèteront la vergue feront donc
plus épaiffes fur les faces fupérieures & inférieures que fur
les faces latérales ; il eft bon que ces jumelles n'aboutiffent
jamais fous un même cercle : ainfi on pratique leurs paumes à trois pieds de diftance les unes des autres, comme
on le voit par les lignes ponctuées, qui, dans les fig. 169
& 170, répondent, des points d'aboutiffement des jumelles,
aux centres des coupes.

On donne deux formes différentes aux jumelles de cet
affemblage : la première eft repréfentée dans les 4 coupes
timbrées fig. 170, & celle du milieu ou du gros de la vergue
fig. 171 ; chaque jumelle eft taillée comme le vouffoir d'une
voûte : de forte que la clef 4 étant en place, il n'eft pas poffible de défaffembler les autres pièces : cette forme rend les
quatre jumelles égales & diminue la largeur de chacune ;
mais il en réfulte que le travail eft infiniment difficile,
parce qu'on ne peut, en préfentant les pièces l'une fur
l'autre, regarder leurs plans de jonction & juger fi leur
réunion eft exacte : cela n'a pas lieu quand les jumelles
ont la forme repréfentée par les coupes timbrées fig. 173
& celle du milieu fig. 172 : les deux pièces principales 1 & 2,

& les jumelles latérales 3 & 6, font travaillés comme la couche d'un mât; & les jumelles 5 & 6 qui complètent la vergue, peuvent être préfentées, ajuftées & affemblées fans qu'on ceffe de voir ce qui fe paffe dans leur réunion, finon au moment où elle eft parfaite : cette confidération fait qu'on donne la préférence au dernier fyftême d'affemblage, quoiqu'il exige plus de bois dans les jumelles, & particulièrement dans celles timbrées 4 & 5.

Tout ce qu'on a dit du cerclage des mâts convient également aux vergues ; les premiers cercles fe mettent contre le renfort du milieu ou du point de fufpenfion, les autres à trois pieds de diftance. On choifit pour cercler les vergues, les barres de fer les mieux filées & les plus légères ; il faut auffi fuivre pour les paumes les mêmes loix qu'on a prefcrites en parlant des mâts : enfin, il eft également important de bien doubler les joints.

Les mâts à pible font faits fouvent de deux pièces ; on les écarve précifément comme la vergue de deux pièces fig. 164, 165 & 166; le bout d'en-bas de l'écart doit être un peu au-deffus du capelage le plus bas, & le bout d'en-haut un peu au-deffus du capelage le plus élevé.

Les mâts de hunes des galiottes, des koffs, des heus, & de beaucoup d'autres navires du Nord, font écarvés avec le bas-mât: ordinairement l'écart eft auffi long que le mât de hune a de faillie au-deffus de l'écart ; pour augmenter la force de cet affemblage, on ne prend qu'un tiers du diamètre des deux mâts, & alors leur écart eft fait comme on le voit fig. 174 & dans la coupe.

C'eft auffi la même forme d'affemblage qu'on adopte

pour

pour les vergues à antenne : le bout de la penne recouvre celui du carnal de moitié de la longueur du dernier ; une jumelle, appliquée par-deſſous, double cet écart ; une autre jumelle le double encore par-deſſus : toutes ces pièces ne s'ajuſtent pas enſemble de manière à donner à la vergue une forme circulaire dans ſes coupes ; il en réſulte, au contraire, une forme très-ovale, & dont la plus grande épaiſſeur eſt de haut en bas : toutes ces pièces ſont tenues enſemble par des adents, & des rouſtures de cordes ; on y met peu de cercles de fer, de peur d'appeſantir l'antenne.

Les cercles qui ſont indiſpenſablement néceſſaires pour lier entr'elles les diverſes parties qui conſtituent les mâts d'aſſemblage, ſont en même-temps un grand obſtacle au jeu des racages, & des anneaux des voiles qui ſont lacés ſur le mât, comme beaucoup de voiles auriques : on s'apperçoit peu de cette difficulté pour les baſſes vergues des Vaiſſeaux, parce qu'on les amène rarement, & d'ailleurs que l'on emploie aſſez communément les droſſes, qui, étant mollies juſqu'à un certain point, franchiſſent les cercles avec facilité ; mais il a fallu renoncer aux mâts compoſés pour les cutters ; il étoit impoſſible de manœuvrer le pic & d'amener la baume : il ne ſeroit pas moins difficile de manœuvrer les voiles de hune, ſi leurs mâts étoient d'aſſemblage : on a fait diverſes tentatives pour remédier à cet inconvénient, mais toujours ſans ſuccès ; & peut-être on doit déſirer de n'y jamais parvenir, parce que ce ſeroit rendre un mauvais ſervice à la navigation, que de faire augmenter dans un très-grand rapport, la groſſeur & le poids des mâts ſupérieurs.

K k

CHAPITRE DIXIÈME.

Expofition de quelques opérations pratiques en ufage dans l'Art de la Mâture.

LE Géomètre qui calcule tranquillement les dimenfions des folides de révolution, l'aire des faces fuivant lefquelles des plans différens les coupent ou les pénètrent, parvient toujours à déterminer des procédés graphiques qui fatis-font rigoureufement aux conditions qu'il a voulu remplir; mais ces méthodes favantes ne peuvent pas toujours être employées dans un attelier tumultueux, fur un local fou-vent mal difpofé, avec des inftrumens groffiers & menés par des hommes trop bornés pour concevoir une fuite d'opérations délicates, de l'enchaînement & de l'exacti-tude defquelles dépend le fuccès du dernier réfultat : il vaut prefque toujours mieux, dans la pratique des arts, étudier les approximations que les ouvriers eux-mêmes emploient, qu'ils ont reçues de leurs ancêtres, & qui font ordinairement affez exactes : ceux qui dirigent les grands atteliers peuvent bien, dans quelques circonftances, fim-plifier leurs méthodes; mais il ne fe faut permettre aucune innovation, à moins qu'elle ne procure des avantages réels & bien démontrés, fur-tout à moins que l'on ne conferve, ou même que l'on n'augmente, la fimplicité des procédés: fans cela, l'ouvrier écarté de la route frayée dans laquelle fa marche eft fûre, s'égare & fait des fautes graves.

Le trait du charpentage des mâts est précifément dans le cas dont on vient de parler. Nous avons vu la manière de trouver les diamètres des mâts & des vergues par le quart de nonante : la courbure ellipfoïdale qui en réfulte, n'eft pas celle que détermineroit l'analyfe ; il en eft une autre qui donneroit plus de folidité avec une égale quantité de matière, mais elle feroit plus difficile à tracer, les cercles ne feroient pas conduits auffi aifément à la place qui leur eft deftinée, enfin la différence de forme feroit peu fenfible : il étoit donc raifonnable de facrifier un peu de précifion pour fe procurer d'autres avantages : des confidérations analogues ont, dans bien des circonftances, motivé de femblables facrifices.

On a vu dans le Chapitre VIII comment on traçoit fur un arbre la projection du plan qui pafferoit par fon axe, & la manière de porter de part & d'autre les broches qui fixent le diamètre du mât, fait dans toute fa longueur, & j'ai expofé dans le Chapitre IX comment on fe fert de la même projection pour tracer les faces de chacune des pièces qui concourent à la formation d'un mât d'affemblage ; mais cela ne fuffit pas pour l'exécution : quelque exactitude que l'on ait mife dans le tracé, il eft naturel de croire que les Charpentiers qui travaillent en grand nombre fur la même pièce, n'auront pas tous une égale juftefse, & que les furfaces, après le travail, ne feront point parfaitement planes, quoique leurs arrêtes foient précifément dans la ligne qui les détermine : il faut donc applanir cette furface ; & voici comme on y parvient.

On voit dans la fig. 176 un arbre équarri dont on veut *drefser* la furface fupérieure : pour cet effet, on pofe, de diftance en diftance, des règles A B, C D, d'égale largeur, & l'on fait des entailles pour les recevoir, jufqu'à ce qu'en bornoyant à l'œil les champs fupérieurs de toutes ces règles, ils fe confondent & ne forment qu'une ligne : on multiplie affez ces entailles ou *coches* pour être fûr de dreffer aifément les efpaces qui reftent entr'elles, fans autre guide que la main & l'œil : c'eft ainfi qu'on dreffe les faces d'un arbre ou d'une couche quand elles doivent être planes : ce qui arrive le plus ordinairement ; quand elles doivent être courbes, on emploie le même procédé : mais alors les champs des règles ne forment plus une feule ligne droite : ils font une fuite de lignes qui annoncent une courbure fuivie fans reffaut.

Il faudra maintenant appliquer un autre arbre ou une autre couche fur la face qu'on vient de dreffer ; &, malgré la précaution qu'on a prife, il feroit très-indifcret de s'attendre à trouver la jonction immédiate du premier coup ; au contraire, les Charpentiers fe contentent de dégroffir la face qui doit être en contact avec la face travaillée à demeure ; enfuite on pofe les deux pièces ou les deux couches l'une fur l'autre, comme on le voit fig. 177 ; & toujours il fe trouve bien des endroits où la diftance de l'arrête d'une pièce à celle de l'autre eft fenfible : on prend la plus grande de ces diftances avec un compas fig. 178 ; la branche A terminée en équerre gliffera fur l'arrête de la pièce travaillée à demeure, & l'autre branche, dans laquelle eft encaffé un morceau de fanguine, trace fur la pièce rapportée une ligne néceffairement parallèle à l'arrête de l'autre : en faifant ce trait fur les deux faces de la pièce rapportée & fur ces bouts, on a les limites du

bois qu'il faut enlever, pour que le contact foit exact par-
tout ; il ne reftera plus qu'à dreffer, en bornoyant avec
les règles, quand on aura coupé tout le bois excédant à
cette limite : cette opération s'appelle *triquer* ou *tirer*.

Si l'une des deux pièces qui doivent être affemblées
ou toutes deux avoient de la courbure, on a vu comment
fe feroit le trait de chacune féparément : mais pour les
ajufter, il faut une manœuvre préliminaire ; on applique
les deux pièces l'une fur l'autre, & l'on met un billot
de bois en travers par-deffus, à l'endroit où les concavités
des courbures forment la plus grande distance, & on
amarre les deux bouts de ce billot avec une corde qui
paffe par-deffous la pièce inférieure fig. 182 ; on chaffe
enfuite avec *un burin* (c'eft une efpèce de bélier) des coins
de bois entre le billot & la pièce fupérieure : cette opération s'appelle *ferrer avec des bridolles*, & le billot, avec
les cordes qui le retiennent, eft appelé *la bridolle ;* on eft
fouvent obligé d'en établir plufieurs de diftance en diftance, pour rapprocher, autant qu'on le peut, deux pièces
ou deux couches qu'on veut affembler : quand on eft
fatisfait de ce rapprochement, on fait agir le compas,
& on fait comme on vient de le dire.

Toutes ces opérations réunies font confondues fous
une feule dénomination ; c'eft *le tricage* ou *tirage :* on
trique ou l'on *tire* quand on compare les pièces qui doivent
être rapprochées, quand on trace après leur fuperpofition,
la ligne qui doit former l'arrête de jonction, quand on
enlève tout le bois à cette arrête. Comme il faudroit
qu'une pièce fût bien mal travaillée pour que les plus
grands vuides qui fe trouveroient lors de la fuperpofition

fuffent d'un pouce, on laiffe toujours aux pièces fur lefquelles on doit tirer, un pouce d'excédant ; & l'ouverture
ordinaire du compas fig. 178 eft d'un pouce auffi. Nous
avons dit qu'on laiffoit aux faces qui doivent être en contact,
deux pouces pour les adents : voilà donc trois pouces de
bois à laiffer fur toutes les faces qui feront recouvertes :
c'eft-là ce qui fait le grand déchet du bois dans la compofition des mâts d'affemblage. Paffons au trait & à l'exécution des adents.

Quand les deux pièces que l'on veut affembler font
fimples, le trait des adents eft fimple auffi : on commence
par mener une ligne parallèle aux deux arrêtes de la pièce,
& qui en foit diftante de quatre pouces : les adents doivent
être compris entre ces deux lignes, le refte eft plan ; &,
moyennant cette diftribution, foit que les arrêtes de la
pièce doivent faire partie du contour extérieur du mât,
foit qu'elles doivent être ajuftées avec d'autres pièces, les
adents ne feront découvers, ni lors du palmage, ni lors
que l'on fera les adents fur les furfaces latérales : on voit
ce trait dans la fig. 179 ; on partage enfuite en quatre
parties égales l'efpace compris entre ces deux lignes :
trois de ces parties formeront la largeur des adents, &
on laiffera la quatrième partie fucceffivement à droite &
à gauche, afin de fe procurer les reffauts que l'on obferve
à chaque file d'adents : par ce moyen, il y a une ligne qui
règne dans toute la longueur de la file d'adents, & dans
laquelle le fil du bois n'eft point coupé ; cette ligne a de
largeur les deux tiers de celle des adents ; ils reffortent
alternativement d'un côté de cette ligne & de l'autre, &
cette faillie eft égale au tiers de leur largeur totale.

Les divisions suivant lesquelles se font ces saillies ou ressauts, se distribuent de cinq en cinq pieds : on se sert pour cela des règles appartenantes à l'attelier, afin qu'il y ait plus d'uniformité.

On suit la même méthode pour tracer les adents sur deux pièces assemblées ; mais pour plus de liaison, les saillies ou ressauts d'une file d'adents répondent au milieu de la longueur des adents de la file contigüe : il suffit de voir cette distribution dans la fig. 180 pour en sentir les avantages.

Les adents doivent toujours comprendre le plan de jonction de deux pièces ; & quand ce plan de jonction sera recouvert par une pièce ou par une couche qui doublera les joints, les adents doivent être saillans dans la première couche : il est évident qu'alors les deux pièces qui portent ces adents saillans, seront tellement tenues qu'elles ne se pourront séparer sans que leurs adents soient rompus, ou que la pièce qui les reçoit soit éclatée.

Les aboutissemens ou paumes doivent toujours avoir les adents saillans autant que cela se peut faire.

L'épaisseur des adents ou la quantité dont ils pénètrent les plans ou couches contigües, varie suivant l'épaisseur des pièces sur lesquelles on les pratique : cette dimension n'excède jamais deux pouces ; mais elle se réduit à $\frac{3}{4}$ de pouce au bout des pièces minces, & on la dégrade proportionnellement à la diminution de la force des pièces ou couches que l'on assemble.

Telles sont les règles générales du tracé des adents des mâts : on est forcé d'y faire de fréquentes exceptions ; & voici les cas principaux où elles ont lieu.

Lorſque les faces latérales de la pièce ſur laquelle on trace les adents, recevront auſſi des adents qui auront moins de deux pouces de ſaillie, on ne mène pas les premières.parallèles à quatre pouces du bord : cela rendroit les adents trop étroits au petit bout ; on diminue la largeur de cet eſpace vuide autant qu'on le peut, en laiſſant toujours au moins un pouce de bois entre les adents qu'on trace & ceux qu'il faudra faire ſur les faces laté-térales.

Il arrive ſouvent qu'on eſt forcé d'interrompre les files d'adents, parce que la jonction des deux pièces les coupe, ou force de détourner leur direction première, afin de prendre cette jonction dans les adents ſaillans ; mais cela ne peut avoir aucun inconvénient, & rien n'oblige de donner à tous les adents une direction ſuivie & une forme conſtante.

Dans les écarts ou aboutiſſemens des pièces, il faut ſouvent varier la direction des files d'adents : on change même quelquefois leur forme, comme on le voit à l'écart de la pièce repréſentée fig. 179 ; mais on ne ſe permet toutes ces irrégularités qu'avec circonſpection, parce qu'elles rendent toujours le travail plus compliqué, par conſéquent les erreurs plus à craindre.

Souvent au bout des pièces il n'y a pas aſſez de largeur pour conſerver un eſpace vuide aux côtés de la file d'a-dents, & donner à ces adents des reſſauts & une largeur ſuffiſante : dans ce cas, on pratique les adents ſans reſ-ſauts, & on y ſupplée en coupant & annullant alterna-tivement ces adents de cinq pieds en cinq pieds.

Preſque toutes les circonſtances les plus remarquables

du

du tracé des adents se trouvent dans les fig. 151 à 154, &
dans la fig. 181.

En *a*, *a* (*fig.* 152) les adents de l'alonge ont peu de
saillie pour ne pas rencontrer ceux de la pièce 2 (*fig* 154
& 155) avec la mèche.

La file d'adents de la pièce 2 est suivie sans interrup-
tion ; mais ils diminuent de largeur vers le pied, où leur
saillie est moindre aussi, pour épargner les adents de l'a-
longe de la mèche.

Dans la fig. 155 on voit deux files d'adents en creux,
& la jonction de la mèche avec la première jumelle timbrée 2 se trouve dans les adents en relief ; il est vrai que
cette jonction ne sera pas doublée par les jumelles 3 & 4
assemblées dans la fig. 156 : c'est un défaut de cette composition.

On voit dans les fig. 157 & 158 comment les files
d'adents sont interrompues auprès des n°s. 3 & 4, où la
largeur devient trop petite : il n'y a plus que des tenons
ou des adents alternativement saillans & annullés.

La fig. 181 représente la portion du mât de 21 pièces,
représenté fig. 149 & 150, où se trouve la réunion de la
première, de la seconde & de la quatrième couches. Le
n°. 1 indique l'aboutissement de la pièce du milieu de la
première couche ; les pièces 10 & 11 appartiennent à la
seconde, & la partie AB est la portion de la quatrième
couche qui passe au travers de la seconde : on peut remarquer dans ce trait un changement fait à la direction
des adents en *a a*, pour laisser plus de force à la partie
qui doit soutenir l'écart de la pièce 6 ; un pareil changement dans la direction *b b b b*, pour reprendre aussi les

L l

écarts des pièces de la feconde couche : enfin des adents
faillans & annullés, ou des tenons fimples en *c c*, pour lier
avec la première couche les deux pièces qui forment la
quatrième : ces exemples fuffiront fans doute pour donner
une idée du trait des adents des mâts.

Celui des adents des vergues eft le même, toutes les
fois que l'affemblage eft de plus de deux arbres ; mais
quand il eft de deux arbres feulement, au lieu de donner
aux bafes des adents la forme d'un rectangle, on lui donne
celle d'un trapèze. (*Voy.* fig. 165 & 166). Ces adents trapézoïdaux préfentent toujours leur grande bafe vers le bout
de la vergue le plus prochain : du refte, ils fe règlent,
pour les largeurs & les faillies, comme les adents des
mâts ; la petite bafe des trapèzes eft fous-double de la
grande, & la longueur des adents eft toujours de cinq pieds.
On peut dire des chofes très fortes en faveur des adents
trapézoïdaux ; il y auroit encore de bonnes raifons pour
les difpofer dans un ordre tout autre que celui qu'on s'eft
prefcrit, c'eft-à-dire, pour mettre les grandes bafes des
adents à la placé des petites : enfin, on pourroit même
encore foutenir par de forts argumens, que les adents
rectangulaires font préférables ; &, dans le fait, auffi-tôt
qu'ils font travaillés avec foin, ils produifent tous le
même effet ; mais pour les vergues plus multiples que
celles de deux pièces, il faut néceffairement faire tous
les adents rectangulaires.

Dans les vergues latines on trouve rarement la largeur
néceffaire pour faire des files d'adents fuivies : on y fupplée par les tenons, ainfi que cela fe pratique dans les
pièces minces.

On commence toujours par faire les adents faillants ;
il faut que les faces qui forment leur pourtour foient
dans un plan perpendiculaire à celui de jonction : les
ouvriers ont, pour cet effet, des plombs très-délicats
attachés à des fils déliés ; au moyen de ces plombs & de
petites équerres, ils forment avec précifion le contour
des adents ; il eft effentiel que jamais l'arrête fupérieure
ne refte en dehors de celle de la bafe : il vaudroit mieux
quelle rentrât, pourvu que ce fût d'une quantité très-
petite ; cela faciliteroit l'entrée des adents, ou donneroit, comme difent les ouvriers, de la *gagne*. Quand
les adents font faits, on émouffe leurs arrêtes avec un
cifeau, c'eft-à-dire, qu'on y fait un *chamfrein;* mais auparavant il faut tracer les adents rentrants fur la pièce
ou la couche qui doit être mife en contact.

Pour cet effet, on fuperpofe cette pièce précifément
comme on l'a fait pour le tirage ; mais on met entre
deux une certaine quantité de règles d'égales dimenfions,
pour que les deux faces qui fe doivent pénétrer, fbient
parallèles entr'elles, & à la diftance de cinq à fix pouces ;
alors, avec les plombs & les équerres, on marque toutes
les divifions des adents, leurs reffauts & leurs dévoie-
mens, fur la pièce fuperpofée, autant que cela fe peut
faire : mais au moins le plus grand nombre des divifions
& les points les plus importants ; avec ces repaires, qui
ne peuvent manquer d'être très-exacts, il fera facile,
quand la pièce fera renverfée, de retrouver les divifions
intermédiaires que l'on n'aura pas fu fe procurer : il eft
certain que cette méthode conduit à la précifion, par
une voie plus fimple & plus fûre que toute autre : on

fent bien que quand les pièces font courbes, il faut les forcer avec des bridoles, avant que de prendre les repaires.

Quand les adents font faits & vérifiés par les maîtres de l'attelier, qui ne peuvent donner trop d'attention à ce travail important, on rapporte les pièces l'une fur l'autre; on paffe encore les bridoles, & on burine en même-temps qu'on frappe avec une maffe de fer du poids de 50 à 60 livres fur toutes les parties où l'engrainage paroît fe faire avec plus de difficulté : on voit cette manœuvre dans la fig. 182; plus on a mis de précifion dans le travail préparatoire, plus l'affemblage eft folide; mais les fautes, fi par malheur on en fait, font irréparables : il eft im-poffible de féparer deux pièces ainfi rapprochées, fans rompre les adents.

On eft dans l'ufage de recouvrir d'une couche de gou-dron les furfaces qui doivent être en contact. Depuis quelques années on a prétendu que cette méthode étoit mauvaife, & l'on a fubftitué une couche de peinture blanche à l'huile & à la cérufe, à celle de goudron, qui, dit-on, brûle le bois. Il faut du temps & des expé-riences très-multipliées pour faire connoître lequel de ces deux procédés mérite la préférence : en attendant ces moyens, il faut fufpendre fon jugement; il n'eft pas vrai-femblable que le goudron, qui n'eft que le fuc du pin, tende à le corrompre, à moins que les élaborations que le fuc a fubies, ne lui aient fait contracter des qualités nuifibles : au refte, peut-être lui attribue-t-on ce défaut avec auffi peu de raifon, qu'on accufe auffi le plomb de pourrir le bois par fon contact.

Ce qu'on vient de dire de l'affemblage des pièces,
convient auffi à l'affemblage des couches ; quand elles
font toutes réunies, le mât eft compris dans des furfaces
à-peu-près planes : on les dégage par l'opération du palmage ; on met des languettes ou grains d'orge pour remplir les vuides ou défournis, & on place les cercles, ainfi
que je l'ai dit précédemment, par la manœuvre du *billard*
repréfenté fig. 183 ; on met encore dans chaque jumelle
fix ou fept clous qui ont, de longueur, les $\frac{2}{3}$ du diamètre
du mât au point où ils font chaffés : il faut avoir l'attention de les diftribuer de manière qu'il ne s'en trouve pas
deux dans la même coupe ; on les conduit auffi dans les
pièces les plus fortes, & l'on évite de leur faire pénétrer
les aboutiffemens ou les languettes, qui feroient facilement éclatées : il fembleroit qu'un auffi petit nombre de
clous ne dût pas ajouter une quantité fenfible à la force
d'adhéfion qui réfulte de la pénétration des adents & du
rapprochement immédiat que caufent les cercles ; &,
dans ce cas, il y auroit de fortes raifons à objecter contre
l'ufage de clouer les jumelles d'affemblage : cette pratique
coupe le fil du bois, introduit des filtrations d'eau dans les
mâts, éclate fouvent les pièces que les clous pénètrent,
accélère la putréfaction : mais tous ces raifonnemens
tombent quand l'expérience parle ; des faits multipliés
prouvent qu'il eft avantageux de clouer les jumelles ; &
cet ufage, qui n'avoit depuis long-temps lieu qu'au Port
de Breft, a été admis dans les autres depuis la guerre
de 1778.

Quand les mâts font finis, on y applique les jumelles
dont on fait les rouftures avec un petit treuil volant :

cette opération eſt faite par les Marins, & du reſſort de l'Art de la manœuvre; elle eſt repréſentée fig. 184 : on y met auſſi les jottereaux & les barres quand ils doivent être placés ſur le champ à bord des vaiſſeaux; mais ſi l'on veut les reſſerrer en magaſin, il ne faut y joindre aucun de ces acceſſoires qui embarraſſeroient dans le tranſport.

Les mâts dépoſés dans des magaſins bien aérés & bien ſecs, ſe conſervent long-temps ſans un dépériſſement ſenſible : on les enduit d'une bonne couche de peinture; les cercles ſont bronzés d'une manière fort ſimple : à l'inſtant qu'on vient de les chaſſer, & pendant qu'ils ſont encore chauds, on les recouvre de goudron. Il faut que les mâts & les vergues recélés dans des magaſins, ſoient ſoutenus dans toute leur longueur, pour qu'ils ne prennent pas de plis : on met des chantiers deſſous, à cinq ou ſix pieds de diſtance les uns des autres; &, ſi on les empile, on garnit entre deux avec des traverſes de bois, pour éviter des porte à faux. Avec ces précautions, des mâts de bonne matière, bien travaillés & bien en-tretenus, ſe conſerveront en très-bon état pendant que les vaiſſeaux ſeront renouvellés pluſieurs fois.

F I N.

TABLE

*De la valeur des lignes & pouces du pied de roi en milliemes,
exprimés en décimales.*

po. lig.	milliemes.	po. lig.	milliemes.	po. lig.	milliemes.	po. lig.	milliemes.
0..1	0.007	1.10	0.153	3..7	0.299	5..4	0.444
0..2	0.014	1.11	0.160	3..8	0.306	5..5	0.451
0..3	0.021	2..0	0.167	3..9	0.313	5..6	0.458
0..4	0.028	2..1	0.174	3.10	0.319	5..7	0.465
0..5	0.035	2..2	0.181	3.11	0.326	5..8	0.472
0..6	0.042	2..3	0.187	4..0	0.333	5..9	0.479
0..7	0.049	2..4	0.194	4..1	0.340	5.10	0.486
0..8	0.056	2..5	0.201	4..2	0.347	5.11	0.493
0..9	0.063	2..6	0.208	4..3	0.354	6..0	0.500
0.10	0.069	2..7	0.215	4..4	0.361	6..1	0.507
0.11	0.076	2..8	0.222	4..5	0.368	6..2	0.514
1..0	0.083	2..9	0.229	4..6	0.375	6..3	0.521
1..1	0.090	2.10	0.236	4..7	0.382	6..4	0.528
1..2	0.097	2.11	0.243	4..8	0.389	6..5	0.535
1..3	0.104	3..0	0.250	4..9	0.396	6..6	0.542
1..4	0.111	3..1	0.257	4.10	0.403	6..7	0.549
1..5	0.118	3..2	0.264	4.11	0.410	6..8	0.556
1..6	0.125	3..3	0.271	5..0	0.417	6..9	0.563
1..7	0.132	3..4	0.278	5..1	0.424	6.10	0.569
1..8	0.139	3..5	0.285	5..2	0.431	6.11	0.576
1..9	0.146	3..6	0.292	5..3	0.437	7..0	0.583

Suite de la Table de la valeur des lignes & pouces du pied de roi en milliemes, exprimé en décimales.

po. lig.	milliemes.	po. lig.	milliemes.	po. lig.	milliemes.	po. lig.	milliemes.
7..1	0.590	8..4	0.694	9..7	0.799	10.10	0,903
7..2	0.597	8..5	0.701	9..8	0.806	10.11	0,910
7..3	0.604	8..6	0.708	9..9	0.813	11..0	0.917
7..4	0.611	8..7	0.715	9.10	0.819	11..1	0.924
7..5	0.618	8..8	0.722	9.11	0.826	11..2	0.931
7..6	0.625	8..9	0.729	10..0	0.833	11..3	0.937
7..7	0.632	8.10	0.736	10..1	0.840	11..4	0.944
7..8	0.639	8.11	0.743	10..2	0.847	11..5	0.951
7..9	0.646	9..0	0.750	10..3	0.854	11..6	0.958
7.10	0.653	9..1	0.757	10..4	0.861	11..7	0.965
7.11	0.660	9..2	0.764	10..5	0.868	11..8	0.972
8..0	0.667	9..3	0.771	10..6	0.875	11..9	0.979
8..1	0.674	9..4	0.778	10..7	0.882	11.10	0.986
8..2	0.681	9..5	0.785	10..8	0.889	11.11	0.993
8..3	0.687	9..6	0.792	10..9	0.896	12..0	1.000

VOCABULAIRE.

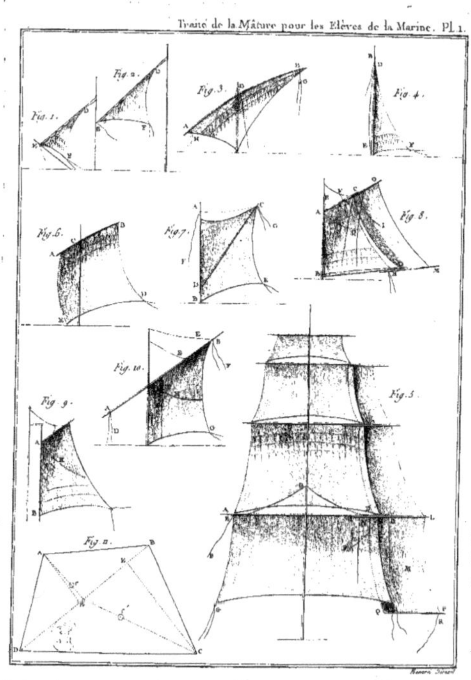

Traité de la Mâture pour les Elèves de la Marine. Pl. 1.

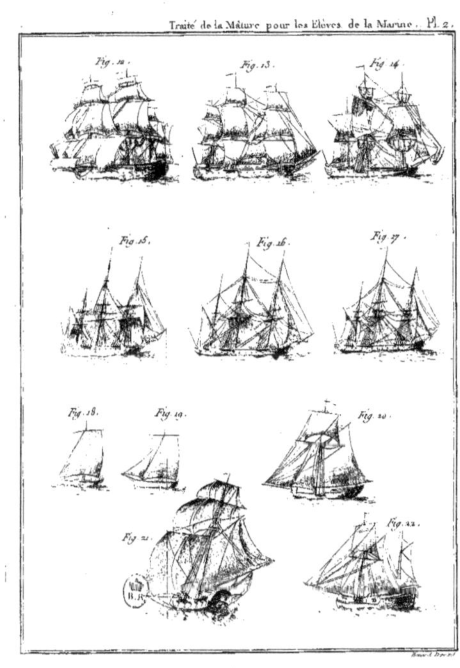

Fig. 12.
Fig. 13.
Fig. 14.
Fig. 15.
Fig. 16.
Fig. 17.
Fig. 18.
Fig. 19.
Fig. 20.
Fig. 21.
Fig. 22.

Fig. 23.
Fig. 24.
Fig. 25.
Fig. 26.
Fig. 27.
Fig. 28.
Fig. 29.
Fig. 30.
Fig. 31.

Fig. 32 .
Fig. 33 .
Fig. 34 .
Fig. 35 .
Fig. 36 .
Fig. 37 .
Fig. 38 .
Fig. 39 .

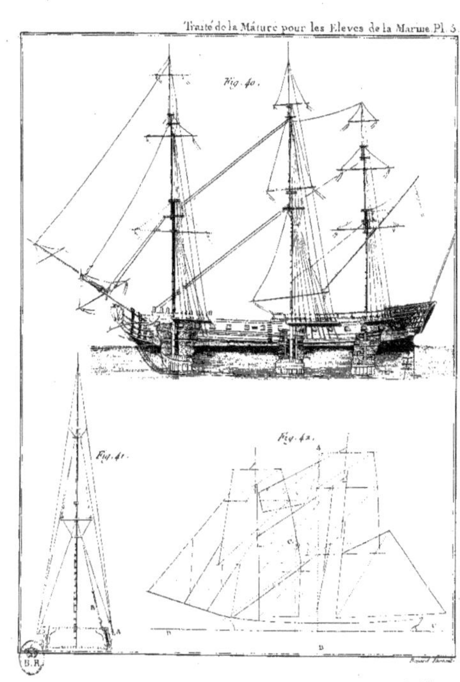

Traité de la Mâture pour les Eleves de la Marine Pl. 3.
Fig. 4o.
Fig. 4x.
Fig. 4r.

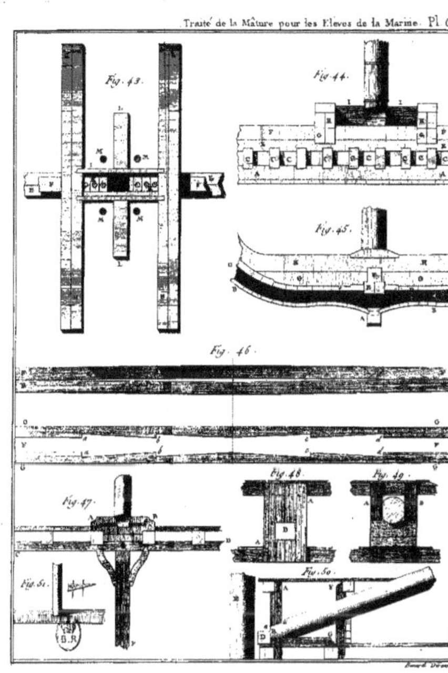

Fig. 43.
Fig. 44.
Fig. 45.
Fig. 46.
Fig. 47.
Fig. 48.
Fig. 49.
Fig. 50.
Fig. 51.

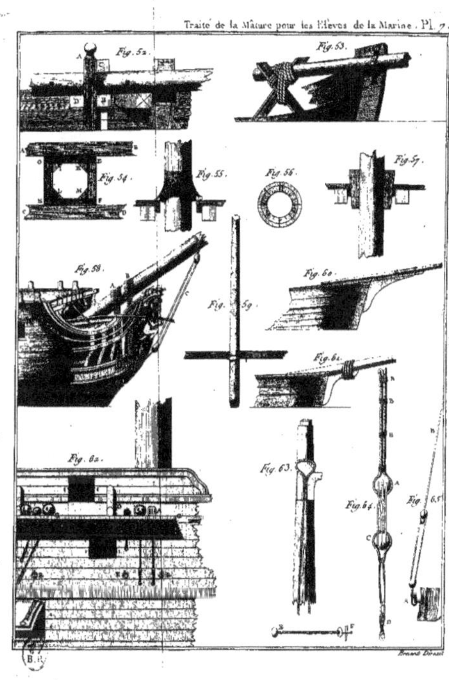

Bouard Direxit.

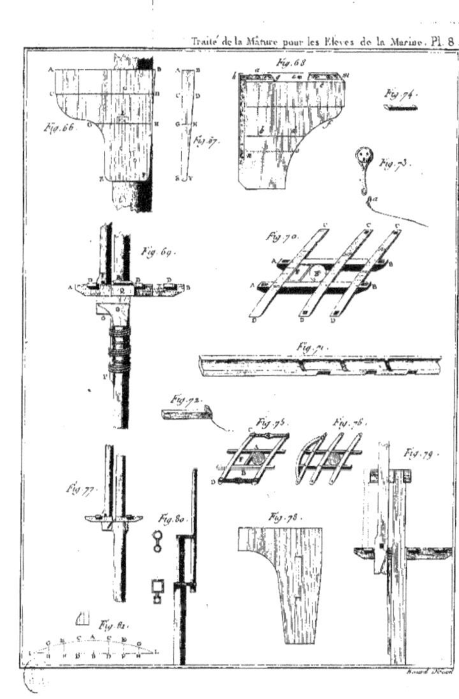

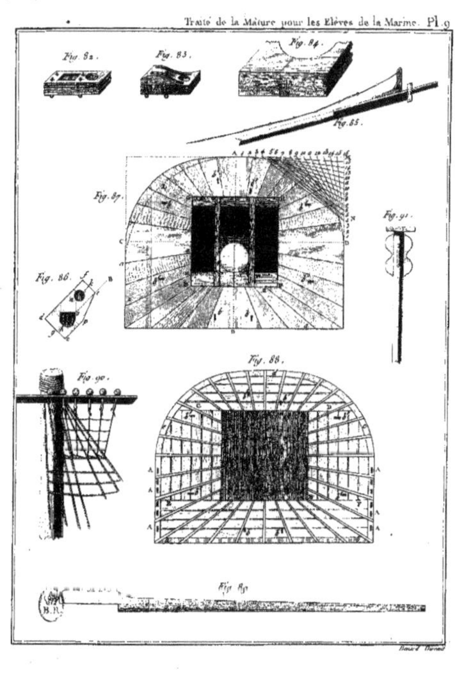
Fig. 82.
Fig. 83.
Fig. 84.
Fig. 85.
Fig. 86.
Fig. 87.
Fig. 88.
Fig. 89.
Fig. 90.
Fig. 91.
B. R.

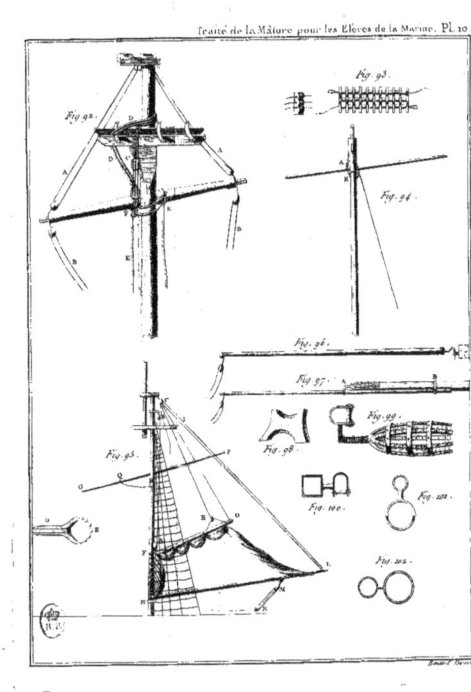
Fig. 92.
Fig. 93.
Fig. 94.
Fig. 95.
Fig. 96.
Fig. 97.
Fig. 98.
Fig. 99.
Fig. 100.
Fig. 101.
Fig. 102.

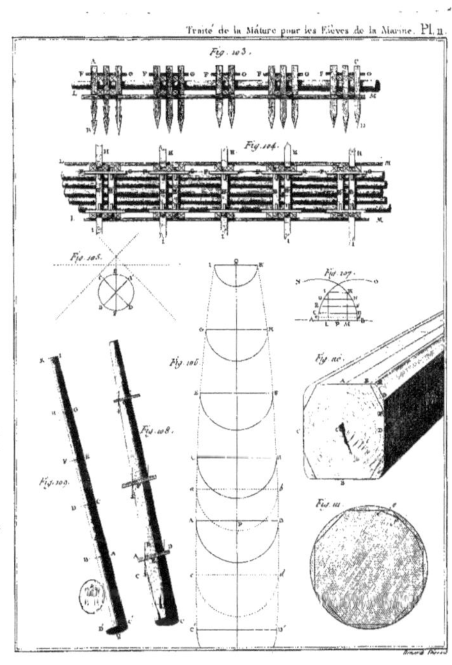

Fig. 103.
Fig. 104.
Fig. 105.
Fig. 106.
Fig. 107.
Fig. 108.
Fig. 109.
Fig. 110.
Fig. 111.

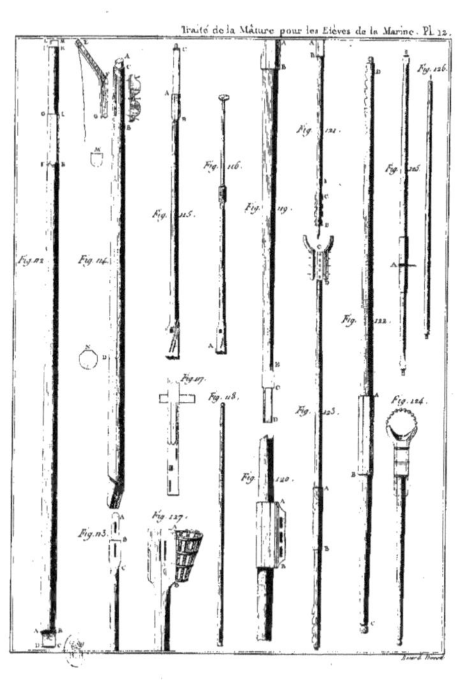
Fig. 112.
Fig. 113.
Fig. 114.
Fig. 115.
Fig. 116.
Fig. 117.
Fig. 118.
Fig. 119.
Fig. 120.
Fig. 121.
Fig. 122.
Fig. 123.
Fig. 124.
Fig. 125.
Fig. 126.
Fig. 127.

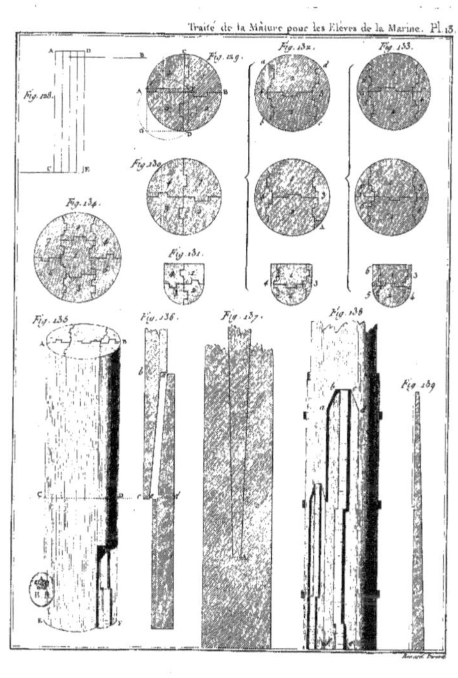

Traité de la Mâture pour les Élèves de la Marine. Pl. 13.

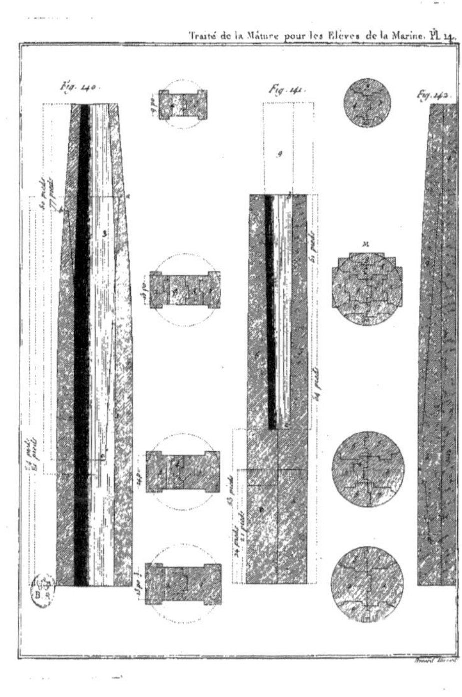
Fig. 140.
Fig. 141.
Fig. 142.

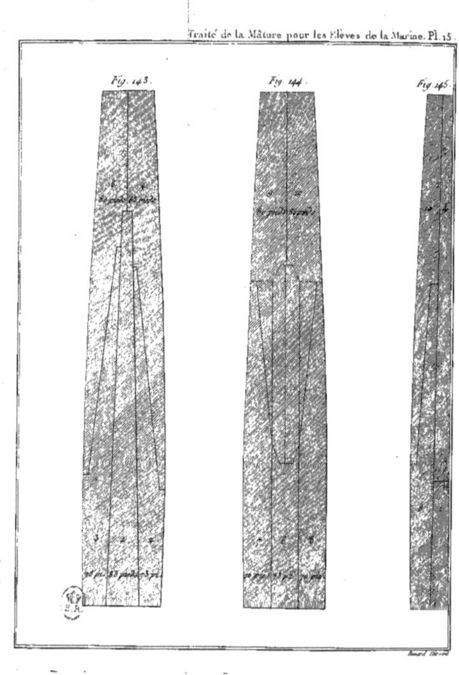

Fig. 143.
Fig. 144.
Fig. 145.

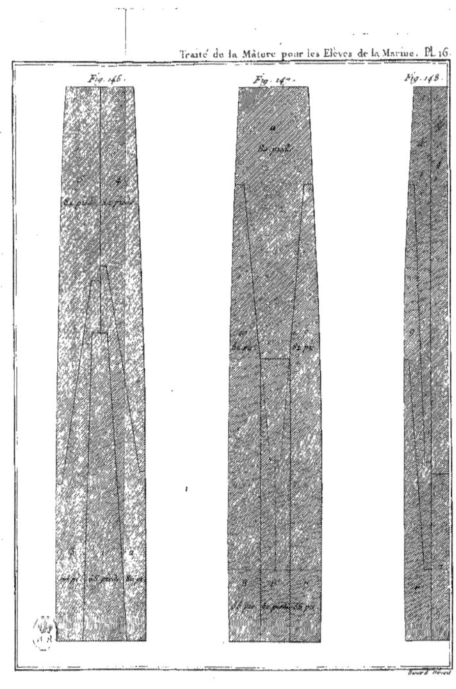

Fig. 146.
Fig. 147.
Fig. 148.

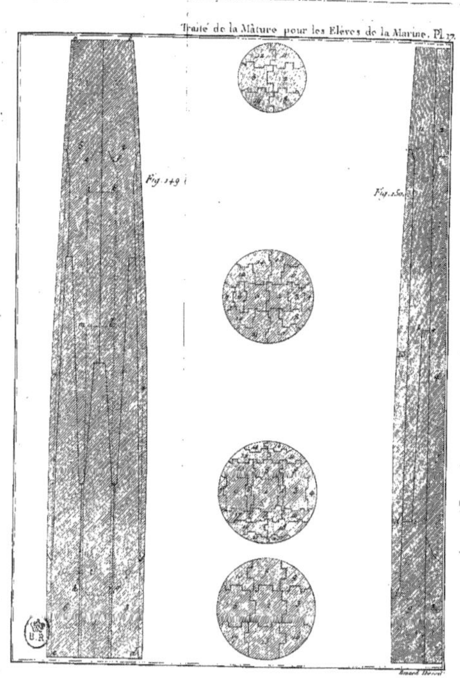

Fig. 149
Fig. 150

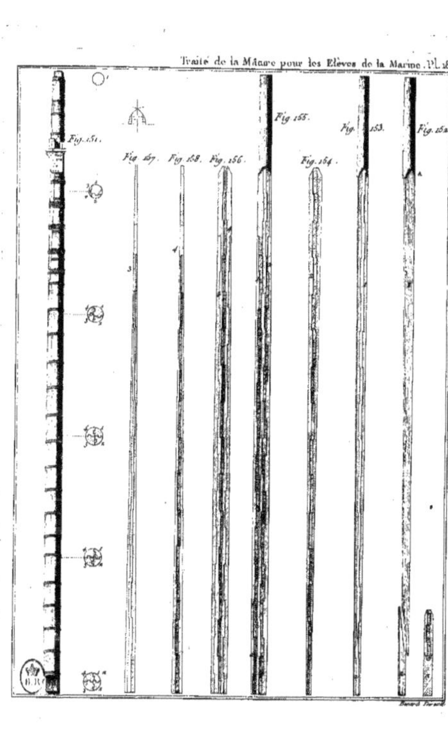

Traité de la Mâture pour les Élèves de la Marine. Pl. 18.

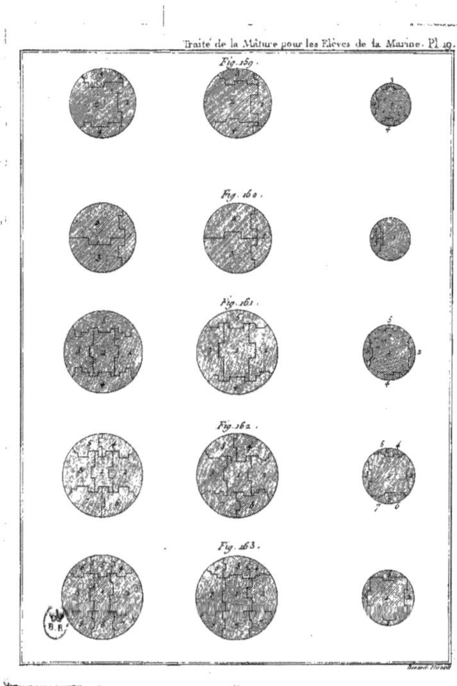
Fig. 159.
Fig. 160.
Fig. 161.
Fig. 162.
Fig. 163.

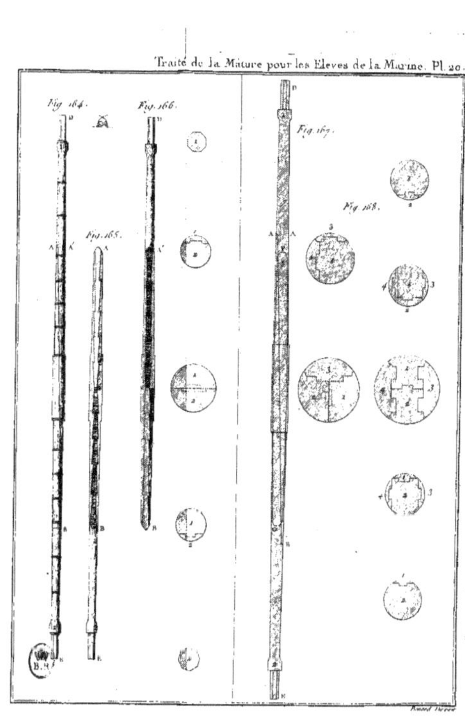
Fig. 164.
Fig. 166.
Fig. 165.
Fig. 167.
Fig. 168.

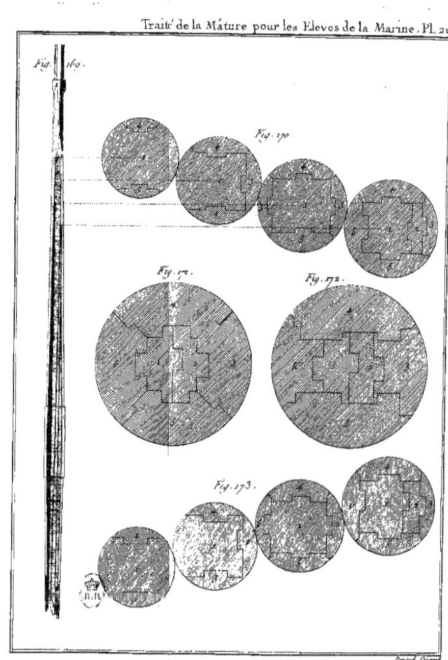

Fig. 169.
Fig. 170.
Fig. 171.
Fig. 172.
Fig. 173.

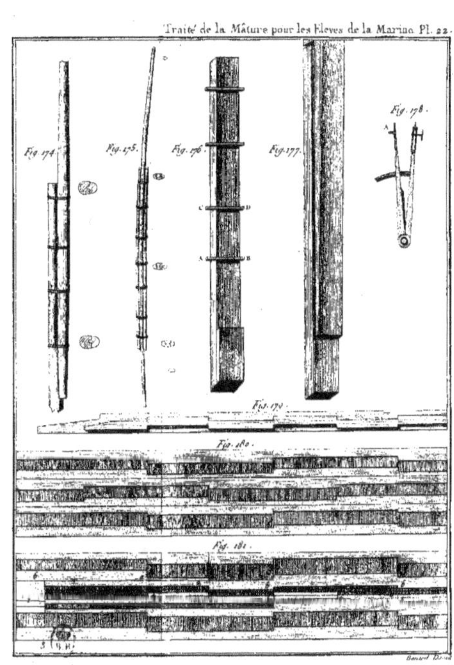

Fig. 174.
Fig. 175.
Fig. 176.
Fig. 177.
Fig. 178.
Fig. 179.
Fig. 180.
Fig. 181.

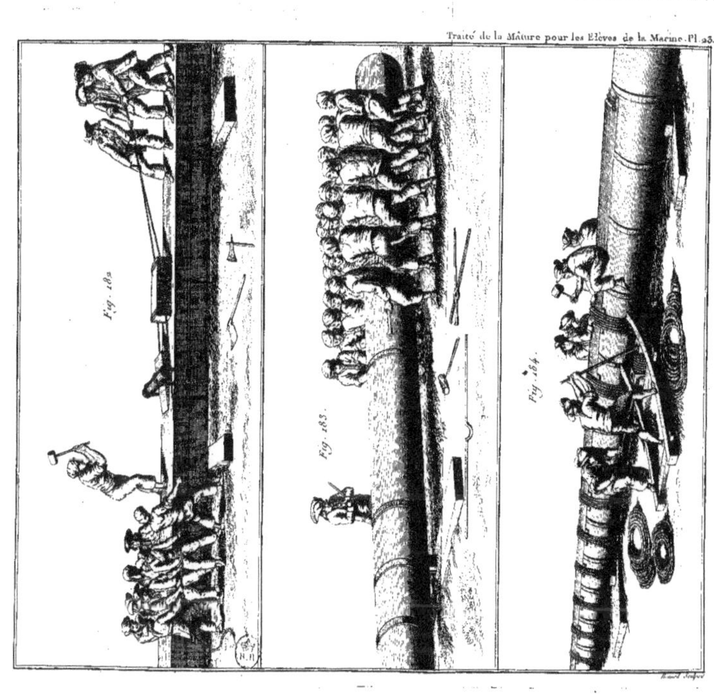

Fig. 182.
Fig. 183.
Fig. 184.

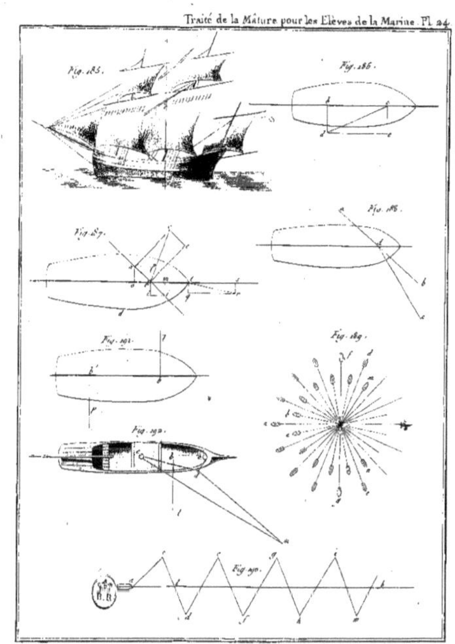

VOCABULAIRE

Des Termes qu'on a employés dans le Traité de la Mâture, avec un renvoi aux pages où l'on traite avec détail les objets qu'ils désignent (a).

A

ABATTRE. On abat la penne d'une vergue latine, pour abaisser la voilure. Page 3.

ADENT. Saillies & cavités, pratiquées sur les faces qui se doivent toucher dans les mâts d'assemblage. Pag. 228, 262.

AILES ou dérives. Page 37.

ALLONGE de Mât ou de jumelle de Mâts. Page 236.

AMURE; Manœuvre qui tend la ralingue de la voile du côté du vent. Page 5.

ANTENNE; vergue des voiles latines. Pag. 2, 116, 121, 257.

APICQUER la penne ou la corne; c'est l'élever par le bout d'en haut, manœuvre contraire à celle de l'abattre. Page 3.

ARC - BOUTANT FERRE. Bout-dehors des bonnettes de grandes voiles. Pages 8, 221.

ARDENT; un vaisseau qui a beaucoup de disposition à venir au vent est ardent, (Introduction) P. xxxvij, 19.

ARRAIGNÉE; réseau de petites cordes, attaché au bas de la hune & à l'étai, pour préserver le bas des huniers du frottement contre la hune. Page 168.

ARRIVER. Un vaisseau arrive quand il tourne de manière que sa proue s'éloigne de l'origine du vent. (Introduction) P. xxx.

ARTIMON; voile latine appliquée sur le Mât du même nom. Pages 7, 80.

ARTIMON. Mât d'artimon; il

(a) Voyez le Vocabulaire du Traité de Construction, également à l'usage des Élèves de la Marine, pour les termes qui appartiennent plus généralement à la Marine, ou à la Construction des Bâtimens, qu'à sa Mâture.

M m

BILLARDER. Page 236.

BONNETTES ; voiles supplémentaires & de beau temps. Page 8.

BORDÉES ; un Navire court des bordées ou des bords , quand il suit alternativement sur un bord & sur l'autre la ligne du plus près , pour s'élever dans l'origine du vent (Introduction) P. xxvij.

BOT ou DOGREBOT ; Bateau à un Mât , gréé tout en voiles auriques. Page 33.

BOULINE ; aller à la bouline ou au plus près (Introduction) P. xxv.

On appelle aussi Bouline une manœuvre qui tend la ralingue du vent de la voile , dans les routes obliques. Page 23.

BOURCET ; les voiles à bourcet sont des voiles carrées , dont le point de supension n'est pas au milieu de la vergue. Pages 5 , 51.

BOURRELET. Page 146.

BOUT - DEHORS ; c'est une gaule qu'on met au bout d'un Mât ou d'une vergue , ou sur le Navire même pour tendre des voiles. (De Beaupré Page 34). (De Bonnettes. Pag. 8). (De Tapecul. P. 52).

BOUT DE VERGUE. P. 18.

BOYER ; espèce de Galiote , Bâtiment des Mers du Nord. Page 37.

BRAIE. Voyez Braye.

BRAS ; ce sont des manœuvres qui servent à tirer le bout des vergues vers l'avant ou vers l'arrière, ou à les orienter. Page 4.

BRAS DE POULAINE. P. 152.

BRASSAYER. Page 16.

BRASSIAGE. Page 43.

BRAYE ; c'est une chausse de toile dont on entoure le Mât à l'étambrai. Page 146.

BRIC ou BRIGANTIN ; Navire à deux Mâts verticaux. P. 56.

BRIDOLE ; manœuvre pour serrer des jumelles d'assemblage. Page 261.

BRIDURE. Page 152.

BRIGANTIN. Voyez Bric.

BRIGANTINE ou BAUME. Page 6.

BROCHE ; diamètre du Mât aux divers points de sa longueur. Page 206.

BURIN ou BÉLIER ; masse de bois qui sert avec la bridolle à rapprocher deux jumelles de Mât , l'une contre l'autre. Page 261.

C.

CABILLOT ; cheville de bois qui fert à tenir la hune fur barres. Page 168.

CAGUE ; efpèce de Sloop. P. 34.

CAISSE ; pied du mât de hune. Page 157, 214.

CALCET ; la Mâture des Navires qui portent des voiles latines, s'appelle Mâture à calcet. Page 121, 212.

CANAL pour abattre les Mâts. Page 144.

CANAL ou RIGOLLE ; pratiquée dans le bas des Mâts de hune & de perroquet, pour loger la guinderefle. P. 215.

CANDELETTE. Page 156.

CAP-DE-MOUTON ; efpèce de poulie fur laquelle on ride les haubans. Page 152.

CAPE ; être à la cape, c'eft porter peu de voilure & toute difpofée pour arriver, pendant que le gouvernail tend à faire venir au vent. Page 13.

CAPELAGE ; partie du Mât ou les haubans font fixés ou capelés. Page 24.

CAR ou CARNAL ; gros bout d'en bas d'une vergue latine. Page 3.

CARGUE ; manœuvre qui fert à ferrer une voile. Page 3.

CARGUER. Page 13.

CARLINGUE ; encaiffement dans lequel on loge le pied d'un Mât. Pages 138, 143.

CARNAL. *Voyez* Car.

CARRÉ ; trait carré ou voile carrée. Page 4. Bâtiment carré ou gréé en voiles carrées. Page 79.

CATACOUAS ou PERROQUETS VOLANS ; ce font des voiles carrées, qui font fixées à la flèche des Mâts de perroquet, & qui bordent & amurent fur les vergues de perroquet.

CENTRE DE VOILURE ; point où fe réunit l'action du vent fur les voiles (Introduction). *Voy.* page xvj, 63.

CERCLES des Mâts. Page 235.

CERCLES de Bout-dehors. Page 174.

CERCLES de bout de vergue. Page 174.

CHAINE de hauban. P. 153.

CHASSE-MARÉE ; Bateau qui porte deux voiles à bourcet. Pages 5, 51.

CHAT ou CHATTE ; Navire de tranfport à trois Mâts. Page 102.

D.

cordage qui fert de rambade fur ce Mât. Page 214.

GENOPÉ. Page 151.

GOELETTE ; Navire à deux Mâts, dont les voiles principales font des baumes. P. 48.

GRAIN d'Orge ; petites pièces qui rempliffent les défournis des Mâts d'affèmblage. P. 146 & 232.

GRAIN D'ORGE d'Élongis ; fourrure pour défendre le capelage du frottement. P. 160.

GRAND FOC. Foc de l'avant, placé fur le bout-dehors du beaupré.

GROS DU MAT ; point où eft fon plus grand diamètre, ou fa plus grande broche. Page 228.

GUÉRITE ; renfort du bord des hunes. Page 167.

GUI ; vergue d'en bas des baumes. Pages 7, 212.

GUIBRE ou Éperon, Poulaine, &c. Page 150.

GUINDERESSE ; cordage qui fert à guinder ou élever les Mâts de hune. Page 151.

H.

HALE-BAS ; cordage qui fert à amener les voiles. Page 3.

HAUBANS ; cordages qui vont de la tête du Mât fur le côté du Navire, des hunes ou des barres. Pages 15, 152.

HERPES DE POULAINE. Page 152.

HEU ; efpèce de Galiotte, Navire de tranfport. Page 37.

HISSER ; élever une vergue ou une voile. Page 16.

HOUARY ; Bateau qui porte deux Mâts & fur chacun une voile triangulaire. Pag. 2, 47.

HOUCRES ou HOURQUES ; Navire de l'efpèce de ceux à trois Mâts, où le Mât de Mifaine eft fupprimé. P. 103.

HUNE ; platte-forme établie fur les barres des bas Mâts, Pages 163, 165.

HUNE (mât de) ; celui qui fe met au-deffus du bas Mât. Page 32.

HUNIER ; voile carrée établie fur le Mât de hune. Page 4.

J.

JOTTEREAU de MAT ; taquet qui foutient les Élongis. Page 158.

JUMELLE ; renfort placé fur les Mâts ou les vergues, pour les renforcer. Page 157.

JUMELLE

quelques fyftêmes d'affemblage de Mât. Page 249.

MESTRE ; *Mât de Meftre*: grand Mât ; & *voile de Meftre* : grande voile, des Bâtimens latins. Page 127.

MISAINE ; *Mât de Mifaine*: Mât de l'avant ; & *voile de Mifaine,* celle qui fe place fur le Mât de l'avant des vaiffeaux. P. 43. Dans les Bâtimens latins, la Mifaine eft notre artimon ou tapecul. Page 124.

MOMENT ; produit d'une force par la diftance du point où elle agit à un axe donné. Page 64.

MONTANT des Flafques du beaupré. Page 145.

MOU. *Voyez* Lâche.

N.

NOIX d'un Mât ; c'eft l'endroit du trelingage, ou un renfort pratiqué dans le Mât pour y percer des clans. Pages 155, 216.

O.

OREILLES de Lièvre. P. 127.

OSTES ; manœuvre qui fert à contenir & orienter le petit bout, ou la penne des vergues latines. Page 3.

OURSES ; manœuvre qui fert à contenir & orienter le gros bout, ou le carnal de la vergue latine. Page 3.

P.

PALMAGE ; opération par laquelle on dégage un Mât ou une vergue, de tout le bois inutile dont il eft enveloppé. Page 210.

PALME ; mefure valant treize lignes du pied-du-Roi. P. 188.

PANNE ; un Vaiffeau eft en panne, quand une ou plufieurs de fes voiles étant orientées pour le faire aller de l'avant, pendant que d'autres font orientées pour le faire culer, il refte à-peu-près ftationnaire. Page 13.

PARCS ou PARQUETS ; où l'on dépofe les Mâts d'approvifionnement ou bruts. Page 196.

PATARAS ; cordages qui fuppléent aux haubans. P. 156.

PAUME ; manière dont on termine le bout des jumelles dans les Mâts d'affemblage. P. 238.

Q.

R.

RACAMBAU ou ROCAM-BEAU ; collier de fer auquel on attache une draille & qui court le long d'un Mât. Page 3, 24.

RALINGUE ; pourtour des voiles, ou corde qui eſt attachée ſur ce pourtour pour le renforcer. Page 5.

Une voile eſt en ralingue, quand elle préſente ſon plan dans le lit du vent & n'en reçoit par conſéquent pas d'impulſion. Page 13.

RIDE ; cordage qui ſert à rider, roidir, ou tendre les haubans & les étais. Page 153.

RIGOLE ou Canal du Mât de hune. (*Voyez* Canal).

RIS ; c'eſt la quantité qu'on replie dans une voile dont on veut diminuer l'étendue, quand le vent eſt trop fort. Page 9.

Prendre des Ris c'eſt former ces plis. Page 219.

ROSTRUM ; Bec ou Éperon des Navires latins. Pag. 152.

ROULIS ; mouvement oſcillatoire du Navire, d'un bord ſur l'autre. (Introduc.) P. xxxiv.

ROUSTURE de Mât ; ligature au moyen de laquelle on ſerre les jumelles & les Mâts l'un contre l'autre. Pages 157, 269.

S.

SÉNAU ; la voile de Sénau eſt une baume qui n'a point de guy & ſe lace ſur un Mât particulier. Page 7.

Le Sénau, Navire, eſt une eſpèce de Brigantin ou Langard, qui porte la voile de Sénau au lieu de Brigantine. Page 61.

SLOOP ; Bateau gréé tout en voile aurique. Page 23.

SMACK ; eſpèce de Sloop, dont le hunier amure ſur le plat-bord. Page 33.

SOUS-BARBE ; étai du beaupré. Page 151.

SPRÉECK ou Sprick ou Bélandre ; eſpèce de Sloop. P. 34.

SUSPENTE ; gros cordage qui ſert à ſupporter le poids des baſſes vergues & à ſoulager les driſſes. Page 171.

T.

TACQUETS de carlingue ; demi-porques qui ſoutiennent les côtés des flaſques. P. 142.

Tacquets de hune ; renforts de la hune. Page 167.

Tacquets ou bouts de vergue ;

portion de la vergue qui excède la voile de chaque côté. Pages 22, 219.

TAILLE - VENT ; voile de Chasse-Marée qu'on substitue pour le mauvais temps à la grande voile. Page 52.

TANGAGE ; mouvement oscillatoire du Vaisseau, d'une extrémité à l'autre. (Introduction) P. xxxiv.

TANGON ; la vergue de Tangon sert à amurer les bonnettes de Misaine. Page 221.

TAPECUL ; voile établie sur la poupe du Navire; elle a son Mât & son bout-dehors, appellés Mât & bout-dehors de Tapecul. Page 34.

TARTANE ; Bâtiment de la Méditerranée, gréé en partie de voiles latines. Page 123.

TENON ou ton des Mâts ; c'est la quantité dont le Mât supépérieur croise le Mât inférieur, avec lequel il est uni. Page 32.

TENON de beaupré. Pag. 144.

TENUE des Mâts. Page 137.

TIERS ; voile au Tiers ou à Bourcet. *Voyez* Bourcet.

TIRANT D'EAU ; quantité dont les Vaisseaux sont enfoncés dans l'eau. Page 30.

TON. (*Voyez* Tenon).

TRAIT CARRÉ ; voiles au trait carré ou voiles carrées. (*Voyez* Carré).

TRAVÉE ou Parquets. *Voyez* Parcs.

TRAVERSIN ou Traversières ; pièces qui font partie des barres des Mâts, & sont placées suivant la largeur du Vaisseau. Page 156.

TRAVERSIN DE BEAUPRÉ. Page 145.

TRELINGAGE ; amarrage qui lie les bas haubans d'un bord avec ceux de l'autre. P. 155.

TRICAGE ou TIRAGE, Tirer ou Triquer ; c'est déterminer les inégalités qu'il faut supprimer sur deux surfaces, qui se doivent appliquer l'une contre l'autre. Page 261.

TRINQUET. Mât de l'avant dans le Levant ; c'est notre Mât de Misaine. Page 127.

TRINQUETTE ; c'est un des Focs. Page 23.

TROU du Chat ; trou carré, pratiqué dans les hunes. P. 165.

V.

VENT. *Venir au Vent ;* un Vaisseau vient au vent, quand

fon avant fe rapproche, dans une évolution, de l'origine du vent. (Introduction) P. xxx.

VENT ARRIÈRE; un Navire court vent arrière quand il reçoit le vent par la pouppe, & quand fes voiles font perpendiculaires à la quille. (Introduction) P. xviij.

VERGUE ; pièce de bois fur laquelle on lace la voile. Page 2.

VERGUE SÈCHE ou Barrée ; c'eft une vergue qui ne porte pas ordinairement de voile, & ne fert qu'à porter les écoutes d'une voile fupérieure. Pages 23 , 81.

VIOLONS; petite platte-forme fixée aux côtés du beaupré. Page 214.

VIRER de bord ; c'eft préfenter au vent le côté du Vaiffeau qui étoit auparavant du côté oppofé ou fous le vent. (Introduction) P. xxvij.

VOILE d'étai ; c'eft une voile quelquefois triangulaire, plus fouvent quadrangulaire, qui eft lacée fur un étai ou une draille entre deux Mâts verticaux. Page 2.

VOILURE; affemblage de voiles appliquées fur un Vaiffeau.

W.

WOGUER ou LOUGRE. *Voy*. Lougre.

Y.

YACHT ou YACS; Navires de plaifance Anglois à trois Mâts. Page 102.

·TABLE

Des Chapitres du Traité de la Mâture des Vaisseaux à l'Usage des Élèves de la Marine.

CHAPITRE PREMIER.

CHAPITRE DEUXIÈME.

CHAPITRE TROISIÈME.

CHAPITRE QUATRIÈME.

CHAPITRE CINQUIÈME.

CHAPITRE SIXIÈME.

CHAPITRE SEPTIÈME.

CHAPITRE HUITIÈME.

CHAPITRE

CHAPITRE NEUVIÈME.

CHAPITRE DIXIÈME.

O o

NOTE *des Figures de ce Traité, avec la cote des pages où chacune est indiquée.*

FAUTES A CORRIGER.

Page 17 *ligne* 11 , mâts vergues.............*lisez*, mâts , vergues
17   dernière , en dehors des maîtres....*lisez*, en dehors des membres
19   5 , en avant du milieu.........*lisez*, en arrière du milieu
19   10 , du ris.................*lisez*, des ris
27   dernière , quand il est adopté......*lisez*, quand il est adapté
30   16 & 17 , des dimensions. Infiniment. *lisez*, des dimensions infiniment
37   10 , dans la figure 11 ....*lisez*, dans la figure 22 en D
41   24 , rapport de la position du centre
        de voilure , &c. 2.074 ....*lisez*, 0.074
42   4 , rapport de la largueur à la lon-
        gueur de 0.235 à 0.300 de 0.267
        à 0.235.................*lisez*, de 0.267 à 0.235 de 0.325
                                                0.300
42   19 , corne de tapecul....8.200...*lisez*, 0.200
42   27 , rapport de la surface de la voi-
        lure , &c.......2.808.....4... supprimés le 4
54   28 , des canots , il faut ....*lisez*, des canots ; il faut
55   1 , stabllité ....*lisez*, stabilité
61   28 , figure 18 ....*lisez*, figure 9
65   13 , ce centre d'impulsion se fait ...*lisez*, ce centre d'impulsion seroit
69   18 , pente du grand mât, &c. 1 po. $\frac{1}{2}$
        par pied...4 po. par pied.....*lisez*, 1 po. $\frac{1}{2}$ par pied....1 po.
                                                par pied
71   5 , avec la longueur ....*lisez*, avec la largeur
72   23 , rapport des dimensions des mâts. *lisez*, rapport de la position des
                                                mâts.
74   9 , rapport des dimensions des ver-
        gues avec la largeur ....*lisez*, rapport des dimensions des
                                                vergues avec la longueur
74   24 , à la verticale , avec la largeur du
        navire ....*lisez*, avec la longueur du navire
75   17 , vergue du grand hunier , &c. 0.424. *lisez*, 0.434
76   36 à 38 , rapport de la position du
        centre de voilure , relativement à
        la verticale , avec la longueur des
        navires....0.176 en avant du mi-
        lieu...0.669 en avant du milieu..*lisez*, 0.176 en avant du milieu
                                                0.069 en avant du milieu
77   31 , première colonne bout-dehors
        de misaine 0.250..20..3 $\frac{3}{4}$.....*lisez*, 0.250...20...4 $\frac{1}{4}$
78   10 , 2ᵉ. triangle Base....31 } 6 } ....*lisez*, Base....31 } $\frac{1}{2}$ hauteur. 6 }
78   21 , distance dudit centre de voilure. *lisez*, distance dudit centre , au
                                                plan
79   22 , qui les meut. ....*lisez*, qui le meut

294　　TRAITÉ DE LA MATURE.

Le rapport 5 à 12 est suffisamment exact dans une pratique d'ouvriers ; sur le plus gros mât de 38 po. de diamètre, il n'augmente ce diamètre de guère plus de $\frac{1}{4}$ de ligne sur les quatre nouvelles faces qu'il procure. Le procédé de diviser en quatre parties égales les côtés de l'octogone, & ensuite de la figure à 16 faces, répugne davantage à la précision géométrique ; mais l'effet, pour l'inexactitude, en est encore moindre. Le Géomètre porteroit de droite & de gauche de la ligne du milieu : pour avoir le solide à huit faces, la tangente de 22° 30′, où les $\frac{4142}{10000}$ du diamètre ; pour celui à 16 faces, la tangente de 11° 15′ ou les $\frac{1982}{10000}$ de ce diamètre ; pour celui à 32 faces, la tangente de 5° 37′ 30″ ou les $\frac{985}{10000}$ toujours de ce diamètre.